Martin Debes
Christine Lieberknecht
Von der Mitläuferin zur Ministerpräsidentin

KLARTEXT

Martin Debes

Christine Lieberknecht

Von der Mitläuferin zur Ministerpräsidentin

Eine politische Biografie

Titelabbildung:
Christine Lieberknecht vor der Wartburg
Foto: Sascha Fromm, Archiv TA

1. Auflage März 2014

Satz und Gestaltung:
Klartext Medienwerkstatt GmbH, Essen

Umschlaggestaltung:
Volker Pecher, Essen

Druck und Bindung:
Drukkerij Wilco, Amersfoort (NL)

ISBN 978-3-8375-1046-1
www.klartext-verlag.de

Inhalt

Zu diesem Buch 7

Prolog: Unter Pfarrerstöchtern 9

Kapitel 1: Christine Determann 13

Kapitel 2: Wendezeiten 39

Kapitel 3: Politik 61

Kapitel 4: Ministerin 87

Kapitel 5: Lehr- und Dienstjahre 115

Kapitel 6: Nach oben 161

Kapitel 7: Ministerpräsidentin 193

Epilog: Allein gegen die Männer 239

Danksagung 243

Anmerkungen 245

Personenregister 257

Zu diesem Buch

Dies ist die Geschichte der Frau, die Thüringen regiert – und es ist die politische Geschichte des Landes seit seiner Wiedergründung. Christine Lieberknecht bekleidete in allen fünf Legislaturperioden seit 1990 herausgehobene Ämter, war Kultus-, Europa-, Staatskanzlei- und Sozialministerin, Parlamentspräsidentin und Fraktionsvorsitzende und ist nun, in ihrem siebten Amt, Ministerpräsidentin.

Wie kaum ein anderer Mensch aus Thüringen steht Christine Lieberknecht für die Ambivalenz dieses kleinen Landes, das sie nie für länger als wenige Wochen verließ. Sie steht für seine Offenheit und seine Provinzialität, für seine kulturelle Größe und seine geistige Enge, für seinen Stolz und seine Komplexe.

Lieberknechts Karriere in ihrer Partei wirkt wie ein Kreis. Sie war 1990 kommissarische Vorsitzende der Thüringer CDU und ist es seit 2009 offiziell. Sie wurde 1991 mit Angela Merkel in die Spitze der Bundespartei gewählt, der sie nun wieder als Regierungschefin qua Amt angehört. Immer wenn sich Dramen in Regierung oder Partei abspielten, nahm Lieberknecht eine Hauptrolle ein. Sie machte Ministerpräsidenten, ließ sie scheitern und kämpfte sich schließlich selbst zum Regierungsvorsitz durch. Naturgemäß nehmen diese Brüche in diesem Buch mehr Raum ein als jene Jahre, die sie dienend in der zweiten Reihe verbrachte.

Zu Beginn ihrer Amtszeit als Ministerpräsidentin im November 2009 formulierte Christine Lieberknecht ein politisches Ziel, das über den Tag hinausreicht. Sie skizzierte ein Thüringen im Jahr 2020, das trotz sinkender Zuschüsse finanziell, ökonomisch und politisch souverän ist. Dafür, sagte sie, seien kraftvolle Reformen nötig.

Doch vieles von dem, was sie versprach, blieb liegen, die nötigen Strukturveränderungen kamen nur mühsam voran. Nur der Haushalt, der in ihrem ersten Regierungsjahr aufgebläht wurde, ist inzwischen wieder ausgeglichen. Immerhin schien Lieberknecht Tritt gefasst zu haben, bis die Pensionsaffäre um ihren vormaligen Regierungssprecher Zimmermann begann. Obwohl die Untreue-Ermittlungen von der Staatsanwaltschaft Anfang Februar 2014 eingestellt wurden, bleibt doch ihr beschädigter Ruf, den sie bis zur Landtagswahl am 14. September reparieren muss.

Nicht nur deshalb ist völlig offen, ob Lieberknecht am Ende dieses Jahres noch Ministerpräsidentin ist. Die Mehrheit, die schon jetzt links von CDU und FDP im Thüringer Landtag theoretisch existiert, scheiterte an der Absage der Sozialdemokraten an einen Linke-Ministerpräsidenten. Doch diese Vorbedingung hat die SPD nun aufgegeben, derweil die Union auf die Grünen setzt.

Christine Lieberknecht kämpft im 25. Jahr des Mauerfalls, das auch das 25. Jahr ihrer politischen Karriere ist, um ihr Amt – und um die Macht ihrer Landespartei, die ebenfalls ein Vierteljahrhundert währt. Wie immer es auch ausgehen mag: Es wird spannend.

Zu diesem Buch

> *»Die Macht ist kein Schoßhund. Du musst sie dir greifen und festhalten, sonst ist sie weg, ehe du dich versiehst.«*
>
> (Bent Sejrø in der dänischen Fernsehserie »Borgen« zu der künftigen Premierministerin Birgitte Nyborg)

Prolog

Unter Pfarrerstöchtern

Am Ende des Jahres 1991 befindet sich Helmut Kohl auf dem Gipfel seiner Macht. Er ist unumstritten, unanfechtbar, der Kanzler der Einheit. Seine Ära, schreibt die »Zeit«, habe hier, in der Stadt Dresden, endgültig zu ihrer Gestalt gefunden, einem »Absolutismus mit demokratischem Gesicht«[1]. Die CDU hält zum ersten Mal einen Bundesparteitag im östlichen Deutschland ab. Tausende Parteimitglieder, Gäste und Journalisten pferchen sich in den DDR-Barock des Kulturpalastes. Tische für die Delegierten gibt es nicht, es fehlt schlicht der Platz.

Es ist nur noch eine gute Woche bis Weihnachten, das Adenauer-Haus hat alles auf Harmonie getrimmt. Das Motto des Parteitages lautet »Einheit leben«. Nur die merkwürdigen Vorgänge im nahen Thüringen generieren Missstimmung. Dort wird Ministerpräsident Josef Duchač gerade von seiner Vergangenheit als DDR-Funktionär eingeholt.

Kohl kann nicht egal sein, was in Thüringen geschieht. Die östlichen Landesverbände, die erst ein Jahr zuvor mit der Westpartei vereint wurden, drohen zu kollabieren. Im Sommer hatte mit Gerd Gies in Sachsen-Anhalt ein ostdeutscher CDU-Ministerpräsident zurücktreten müssen und war durch den Westimport Werner Münch ersetzt worden. In Sachsen wiederum trat der Landesvorsitzende Klaus Reichenbach ab, der schon in der DDR die Blockpartei im Bezirk Karl-Marx-Stadt angeführt hatte und in der letzten DDR-Regierung der faktische Stellvertreter von Ministerpräsident Lothar de Maizière war. In Mecklenburg-Vorpommern wackelt Regierungschef Alfred Gomolka.

Das Problem Duchač fehlt dem Bundeskanzler gerade noch, jetzt, da doch ganz andere, aktuellere Personalien pressieren. Durch Reichenbachs Rücktritt ist ein Platz im Präsidium der Bundespartei neu zu besetzen. Und der einzige stellvertretende Parteivorsitz ist vakant, seit Lothar de Maizière im September seine letzten politischen Posten abgegeben hat. Dem einstigen Regierungschef wird vorgeworfen, als Rechtsanwalt unter dem Decknamen »Czerni« für die Staatssicherheit gearbeitet zu haben. De Maizière dementiert, doch es nützt ihm ebenso wenig wie Duchač.

Was die CDU also benötigt, sind frische, ostdeutsche Gesichter. Deshalb holt Kohl in Dresden zwei junge Frauen zu sich. Sie sehen auf den ersten Blick wie Zwillingsschwestern aus, mit ihren kurzen Haaren, den weiten Röcken und den schlichten Blusen unter ihren Jacketts. Die eine, 1954 geboren, stammt aus einer Pfarrersfamilie, ist promovierte Physikerin, kam über den »Demokratischen Aufbruch« (DA) zur Funktion der stellvertretenden Regierungssprecherin unter de Maizière – und dann in die CDU. Seit einem Jahr sitzt sie im Bundestag, leitet zudem das eigens für sie geschaffene Bundesministerium für Frauen und Jugend.

Auch die andere, Jahrgang 1958, ist eine Pastorentochter, die Physik studieren wollte. Dann wurde sie doch lieber Pfarrerin, bis die Wende sie in die Politik spülte. Seit November 1990 ist sie Kultusministerin in Thüringen.

Kohl hat an diesem Dezembertag in Dresden den beiden Frauen nicht viel mitzuteilen. Angela Merkel weiß schon länger, dass sie de Maizière nachfolgen soll. Christine Lieberknecht wird einfach vor vollendete Tatsachen gestellt. »Mädchen, macht den Mund auf«, sagt Kohl zu den beiden. Wenig später ist Merkel stellvertretende Parteivorsitzende und Lieberknecht Mitglied des Bundespräsidiums.

Die Quote – jung, weiblich, ostdeutsch – ist damit übererfüllt. Und es wird noch eine zusätzliche Botschaft transportiert. Man habe, sagt CDU-Generalsekretär Volker Rühe, mit der Wahl der zwei Frauen die »Erneuerung durchgesetzt«[2]. Lieberknecht teilt mit, dass sie »für Reformen innerhalb der CDU« stehe. Und: »Ich bin ermutigt, weil ich ja nicht allein stehe, sondern auch Angela Merkel an meiner Seite habe.«[3]

Die Parteispitze möchte es jedenfalls so sehen. Angela Merkel ist gerade 37 Jahre alt und kann dank ihrer kurzen DA-Vergangenheit als Bürgerrechtlerin vermarktet werden. Christine Lieberknecht, 33, war zwar Mitglied der DDR-Blockpartei. Aber sie gehörte zu jenen, die im Spätsommer 1989 vorsichtig aufbegehrten, als dies noch als gefährlich galt. Deshalb trägt auch sie das Etikett der »Reformerin«, das sich schön vom Stasi-Stigma abhebt.

Somit berühren sich in Dresden erstmals zwei politische Karrieren, die beide auf ihre Art einzigartig sind. Angela Merkel gelingen in der deutschen Geschichte mehrere Premieren: Sie wird erste Generalsekretärin, erste Bun-

Bundeskanzler Helmut Kohl gratuliert seiner neu gewählten Stellvertreterin Angela Merkel während des Parteitags der CDU am 15. Dezember 1991 im Kulturpalast in Dresden. In der Mitte Christine Lieberknecht. Quelle: picture alliance/dpa

desvorsitzende, erste Bundestagsfraktionschefin – und erste Bundeskanzlerin. Christine Lieberknecht wird nach einer langen, nie unterbrochenen Karriere als Ministerin, Parlamentspräsidentin und Landtagsfraktionschefin die erste Unions-Ministerpräsidentin eines deutschen Bundeslandes.

So verschieden die beiden Frauen sind und so unterschiedlich die Ebenen, auf denen ihre Karrieren stattfinden – die Frage, die sich stellt, ist dieselbe: Wie konnte das passieren? Die Parallelen sind unübersehbar. Das erste Leben der Angela M. ähnelt mit seiner evangelisch eingefärbten Mischung aus Anpassung und Distanz jenem der Christine L. Beide sind Töchter von Pastoren, die sich ganz bewusst für die DDR entschieden und das Prinzip der Kirche im Sozialismus lebten.

Horst Kasner siedelt nach der Geburt seiner Tochter Angela von Hamburg nach Brandenburg über, um dem Pfarrermangel in der DDR zu begegnen.[4] Lukas Determann, der Vater Christine Lieberknechts, wird Pfarrer bei Weimar, um seinen Eltern nahe zu sein. Auch er sieht sich auf Mission in einem Staat, in dem Christen spätestens seit 1952 zu Klassenfeinden erklärt worden sind.

Ihre Kindheit beschreiben beide Frauen als glücklich, ja als geradezu paradiesisch. Beide sind sehr gut in der Schule, vor allem in den Naturwissenschaften, beide erhalten die Lessing-Medaille für hervorragende schulische und gesellschaftliche Leistungen, beide besuchen das Lager für Zivilverteidigung, beide treten der FDJ bei, werden in Schule oder Beruf FDJ-Sekretärin.

Und beide verbringen die letzten Jahre der DDR in einer Nische: Merkel in der Akademie der Wissenschaften, Lieberknecht in einer Pfarrei nahe Weimar. In den Westen dürfen beide ab 1987 reisen. Schließlich, 1989, zieht es sie gleichzeitig in die Politik.

Dass die eine Frau in der Bundesregierung aufsteigt, derweil die andere auf Landesebene bleibt, lässt sich nicht nur mit Umständen, Zufällen oder Lebensplänen begründen. Merkel ist souveräner, effizienter, abgebrühter als Lieberknecht. Dennoch verstehen beide ihr Geschäft ähnlich. Beide geben sich unaufgeregt, unideologisch und pragmatisch, moderieren lieber statt zu dirigieren und praktizieren die hohe Schule der Politikverwaltung. Und beide folgen einem ausgeprägten Machtinstinkt, jähe Wendungen inklusive. Die erste Ministerpräsidentin, die die Energiewende-Wende der Kanzlerin nachvollzog, ja gar noch zu übertrumpfen versuchte, hieß Christine Lieberknecht.

Dabei liegt weder Angela Merkel noch Christine Lieberknecht die öffentliche Ansprache. Es gibt von beiden Frauen nur wenige Reden, die sich im öffentlichen Bewusstsein verankert oder die einen Plenarsaal oder Parteitag mitgerissen hätten. Programmatisch drängen sie selten voran. Wenn es einmal passiert, wie bei Merkel auf dem Leipziger Reformparteitag oder bei Lieberknecht mit ihrer Agenda »Thüringen 2020«, bleibt es meist bei Ankündigungen.

Eine andere Parallele sind die Etiketten, die man beiden anheftet. Über Merkel wird im Bundestagswahlkampf 2013 behauptet, dass sie in der Spätphase der DDR eine Reformkommunistin war. Über Lieberknecht, die »rote Christine«, die nicht nur in der FDJ, sondern auch der Blockpartei war, hat man dies schon immer erzählt. Überhaupt, heißt es, trieben sie die Sozialdemokratisierung der CDU voran.

Die gängigste Einordnung aber hat mit den Männern zu tun, die sie hinter sich zurück ließen. Spätestens seit 1992, seit dem Sturz von Josef Duchač, verfolgt Lieberknecht das Stigma der Verräterin, das seit ihrer Emanzipation von Helmut Kohl genauso an Merkel haftet. Was später für die eine Wolfgang Schäuble oder Friedrich Merz waren, waren für die andere Dieter Althaus oder Mike Mohring.

Im Jahr 1999 leitete Angela Merkel mit ihrem öffentlichen Befund, dass Kohl »der Partei Schaden zugefügt«[5] habe, die Abnabelung der CDU von ihrem Ehrenvorsitzenden ein – um ihm schließlich nachzufolgen. Zehn Jahre später stellte Lieberknecht als erste mit dem Satz »Die Ära Althaus ist zu Ende«[6] das Aus von Ministerpräsident Althaus fest – und beerbte ihn.

Kapitel 1

Christine Determann

Ein Mensch ist ohne seine Herkunft kaum begreifbar. Christine Lieberknechts Menschenbild, ihr Kulturverständnis und ihre Widersprüche lassen sich ohne die Prägung, die sie durch ihre Heimat und ihre Familie erfuhr, nicht verstehen. Als Christine Determann wurde sie am 7. Mai 1958 als erstes Kind des Pfarrers Lukas Determann und seiner Frau Roswitha in Weimar geboren. Damit war der Mittelpunkt ihres Lebens markiert. Man braucht um die Stadt nur einen Kreis mit einem Radius von 25 Kilometern zu ziehen: Schon ist der Raum abgegrenzt, den sie nie länger als für wenige Wochen verließ.

Lieberknecht wuchs in Leutenthal auf, ging dort und in den Nachbardörfern zur Schule, besuchte die Oberschule in Bad Berka, studierte in Jena Theologie, absolvierte nahe Weimar ihr Vikariat, wurde in Ottmannshausen Pfarrerin – und wohnt bis heute in Ramsla. Von dort braucht sie mit dem Auto keine halbe Stunde bis nach Erfurt, wo sie seit 1990 arbeitet.

Es ist eine überschaubare Welt, in der Christine Lieberknecht ihr bisheriges Leben verbrachte. Aber es ist auch die Welt von Goethe, Schiller, Wieland, Fichte, Herder, Liszt, Nietzsche und den Romantikern. Es ist eine Welt, in der das Bauhaus entstand und die Napoleon durchritt, eine Welt, in der Zeiss und Abbe ein Imperium aufbauten – und eine Welt, in der die Nationalsozialisten die ersten Wahlen gewannen und ein Konzentrationslager errichteten.

Bauhaus und Brauhaus

Zumal: Die Welt, der Christine Lieberknechts Ahnen entstammen, ist größer. Ihre Großeltern kommen aus den Nachbarländern, aus Niedersachsen, Hessen und Sachsen. Nur die Großmutter mütterlicherseits wird in Thüringen geboren. Die Familie hält etwas auf sich. »Es gab einen Großonkel, der nachwies, dass die Determanns von der Heiligen Elisabeth und Karl dem Großen abstammen«, sagt Johanna Harder, die Schwester von Christine Lieberknecht. »Wir wuchsen mit diesem Wissen auf.«

Lieberknechts Großvater Walter Determann wird 1889 in Hannover geboren. Seine Ahnen sind Großbauern aus der Osnabrücker Gegend. Die Eltern betreiben ein großes Textilgeschäft, das er übernehmen soll. Doch Walter will lieber Kunst studieren. 1912 schreibt er sich, nachdem er einige Widerstände überwunden hat, in Weimar ein und besucht die Kunsthochschule unter Henry van de Velde.

Noch im selben Jahr begegnet er bei einem Fest der Innenarchitektur-Studentin Katharina Ulrich. Sie, von allen nur Käthi genannt, ist das zweite von sieben Kindern von Christian und Marie Ulrich, geborene Baartz. Und sie ist Millionenerbin. Ihr Vater führt die Brauerei im hessischen Pfungstadt, der Familie der Mutter gehört die Brauerei Oranjeboom in Rotterdam.

Die Ulrichs gehören zum Großbürgertum, wohnen auf der Mathildenhöhe in Darmstadt, geben sich weltläufig. Der Vater bringt, weil ihm danach ist, von der Weltausstellung in Paris zwei Esel mit, die er Ali und Ramses tauft. Oder er jagt in Österreich. Der Schochen mit seiner 2069 Meter hohen Spitze wird zum Hausberg der Familie. Nur einige Kilometer entfernt, in Haller am Haldensee, kauft Christian Ulrich im Jahr 1904 ein Bauernhaus und lässt es zum Ferienhaus umbauen.

Die Ulrich-Kinder genießen alle Freiheiten des späten Kaiserreichs, die nahe Künstlerkolonie auf der Mathildenhöhe inspiriert sie. Käthis Schwester Christine Ulrich etwa trifft den Dichter Ludwig Derleth, der eng mit Thomas Mann und Stefan George verkehrt. Sie wird seine Frau, wohnt mit ihm in Rom, Wien und Paris, und betreut seine Schriften.

In Weimar wird Walter Determann 1918 Meisterschüler am Staatlichen Bauhaus und zu einem der wichtigsten Gehilfen von Walter Gropius. Er entwickelt einen Entwurf für das Bauhaus-Signet, arbeitet in der Zeitschrift »Der Austausch« und beteiligt sich mit einer eigenen Arbeitsgemeinschaft am Wettbewerb für eine Bauhaus-Siedlung.

Determann entwirft die Utopie einer sich selbst versorgenden Kommune mit Schulgebäuden, Internat, Kindergarten, Theater, Stadion, Gutshof und Meisterhäusern, die von der Stadt bis hinauf zum Park Belvedere reichen sollte, umgeben von einer Mauer und vier Leuchttürmen.[7] Nichts davon wird je verwirklicht. Das Musterhaus »Am Horn«, in dem sich heute ein Museum mit Determanns Skizzen befindet, wird nach einem Entwurf von Georg Muche errichtet. Die Siedlung in Dessau, die ab 1925 in Dessau entsteht, hat Gropius selbst konzipiert.

Walter Determann drängt es zurück zu den Ursprüngen. »Es gibt nur einen Weg der Baukunst zu helfen!: Wieder naiv werden!«[8], schreibt er. Seine »Arbeitsgemeinschaft Determann« entwickelt sogenannte Volksmöbel, vom einfachen Stuhl über ein Buffet bis zum Küchenschrank. Die zugehörigen technischen Zeichnungen finden sich im Archiv der Weimarer Klassik-Stiftung.

1918, kurz nach Kriegsende, heiratet die van-de-Velde-Schülerin Käthi Ulrich den Gropius-Schüler Walter Determann. 1921 gebärt sie ihren ersten Sohn Karl. Hans kommt ein Jahr später zur Welt, dann Fritz (1924), dann Wilhelm (1925) – und schließlich der fünfte Sohn Lukas (1927), der spätere Vater von Christine Lieberknecht.

1922 erhält Käthi Determann ihr holländisches Brauerei-Erbe ausbezahlt. Walter Determann verlässt das Bauhaus und wird Maler. Die junge Familie kauft in Weimar eine Villa in der Tiefurter Allee, die für einen Finanzrat um die Jahrhundertwende erbaut worden war.[9] Dazu gehört ein großes Anwesen, mit Garten und Badeteich. Die Familie beschäftigt Diener, Küchenhilfen und Kindermädchen. Walter Determann malt und züchtet Blumen. Eine seiner Schwertlilien wächst noch heute in den Gewächshäusern der Orangerie von Schloss Belvedere.

Doch Deutschland verändert sich – und Walter Determann mit ihm. Er, der vormalige Meisterschüler des Bauhauses, wird zum Nationalsozialisten, tritt in die NSDAP ein. Seine Enkelin Johanna berichtet, dass er sogar einige seiner Arbeiten zerstört, die als entartet gelten können. Lukas Determann will das nicht bestätigen.

1939 veröffentlicht Walter die »Chronik der Familie Determann«, mit dem Ziel, »einen Einblick in die geografischen, völkischen, sozialen und rassischen Zusammenhänge der Sippe zu gewinnen«. Das Ergebnis ist ein Nachweis des eigenen Ariertums: Die Familie sei »rassisch rein« und entstamme »ernsten, strengen Menschen«, die »ihr ganzes Leben treu und schwer gearbeitet haben«[10]. Zu Beginn des Werkes zitiert Determann Adolf Hitler: »Was nicht gute Rasse ist auf dieser Welt, ist Spreu.«

In dem Jahr, in dem Determann das Buch veröffentlicht, stehen nahe Weimar auf dem Ettersberg die Baracken hinter dem Stacheldraht. Über eine Straße aus Betonplatten rollen die Menschen-Transporte in das neue Konzentrationslager »Buchenwald«. Offiziell werden dort allein 1939 exakt 1.378 Tote[11] registriert.

Es folgt der Krieg. Die Determanns schicken, wie Johanna Harder sagt, die Kinder »mit Überzeugung an die Front«. Drei der fünf Söhne kommen nicht zurück. Karl, der Älteste, fällt in der Ukraine, Wilhelm stirbt im Lazarett, Hans wird vermisst. Fritz, der mittlere Sohn, überlebt, genauso wie Lukas, der Jüngste, der noch Flakhelfer wird und ein halbes Jahr in den Ardennen in amerikanischer Gefangenschaft verbringt.

Das Haus in der Tiefurter Allee okkupieren sowjetische Offiziere. Determann muss sie porträtieren, Käthi Determann ist für sie die »Babuschka«. Man teilt das Essen. Später, in der DDR, quartiert die Wohnungswirtschaft Mieter ein. Geld für Personal gibt es da längst nicht mehr.

Sohn Fritz, der bei »Carl Zeiss« in Jena Optiker gelernt hat, geht in den Westen, zur Firma »Voigtländer« nach Braunschweig. Später kehrt er zurück zu Zeiss, in die westliche Exil-Niederlassung nach Oberkochen, wo er patentierte Objektive entwickelt. Lukas wird erst einmal nach Hannover geschickt, zu Walters Familie, um Kaufmann zu lernen. Doch er ist zu sehr sein Vater, als dass er für das Geschäft geeignet wäre. Er malt lieber und dichtet und entscheidet sich dann für seinen ganz eigenen Weg. Er wird Pfarrer.

Von seinen Eltern hat Lukas Determann das Religiöse nicht. Die Kinder wurden freigeistig erzogen, die Kirche spielte kaum eine Rolle. Lukas ist getauft, nicht konfirmiert. Doch das holt er nun nach. Der Krieg und die Gefangenschaft, sagt er, lassen ihn zu Gott finden. Er zieht nach Leipzig, um Theologie zu studieren.

Walter Determann geht wieder mit der Zeit. Er malt Arbeiter. Ein Ölbild aus dem Jahr 1948 stellt drei Puppenmacherinnen dar. Eine der Arbeiterinnen zeigt einem kleinen Kind, das neugierig durch das Fenster in die Werkstatt schaut, eine fertige Puppe. Es wirkt wie ein Vorgriff auf den sozialistischen Realismus.

Nach seinem Studium bekommt Lukas eine Vikarstelle in Haselbach zugeteilt, einem kleinen Flecken im Thüringer Wald, nahe der Grenze zu Bayern. Der Nachbarpfarrer in Spechtsbrunn ist Wilhelm Meißner. Der junge Vikar muss durch den Ort, wenn er auf seinem Moped zu seinen Eltern nach Weimar fährt. Als er eine Panne hat, sucht er Hilfe im Haus seines Kirchenbruders. Dort trifft er Roswitha, die Pfarrerstochter – und seine spätere Frau.

Wilhelm Meißner stammt aus Sachsen, ein Großvater war Hofrat im Dresdner Finanzministerium. Die anderen Vorfahren kommen aus dem Vogtland und dem Erzgebirge, waren Feinmechaniker, Schuldirektoren oder Bürgermeister. Auch Wilhelm ist der erste Pfarrer in der Familie.

Er ist mit Anna Schönheid verheiratet, der Tochter eines Gerichtsoberwachtmeisters aus Königsee in Thüringen. Die Familie stammt aus den umliegenden Dörfern, dem Harz und der Region um Saalfeld. Einige Ahnen waren Olitätenhändler, verkauften Tropfen, Salben und Tees aus heimischen Kräutern, Wurzeln und Früchten.

Nun also leben Wilhelm und Anna Meißner in Spechtsbrunn. Tochter Roswitha lernt im Eisenacher Diakonissenhaus Krankenschwester. Nach der ersten Begegnung mit Lukas Determann sieht sie ihn auf einer kirchlichen Tagung im Zinzendorfhaus in Neudietendorf wieder. Diesmal hat das Treffen Folgen: Im Juli 1957 wird geheiratet.

Im Paradies

Lukas Determann sucht eine Pfarrstelle nahe seiner Eltern in Weimar. Er findet sie in Leutenthal. Das Dorf liegt zehn Kilometer nördlich von Weimar am Fuße des Ettersberges. Etwa 300 Menschen leben hier, das Rittergut, auf die Grundmauern eines alten Klosters gebaut, ist seit mehr als 100 Jahren aufgelöst. Aber es gibt noch eine schöne, nach dem Heiligen Veit benannte Kirche aus dem 15. Jahrhundert. Das große Pfarrhaus liegt nahe der Kirche an der Dorfstraße und ist aus rotem Backstein, dazu gehört ein riesiger Garten voller Obstbäume, Fliederbüsche, Rosensträucher und wilden Brombeerhecken.

In der Landeskirche heißt die Gegend WKW, »Weimarer Kirchenwüste«. Die Zahl der Christen ist hier besonders niedrig. Determann bildet deshalb um sich einen Kreis aus jungen Männern, die ihr Vikariat gerade hinter sich haben und die benachbarte Pfarrstellen annehmen. Es wird ein Bruderrat gegründet, der sich jede Woche trifft, zudem gibt ein jeder ein Zehntel seines schmalen Gehalts ab, um die Jugendarbeit zu finanzieren.

Der Leutenthaler Pastor betreibt Missionsarbeit mit allen Mitteln. Um die Jugendlichen zu interessieren, besorgt er eine klappbare Tischtennisplatte und fertigt mit seiner Kamera Bilderserien zu den Zehn Geboten an. Jeden Sommer fährt er mit dem Nachwuchs zur Rüstzeit an den Urseriner See in Mecklenburg.

Privat ist Lukas Determann Züchter, so wie sein Vater. Er okuliert Bäume, züchtet Tulpen und hält Tauben und Kaninchen. Seine Spezialität aber sind federfüßige, porzellanfarbene Zwerghühner, mit denen er viele Preise gewinnt.

Es ist die perfekte Nische in einem Staat, der die Kirche als lästiges Überbleibsel einer überkommenen Epoche betrachtet. Doch Pfarrer Determann ist kein kompromissloser Gegner der Obrigkeit. Er widersteht, wenn er widerstehen will und arrangiert sich, wenn ihm dies opportun erscheint. Nur so, sagt er, könne er das Beste für seine Gemeinde herausholen.

»Ich sah die Pfarrei immer als unpolitische Institution«, sagt er. »Ich war für alle da.« Er habe mit jedem gesprochen, auch mit SED-Mitgliedern und, ein paar Mal, mit der Staatssicherheit. »Die meisten Genossen waren dankbar, dass ich sie als Menschen behandelte.« Für sein Handeln gebe es nur eine Grundlage: »Es ist ein großes Geschenk, dass Menschen so verschieden sind. Wir müssen den anderen anders sein lassen.«

Wenn es sein muss, betätigt sich Determann als Unterhändler mit durchaus ambivalenten Zügen. So erzählt er die Geschichte eines örtlichen Landarztes, der verhaftet wurde, weil er Geld über die Grenze zur Bundesrepublik geschmuggelt haben sollte. Doch die Leute im Dorf hätten sich spontan solidarisiert und Unterschriften gesammelt, um die Freilassung zu erreichen. Die

Listen wurden bei ihm, dem Pfarrer deponiert. Als die Staatssicherheit auftauchte, um die Listen zu konfiszieren, begann Determann zu verhandeln. Er sagte zu, die Unterschriften nicht zu vernichten, wenn der Arzt nur ein Jahr ins Gefängnis muss. So geschah es denn auch.

Die Erstgeborene

In all dies hinein werden die vier Kinder geboren. Die erste Tochter kommt im Mai 1958 zur Welt und erhält den Namen ihrer Großtante aus der Ulrich-Familie: Christine. Sie wird in Leutenthal getauft, einer der Paten ist der befreunde Pfarrer Rainer Berlich. Ein Jahr später folgt Johanna. Dann, nach einer fünfjährigen Pause, wird 1964 Ulrike geboren und schließlich 1967 Stefan, der einzige Sohn.

Zwischen Kind zwei und drei gibt es eine Zäsur. Die Mauer wird gebaut, die Grenzen sind dicht. Der größte Teil der Verwandtschaft ist ausgesperrt. Und dennoch: Die Kindheit Christine Determanns ist glücklich. Sie, ihre Schwester Johanna und Kinderfreundinnen wie die heutige Eisenacher Superintendentin Martina Berlich beschreiben Leutenthal als Paradies.[12] Der Garten, das Dorf, die alten Klostermauern: Alles ist ein einziger großer Spielplatz. »Insgesamt war es die schönste Zeit«, sagt Roswitha Determann.

Die Grundschule Leutenthals befindet sich gleich gegenüber dem Pfarrhaus. Alle vier Klassen lernen zusammen. Nach dem Unterricht schart Christine ihre Schwester Johanna und einige Dorfmädchen um sich. Sie spielen nach, was es daheim zu lesen gibt, von Mark Twain bis Jules Verne.

Christine gibt je nach Bedarf Kapitän Grant, Tom Sawyer oder Robin Hood. Hauptsache, sie ist die Chefin und der Rest folgt. Sie erfindet die Regeln, sie verteilt die Schatzkarten, sie bestraft die Renitenten. Eine Freundin, die beim Lästern erwischt wird, muss eine ganze Seite mit nur einem Satz voll schreiben: »Man redet nicht schlecht über andere Bandenmitglieder.«

»Sie hat gern Wort geführt«, sagt Mutter Roswitha Determann. »Weil Christine die Älteste war, war ich recht streng zu ihr, zu streng, würde ich heute sagen. Sie musste etwas unter mir leiden. Aber es hat sie vielleicht auch stärker gemacht, weil sie Strategien dagegen entwickeln musste.«

Sowieso sind die Determanns anders. Akademiker, Christen, wertkonservativ. Mutter Roswitha ist die klassische Hausfrau und Mutter, die Haare meist zum Dutt gesteckt. In den Kindergarten gehen die Kinder deshalb genauso wenig wie in den Schulhort oder zu den Jungen Pionieren. Stattdessen fahren sie zur Klavierstunde nach Weimar.

*Oben: Hochzeit Lukas und Ros-
witha Determann. Links Käthi
Determann. Rechts Wilhelm und
Anna Meißner.
Rechts: Schuleinführung 1964
Quelle: privat*

Wenn der Tisch gedeckt wird, steht neben jedem Teller ein kleines Gestell, auf das das Messer gelegt wird. Niemand anderes im Dorf hat derartige Messerbänkchen.[13] Einen Fernseher gibt es nicht. Der Vater klebt alte Landkarten auf Sperrholz, das er zersägt, um Puzzle herzustellen. Er baut Monopoly-Spiele nach, die er den besten Kindern in der Christenlehre schenkt. Alle Geschenke werden selbst gebastelt, nie wird etwas neu gekauft.

Nebenher besitzt das dörfliche Idyll ein städtisches Exil. Katharina Determann wohnt noch in der Tiefurter Allee; sie lebt allein, seitdem ihr Mann Walter 1960 starb. Die Villa verfällt zusehends, doch den Kindern ist das egal. Das Quellwasser fließt immer noch in den Badeteich und in dem Atelier des Großvaters stehen interessante Gerätschaften herum. Es ist ein Geheimnisort, an dem stets Neues zu entdecken ist, ob nun Zeichnungen, große Ölgemälde oder »eigenartige Konstruktionen aus Holz, Pappe, Draht und Stoffen«[14].

Die Determanns wohnen oft in dem herrschaftlichen Haus, das sie zwangsweise untervermieten. Der Park und vor allem der Teich werden zu einem Zentrum der städtischen Jugend. Unter den regelmäßigen Gästen ist Martin Kirchner, dessen bester Freund im Haus wohnt. Er, fast neun Jahre älter als Christine Lieberknecht, erinnert sich noch heute daran, wie er sie als kleines Mädchen im Schlamm des Badesees spielen sieht.

Oma Käthi, wie sie alle nennen, kümmert sich um ihre Enkel, sie spielt mit ihnen, singt holländische Lieder. Die Erinnerungen der Enkel schwanken zwischen Verehrung und Verklärung. »Sie war immer positiv, trotz aller Schicksalsschläge«, sagt Johanna Harder. »Sie brachte ein feines Gespür für die Weiten und Grenzen von Freiheit und ein fröhliches, weibliches Selbstbewusstsein mit.«

Im Jahr 2001 schreibt Lieberknecht – sie ist inzwischen Präsidentin des Thüringer Landtags – eine Art Weihnachtsgeschichte über »Oma Käthi«, die »lustige Großmutter«, die stets vor Heiligabend »schwer bepackt« mit Pferdekutsche oder zu Fuß von Weimar herüber kam, mit ihnen spielte, bastelte und den Herrnhuter Weihnachtsstern zusammen steckte.

Die Geschichte endet so: »Immer nach dem Reste-Essen zwischen Weihnachten und Neujahr machte sich Oma Käthi auf den Heimweg. Zur Verabschiedung tanzten wir noch einige hundert Meter neben ihr auf der leicht ansteigenden Straße aus dem Dorf hinaus. Oma Käthi drehte sich, ehe sie endgültig zwischen den Alleebäumen verschwand, noch einmal um zu der aufwärts weisenden Spitze des Kirchturms. Sie umarmte uns Kinder, als sei es das letzte Mal. Ihre Schritte verloren sich im Schneegestöber. Wir aber gingen zurück.«[15]

Über das, was zwischen 1933 und 1945 war, wird bis heute in der Familie kaum geredet – nicht über Walter und nicht über seine Frau. Die Großmutter, formuliert Lieberknecht vorsichtig, habe wohl die »braunen Horden reichlich unkultiviert« gefunden, sich aber »doch genötigt gefühlt«, die »Aktionen der Frauenschaft« zu unterstützen.[16] Johanna Harder erzählt es nüchterner. Natürlich sei Oma Käthi eine Mitläuferin gewesen, sagt sie, in der NS-Frauenschaft und dem Frauenwerk. Und natürlich habe sie das Mutterkreuz erhalten, das nur sogenannte erbtüchtige und deutschblütige Mütter ab vier Kindern erhielten.[17]

Im Jahr 1974, da ist die Käthi Determann schon jenseits der 80, zieht sie nach Leutenthal. Das Haus in der Tiefurter Allee, das für die großbürgerliche Vergangenheit der Familie steht, für Bauhaus und Brauhaus-Erbe, es wird verkauft. »Ich war traurig und wütend«, sagt Christine Lieberknecht, »aber was sollte ich machen. Ich war ja noch auf der Oberschule.«

Musterschülerin

Ihre Schulkarriere hat in Leutenthal begonnen. Die ersten drei Jahre geht sie in die dortige Grundschule, alle Klassen werden gemeinsam unterrichtet. Die 4. Klasse wird im nahen Sachsenhausen zentralisiert, mit 36 Schülern. Die Klassen 5 bis 8 absolviert sie in Großobringen.

Christine ist eine gute Schülerin, obwohl sie zu den Jüngsten in der Klasse gehört. Sie wird in der zweiten Klasse Rechenmeisterin, ab der 5. Klasse nimmt sie regelmäßig an Mathematik-Olympiaden teil und schafft es bis zur Kreisebene. Auch Chemie und Physik liegen ihr.

In Großobringen geht sie in die Arbeitsgemeinschaft für Schach. Das Spiel hat sie daheim vom Vater gelernt, nun ist sie so gut, dass sie an Olympiaden teilnimmt und Medaillen gewinnt. Christine will zu den Besten gehören, in allen Fächern. In Staatsbürgerkunde und Geschichte erhält sie fast ausschließlich Einsen. Dass sie aus einem Pfarrhaus kommt, merken die Mitschüler nur daran, dass sie nicht bei den Pionieren ist und statt der Jugendweihe an der Konfirmation teilnimmt.

Wenn es nur nach ihr ginge, wäre auch dies anders. In der 4. Klasse, als aus Jungpionieren Thälmannpioniere werden und das blaue durch aus rote Halstuch ersetzt wird, steht Christine im Klassenraum auf und sagt: »Ich darf kein Pionier werden.« Sie sei, sagt Lieberknecht im Rückblick, »immer ein Gruppenmensch« gewesen.

Später nivelliert sich dieser letzte Unterschied. Mit der 8. Klasse tritt sie wie alle Mitschüler in die FDJ ein, die Freie Deutsche Jugend. Sie trägt das blaue

Christine Lieberknecht um 1970. Quelle: privat

Hemd mit dem Zeichen der aufgehenden Sonne, geht zu Appellen, nimmt an den Gruppensitzungen teil. Eine besondere Leitungsfunktion bekommt sie nicht übertragen.

Die FDJ ist eine atheistische Organisation, die sogenannte Kaderreserve der Staatspartei. In ihrem Statut heißt es: »Die Freie Deutsche Jugend betrachtet es als ihre Hauptaufgabe, der Sozialistischen Einheitspartei Deutschlands zu helfen, standhafte Kämpfer für die Errichtung der kommunistischen Gesellschaft zu erziehen, die im Geiste des Marxismus-Leninismus handeln.« Jedes Mitglied habe die Pflicht, »der Sache der Arbeiterklasse treu ergeben zu sein, sich die Wissenschaft des Marxismus-Leninismus immer vollkommener anzueignen und sie zu verbreiten, der Jugend die Politik der Sozialistischen Einheitspartei Deutschlands und unseres Arbeiter-und-Bauern-Staates überzeugend zu erläutern und an der Verwirklichung des Programms der SED und ihrer Beschlüsse mitzuwirken«[18].

1972 wird Christine Determann an die Erweiterte Oberschule (EOS) in Bad Berka delegiert, obwohl sie Pastorentochter ist. Meist dürfen Christen, zumal aus Pfarrersfamilien, nicht diesen Weg gehen. Falls sie überhaupt Abitur machen, dann nur zusammen mit einer Berufsausbildung. Schließlich gilt als

Leutenthal, links das Pfarrhaus.
Quelle: privat

Voraussetzung für eine Delegierung an die EOS »politisches Wohlverhalten und gesellschaftliches Engagement«[19].

Christine gehört zu den Ausnahmen. Parallel dazu befördert die Landeskirche ihren Vater zum Superintendenten in Buttstedt, einer Kleinstadt mit knapp 3.000 Einwohnern unweit von Leutenthal. Determann kennt den Schulrat aus Kinderzeiten: »Der sagte zu mir, dass er nur eines der beiden Mädchen delegieren kann.« Doch ein Jahr später, als Christines jüngere Schwester die 10. Klasse beendet, darf auch sie auf die EOS.

Die Oberschule in Bad Berka liegt etwa 25 Kilometer vom Dorf der Eltern entfernt, weshalb Christine im Internat wohnt. Für sonderlich aufmüpfig hält man sie dort nicht. Als Beleg ihres Widersprechens führt sie stets ein- und dieselbe Episode an: In der Klasse 11a wird in einer Staatsbürgerkunde-Arbeit der Marxismus-Leninismus als Weltanschauung der Arbeiterklasse, kurz AK, behandelt. Sie schreibt, nachdem sie den Aufsatz ordnungsgemäß verfasst hatte, darunter: »Standpunkt der AK nicht mein eigener«. Die Reaktion? Sie bekommt eine Eins, neben die der Lehrer anmerkt: »Wie ist Ihr eigener Standpunkt?« und eine Debatte in der Klasse beginnt.

»Man hat mich isolieren wollen«, sagt Christine Lieberknecht heute. Im Grunde aber, dies räumt sie ein, stellt sie den Sozialismus »nie in Frage«. Im Gegenteil: Sie möchte ihn reformieren. Ihre Eltern und die Großmutter vermitteln ihr einen »positiven Blick auf die Dinge«: »Ich bin zu Gottes und zu meiner Freude auf der Welt – die einem ja, in einem gewissen Sinne, auch in der DDR offen stand«.

Tatsächlich fallen Christine Determanns Oberschuljahre in die Zeit, in der sich die SED, die Sozialistische Einheitspartei Deutschlands, zumindest um den Anschein von Liberalität bemüht. Im Mai 1971 hat Erich Honecker Walter Ulbricht an der Spitze der Partei abgelöst, ein Jahr später beschließt der VIII. Parteitag die »Einheit der Wirtschafts- und Sozialpolitik«. Renten und Löhne sollen steigen, der Wohnungsbau wird forciert und die Zensur gelockert. Parallel dazu vollzieht sich die außenpolitische Entspannung. Noch im selben Jahr tritt die DDR der UNO bei und unterzeichnet den Grundlagenvertrag mit der Bundesrepublik. 1975 verpflichtet sich die DDR formal mit der KSZE-Schlussakte von Helsinki, Grundrechte wie Presse- und Meinungsfreiheit zu achten.

Im Internat in Bad Berka gibt man sich offener. Deutschlehrer Volkhardt Germer, ein SED-Mitglied, nimmt im Unterricht Gedichte von Reiner Kunze und Wolf Biermann durch. Und die Oberschülerin liest Trotzki, mehrere Bände. Germer wird 1987 stellvertretender Bürgermeister von Weimar, und später, nach der Wende, trotz seiner SED-Vergangenheit Oberbürgermeister. Er erinnert sich gerne an seine »Musterschülerin«: strebsam und ruhig, und doch »sehr selbstbewusst«, die »wusste, was sie wollte« und die »sich nicht die Butter vom Brot nehmen ließ.«[20]

Reformsozialistin

Wenn man es so sehen mag, wird Christine Determann somit zu jener Reformsozialistin, die sie bis mindestens Oktober 1989 bleibt. Das jedenfalls ist das Etikett, mit dem viel später, im Bundestagswahljahr 2013, auch Angela Merkel versehen wird[21] – wobei die historische Einordnung unterbleibt. Denn wenn unter Reformkommunisten oder -sozialisten Menschen zu verstehen sind, die sich einen Sozialismus mit bürgerlichen Freiheiten wünschen, dann gehören alle dazu, die sich in der DDR als Opposition begreifen.

Dieser Befund gilt bis zum Herbst 1989. »Wir wollen das Bewährte erhalten und doch Platz für Erneuerung schaffen«, steht im Gründungsaufruf des »Neuen Forum«. Auch die ersten Dokumente des »Demokratischen Aufbruch« wollen beides: »konsequente Liberalisierung, Gewaltenteilung, Entideologisie-

rung des Staates« und »Beharren auf einem sozialistischen Charakter der anzu-
strebenden Gesellschaftsverfassung«.[22] Sogar im 1989 beschlossenen Programm
der bundesrepublikanischen SPD heißt es, dass es um »Demokratie und Sozialismus« gehe. Die Sozialdemokratische Partei in der DDR fordert folgerichtig
eine demokratische Alternative, die »an politische Traditionen anknüpft«, zu
denen »an wichtiger Stelle die des Sozialismus« gehöre.[23]

Auch in der Kirche existieren viele Nuancierungen. Es gibt Pfarrer, die
trotz allem den antikommunistischen Kirchenkampf führen, als Fortsetzung
des christlichen Widerstandes gegen die Nationalsozialisten. Es gibt Pfarrer,
die sich vollends anpassen und sich gar der Staatssicherheit verpflichten. Und
es gibt die Pfarrer, die sich irgendwo dazwischen positionieren. Horst Kasner,
der Vater Angela Merkels, prägt in seinem Templiner Pastoralkolleg den Begriff
»Kirche im Sozialismus«, der in DDR-typischer Doppeldeutigkeit zwischen
Anpassung und Distanz changiert. Andere, wie der Erfurter Propst Heino Falcke, sprechen von einem »verbesserlichen Sozialismus«.

Die Determanns leben diese Ambivalenz in einer Landeskirche, die sich
besonders stark dem System annähert. Schon 1958 hatte Landesbischof Moritz
Mitzenheim zusammen mit Oberkirchenrat Gerhard Lotz den »Thüringer
Weg« ausgerufen, der von Mitzenheims Nachfolger Ingo Braecklein fortge-
führt wird. Lotz (IM »Karl«) und Braecklein (IM »Ingo«) werden vom Ministerium für Staatssicherheit als Inoffizielle Mitarbeiter geführt[24]. Lotz organisiert
zudem den »Weimarer Arbeitskreis«, dem etwa 30 systemnahe Pastorinnen
und Pastoren angehören. Lukas Determann ist nicht dabei, er wechselt 1975 von
Buttstedt auf die Superintendenturstelle nach Apolda.

Determann hält in jede Richtung Kontakt, auch nach Braunsdorf bei Saalfeld, wo Walter Schilling ein Kirchliches Jugendheim betreibt. Der Pfarrer ist
der Antipode zu Mitzenheim und Braecklein. Seine Offene Arbeit fungiert
als Nukleus für die »Kirche von Unten«, die später, in den 1980er Jahren, Teil
der DDR-Opposition wird. 1974 lässt die Staatssicherheit das Heim schließen.

Christine Determann fährt nach Braunsdorf zu Rüstzeiten, obwohl sie, wie
sie eingesteht, »nicht zum inneren Kern« gehört. Lieber reist sie in kirchliche
Ferienlager ins brandenburgische Chorin und an die Ostsee, nach Hiddensee
und auf den Darß.

Theologie

Im Sommer 1976 schließt Christine Determann die 12. Klasse »mit Auszeichnung« ab und bekommt dafür die Lessing-Medaille. Für die goldene Variante darf ein Schüler nur Einsen auf dem Zeugnis haben, für die Silberne höchstens zwei Zweien. Christine Determann hat eine Zwei, in Sport, also erhält sie die Medaille in Silber. Die Auszeichnung, die neben dem Schuldirektor der Kreisschulrat bestätigen muss, gibt es zudem nur, falls außerdem »hervorragende gesellschaftliche Leistungen« vorliegen. Angela Merkel erhielt einige Jahr zuvor ebenso die silberne Medaille.

Eigentlich hat Christine Determann vor, Naturwissenschaften zu studieren, Physik oder Mathematik. Doch dann entscheidet sie sich für den Weg ihres Vaters – und studiert Theologie an der Universität Jena. Das erste Semester fällt in das Ende der Öffnungsperiode. Im August verbrennt sich der Pfarrer Oskar Brüsewitz, der am Erfurter Predigerseminar studierte, in Zeitz vor der Michaeliskirche. Auf Plakaten schreibt er: »Funkspruch an alle: Die Kirche in der DDR klagt den Kommunismus an! Wegen Unterdrückung in Schulen an Kindern und Jugendlichen«. Nachdem im Westen darüber berichtet wird, reagieren die DDR-Zeitungen mit Denunziation. Brüsewitz, heißt es, sei ein Verrückter. Die offizielle Kirche reagiert verschreckt. Halb solidarisiert sie sich mit Brüsewitz, halb sucht sie Abstand.

Dann, im November 1976, wird Wolf Biermann ausgebürgert. Der Rauswurf des Dichters und Liedermachers ist die entscheidende Zäsur. Stephan Hermlin, ein sogenannter Staatsschriftsteller, initiiert einen Offenen Brief an die DDR-Führung. Mehr als 100 Autoren, Schauspieler, Künstler und Intellektuelle unterschreiben. Der Staat schlägt kompromisslos zurück. Schriftsteller wie Stefan Heym dürfen nicht mehr veröffentlichen, Schauspieler wie Manfred Krug können nicht mehr auftreten. Jene, die nicht durch ihre Prominenz einigermaßen geschützt sind, werden verhaftet, so wie Jürgen Fuchs, der schon 1975 von der Universität Jena zwangsexmatrikuliert worden war.

Auch Thomas Auerbach wird eingesperrt. Er ist seit 1971 Jugendwart in der Jungen Gemeinde Stadtmitte in Jena, die schon damals durch Renitenz auffällt. Wie Fuchs wird er nach fast einjähriger Haft in die Bundesrepublik abgeschoben. Auerbach gehört zur Bekanntschaft von Christine Determann, seine Freundin ist eine ihrer Kommilitoninnen. Sie geht ab und zu in die Junge Gemeinde. Als an der Universität eine Versammlung stattfindet, auf der die offizielle Linie propagiert wird, steht sie auf. Sie sagt, dass sie die Ausbürgerung falsch finde. Es gibt mehrere Gegenreden, doch Repressalien erfährt die Studentin später nicht.

Die Sektion Theologie der Universität Jena befindet sich am Friedensberg im Westen der Stadt. Die ersten Wochen wohnt Christine Determann im Damenstift am Puschkinplatz, nahe des alten Paradiesbahnhofes. In dem Haus lebt Pfarrer Gottfried Müller, der die Altenburger Bibelanstalt führt und 1981 Chefredakteur der Kirchenzeitung »Glaube und Heimat« wird.

Wenig später nimmt sich die Studentin ein Zimmer in der Katharinenstraße. Im Konvikt, oben auf dem Berg, dürfen nur die männlichen Studenten wohnen – wie Martin Lieberknecht. Er ist ein Kommilitone im Studienjahr über ihr, obwohl er schon vier Jahre älter ist. Und er ist wie sie Pastorenkind. Die Familie stammt aus Leutenberg bei Saalfeld.

Vater Hans Lieberknecht hatte Konditor gelernt, bevor er zur Wehrmacht eingezogen wurde. Während der Schlacht von Stalingrad froren beide Füße ab und mussten amputiert werden. Nach dem Krieg studierte er in Jena Theologie. Er wechselte, als er sich mit der Obrigkeit anlegte, nach Westberlin, und kehrte nach dem Aufstand am 17. Juni 1953 in die DDR zurück, wegen der Familie und der christlichen Mission. Nach dem Vikariat wurde Hans Lieberknecht Pfarrer in Friemar bei Gotha und dann, 1963, in Steinbach-Hallenberg im Thüringer Wald. Sohn Martin durfte, im Unterschied zu Christine Lieberknecht, nicht an die EOS und absolvierte sein Abitur im nahen Zella-Mehlis parallel zu einer Berufsausbildung zum Büromaschinenmechaniker. Danach schloss sich der eineinhalbjährige Dienst bei der Armee an, bevor er 1975 sein Studium in Jena aufnahm.

Nun, im Oktober 1976, lernt Martin Lieberknecht die neue Kommilitonin Christine Determann kennen. Gemeinsame Freunde vermitteln den Kontakt. Am ersten Abend wird Schach gespielt. Sie verliert – und gewinnt ihn.

»Die rote Christine«

Im Jahr 1977 benötigt die Thüringer Landeskirche einen neuen Bischof. Die Staatssicherheit hat seit Jahren mit der Hilfe ihres Mitarbeiters Lotz Oberkirchenrat Walter Saft für die Position aufgebaut und ihm eigens eine Professorenstelle in der Theologie in Jena verschafft. Doch der Mann ist nicht nur an der Universität unbeliebt. Die Studenten bevorzugen offen einen anderen Professor, den früheren Studentenpfarrer Klaus-Peter Hertzsch. Gottfried Müller initiiert eine Unterschriftenkampagne. Christine Determann und Martin Lieberknecht beteiligen sich am Protest. Am Ende wählt die Synode als Kompromisskandidaten Werner Leich zum Bischof, der ab 1978 die Landeskirche wieder auf einen kritischeren Kurs bringt.

Das ist das eine. Das andere: Christine Determann wird FDJ-Sekretärin der Sektion Theologie. Warum bloß? »Es war unsere einzige Interessenvertretung«, sagt sie. Sie sei von den »großen Jungs« vorgeschickt worden, die vorhatten, alle Professoren zu evaluieren. »Es wurden Fragebögen verteilt, auf denen die Studenten die Lehrqualität bewerten konnten. Das war ein unglaublicher Vorgang, ich musste dafür mehrfach gerade stehen.«

Doch ist ihre Führungsposition in einem Verband, die sich als »Kampfreserve der Partei« verstand, nur organisatorische Folklore? Die SED gibt sich jedenfalls größte Mühe, die FDJ an der Sektion zu etablieren. Mehrere Versuche seien gescheitert, bevor sich 1963 die erste Gruppe in der Theologie etabliert habe, erinnert sich Ehrhart Neubert. Er, Jahrgang 1940, studierte in den 1960er Jahren Theologie in Jena. Und er steht exemplarisch dafür, wie aus einem Sammelsurium von Verwandtschaften, Bekanntschaften und Beziehungen jenes weit verästelte Netzwerk entsteht, dass Lieberknecht ihr Leben lang nutzen wird.

Neubert kennt sie von klein auf. Lukas Determann ist sein »von allen umschwärmter« Jugendpfarrer. Später, nach dem Studium in Jena, als er Vikar und Pastor in Niedersynderstedt wird, gehört er zum Kirchenkreis des Superintendenten. In den 1980er Jahren engagiert er sich in der Friedensbewegung, 1989 ist er einer der wichtigsten Begründer des Demokratischen Aufbruchs, forscht später beim Bundesbeauftragten für die Stasi-Unterlagen und schreibt ein Buch über die DDR-Opposition, das seither als Standardwerk gilt. 1996 tritt er in die CDU ein, wobei er Bürgerrechtler wie Günter Nooke und die gebürtige Thüringerin und Grünen-Bundestagsabgeordnete Vera Lengsfeld mitnimmt.

Neuberts zweite Frau Hildigund ist die Tochter von Heino Falcke, der als Propst ab 1973 der evangelischen Kirchenprovinz Sachsen den Erfurter Sprengel auf Distanz zum Staat hält. Sie wird 2003 – während Lieberknecht als Landtagspräsidentin amtiert – zur Beauftragten für die Stasi-Unterlagen gewählt, sitzt unter der CDU-Vorsitzenden Lieberknecht im Thüringer Parteivorstand und wird Ende 2013 zu ihrer Staatssekretärin in der Staatskanzlei.

Neubert und Falcke geben unterschiedliche Antworten auf die Frage, wie die Jenaer FDJ-Funktion Lieberknechts zu beurteilen sei. Die FDJ, sagt Neubert, habe zuweilen eine rein praktische Funktion besessen. »Wenn die Jugend auf dem Dorf eine Kirmes veranstalten wollte, gründete sie eine FDJ-Ortsgruppe, um die Genehmigung zu erhalten.« So ähnlich sei es eben an der Jenaer Universität gewesen, wo sich 1989 sogar die Reformbewegung aus einer FDJ-Hilfsaktion für Nicaragua entwickelt habe. Heino Falcke sagt dagegen, als Lieberknecht Ministerpräsidentin wird, dass sie nicht ohne Grund »die rote

Christine« genannt wurde.[25] Heute mag er diesen Vorwurf zwar nicht wiederholen, doch er distanziert sich auch nicht davon.

Fest steht: Als Christine Determann ihr Studium in Jena der Evangelischen Theologie beginnt, gehört die GO, die Grundorganisation der FDJ, ebenso dazu wie das Fach Marxismus-Leninismus, das zuvor über Umwege wie Völkerrechts- und Staatsrechts-Unterricht etabliert worden ist. »Die FDJ«, sagt Michael Göring, »war die einzige Möglichkeit, innerhalb des Systems etwas zu bewegen.«

Er, Jahrgang 1953, gehört zu der Minderheit der Studenten, die nicht aus Pfarrersfamilien stammen. Seine Eltern sind Arbeiter, er hatte eigentlich Rechtswissenschaften studieren wollen und war deshalb mit 18 in die CDU eingetreten. Doch nach »ein paar persönlichen Erlebnissen bei der Polizei«, sagt er, sei er »auf Theologie umgeschwenkt.«

Seit 1973 studiert er in Jena, also drei Studienjahre über Christine Determann. Er gehört zu jenen, »die sie in das Amt der FDJ-Sekretärin drängten«. Für ihn und die anderen älteren Semester ist vor allem wichtig, dass sie Mitglied der Jugendorganisation ist. Denn: »Es war zuvor jemand FDJ-Sekretär, der gar nicht in der FDJ war, das fanden sie bei der Leitung nicht besonders lustig.« Ein Inoffizieller Mitarbeiter (IM) »Horn« der Staatssicherheit kommt zu einer ähnlichen Einschätzung des Vorgangs. In einem Bericht, den Göring später in seiner Akte findet, steht, dass gegen Lieberknecht »keine Bedenken« vorlägen.

Bei Göring zeigt sich wieder, wie vielschichtig eine Diktatur funktioniert und wie komplex die Strategien sind, die von den Beteiligten entwickelt werden. So wird Göring einerseits vom Geheimdienst bespitzelt. Andererseits trifft sich der Theologie-Student während der Unruhen der Biermann-Ausbürgerung zweimal mit Stasi-Offizieren und sagt zuerst eine teilweise Zusammenarbeit zu. Göring begegnet dem Ansinnen taktisch: Er berichtet dem Studentenpfarrer von dem Kontakt. »Dekonspiration« heißt dieses Mittel, das in Kirchenkreisen empfohlen wird, wenn man nicht die Kraft zu einem klaren Nein zu einer inoffiziellen Mitarbeit hat.

Gleichzeitig ist Göring in der Bezirksleitung der FDJ, »die CDU«, sagt er, »schickte mich für ein Jahr dorthin.« Christine Determann habe dies »kritisch« gesehen. »Vielleicht sagte sie deshalb Nein, als ich sie für die CDU werben wollte.« So oder so: Der inzwischen pensionierte Pfarrer aus Ingersleben bei Erfurt, der mit der Grünen-Politikerin Katrin Göring-Eckardt verheiratet ist, gehört seit damals zum Netzwerk Lieberknechts.

Hochzeit Martin und Christine Lieberknecht 1978. Quelle: privat

Familie Lieberknecht

Im Frühjahr 1978 wird Christine Determann schwanger. Eine unverheiratete Pastorentochter, die ein Kind bekommt? Es muss schnell etwas passieren. Superintendent Lukas Determann schaut in den Kalender seiner Hauskirche in Apolda, die nach dem Heiligen Martin benannt ist. Der nächste freie Hochzeitstermin wird gebucht.

Am 14. April 1978, einem Freitag, heiraten Christine Determann und Martin Lieberknecht. Die Trauung vollzieht Schwiegervater Hans Lieberknecht. Im Oktober 1978 bekommen die Lieberknechts eine Tochter. Sie nennen sie Marie, wie Christine ein bewährter Name der Familie Ulrich.

Das Studium unterbricht die gerade einmal 20-jährige Mutter nur kurz – für die Funktion der FDJ-Sekretärin fehlt ihr nun die Zeit. Das Kind ist oft bei den Großeltern in Apolda, während sie Religionswissenschaft, Kirchengeschichte, Griechisch und Latein lernt. Sie erhält fast ausschließlich Bestnoten, auch in Marxismus-Leninismus. Nebenher geht sie dennoch in den Studentenclub »Rose« und auf Partys der Studentengemeinde.

Bei einem dieser Feste trifft sie Martin Kirchner, den älteren Jungen, der so oft im Garten ihrer Großmutter in Weimar spielte. Er ist inzwischen im Vorstand des Geraer Kreiskirchenamtes und sitzt im kirchlichen Beratungsgre-

Christine Lieberknecht und Tochter Marie. Quelle: privat

mium der Theologischen Fakultät. Die beiden erkennen sich, reden über alte Zeiten. Danach verliert man sich wieder aus den Augen.

1980 absolviert Martin Lieberknecht sein Examen und wird Vikar in Ramsla. Das Dorf liegt nördlich des Ettersbergs, nur sechs Kilometer von Leutenthal entfernt, und ist so wie alle anderen Örtchen im Weimarer Land: klein, alt und beschaulich. Die erste urkundliche Erwähnung stammt aus dem 12., die Kirche aus dem 17. Jahrhundert.

Die Lieberknechts ziehen in das Pfarrhaus, das sich wie die meisten Pfarrhäuser in der DDR in einem beklagenswerten Zustand befindet. Vier Jahre stand es leer. Die Kirche ist marode.

Trotz Schwangerschaft und Kind beendet Lieberknecht ihr Studium planmäßig im Jahr 1981. Das Examen schließt sie mit Auszeichnung ab. Die Diplomarbeit beschäftigt sich mit dem 4. Artikel der Confessio Augustana, der Augsburger Konfession, in der sich im Jahr 1530 die reformierten Fürsten, Herzöge und Bürgermeister zum lutherischen Glauben bekannten. Auf 137 Seiten plus Anhang geht es um allerlei für den Laien eher unverständliche triniatrische, pneumatologische oder ekklesiologische Bezüge.

Im Zentrum steht stets die Ökumene. Ausführlich beschäftigt sich die Theologin mit dem Zweiten Vatikanum – und Joseph Ratzinger. Dessen Forderung, den Streit einfach dadurch zu beenden, indem man die Confessio Augustana für katholisch erkläre, bezeichnet sie als »bemerkenswert«[26]. Sie bekommt für die Arbeit eine Eins. Knapp 30 Jahre später wird sie das Papier an Ratzinger selbst übergeben, der sich nun Benedikt XVI. nennt.

Die Diplomarbeit, sagt Lieberknecht, sei »absolut promotionsfähig« gewesen. Doch warum schlug sie dann keine akademische Karriere ein? Ihre Antwort: »Ich habe mir damals gesagt: Forschen kannst du immer noch, wenn du alt bist.«

In der Blockpartei

Parallel zum Examen tritt Christine Lieberknecht in die Christlich Demokratische Union ein. Nachdem sie mehreren Anwerbungen Görings widerstand, ist es schließlich Justus Lencer, ein CDU-Pfarrer aus Gutendorf bei Bad Berka, der bei ihr Erfolg hat. Die Union in Ramsla, sagt sie heute, »war damals eine gute Truppe.« Die örtliche Organistin habe genauso dazu gehört wie die Kirchenältesten. »Das war die richtige Mischung aus Einbringen und Distanz für mich.«

Nicht alle nehmen ihr das ab, allen voran Martin Lieberknecht und dessen Familie. Ihr Mann und der Schwiegervater, so empfindet sie es selbst, sehen ihren Eintritt »sehr kritisch«. Lukas Determann macht seiner Tochter Vorwürfe. Er empfiehlt zwar jungen Christen, die Lehrer werden wollen, in die CDU einzutreten, um der SED zu entgehen. Aber ein Pfarrer gehört für ihn in keine Partei, auch nicht in eine, die sich christlich nennt.

Dafür gibt es Gründe. Die CDU ist eine gleichgeschaltete Blockpartei, so wie die Liberaldemokratische Partei LDPD oder die Bauernpartei DBD. Über das Vehikel der Nationalen Front ist sie dem Diktat der SED untergeordnet. Ihre Sitze in der Volkskammer, im Ministerrat, im Staatsrat, in den Rathäusern und in den kommunalen Räten sind fest quotiert.

Wie die Bauernpartei die Bauern oder die Nationaldemokratische Partei die vormaligen Nationalsozialisten soll die ostdeutsche Union kirchlich orientierte Menschen in das System integrieren und schlussendlich assimilieren. Die etwa 100.000 Mitglieder, die in 15 Bezirks- und fast 200 Kreisverbänden organisiert sind, rekrutieren sich aus den Resten des sogenannten Bürgertums, aus Handwerkern, Selbstständigen und Christen. »Die CDU«, sagt Heino Falcke, »war ein Anpassungsinstrument, um die Christen auf die Linie der SED zu bringen.«

Sogar in Publikationen der CDU-nahen Konrad-Adenauer Stiftung heißt es: »Seit der erzwungenen Umformung zu einer stalinistischen Kaderpartei im Verlauf des Jahres 1950 galt die CDU in organisatorischer und programmatischer Hinsicht als eine Kopie der SED. Nach der Anerkennung der führenden Rolle der SED im Juli 1952 zeichneten sich ihre politischen Erklärungen durch eine bedingungslose Gefolgschaft aus.« Schon in den 1950er Jahren sei die CDU in Bezug auf die Kirchen »zu einem Informationsbeschaffungs- und Beeinflussungsinstrument der SED und des MfS degeneriert«.[27]

Dennoch gibt es Versuche, die Geschichte der DDR-CDU im Nachhinein umzuinterpretieren. Zwischen 1990 und 1995 vollzieht sich in der Blockparteienforschung »ein bemerkenswerter Wandel«[28]: CDU-nahe Forscher bemühen sich, die Partei gar in die Nähe von Oppositionsgruppen zu rücken – wobei der Name Lieberknecht eine zentrale Rolle spielt.

Unumstritten bleibt jedoch die Funktion der DDR-CDU als karrierekompatible Nische. Wer Christ ist, nicht in die SED möchte und trotzdem vorankommen will, geht in die CDU. Der katholische Bauingenieur Uwe Ehrich zum Beispiel tritt 1973 in die Union ein, um der Partei der Arbeiterklasse zu entgehen. Er wird später Stadtrat für Wohnungswirtschaft, Ortsvorsitzender und Mitglied im Hauptvorstand der CDU. Dazu absolviert er zwei dreimonatige Lehrgänge an der zentralen Parteischule der Union in Burgscheidungen im heutigen Sachsen-Anhalt.

Dort trifft Ehrich neben der jungen Jura-Studentin Marion Walsmann den älteren Josef Duchač aus Gotha, der wie er Ingenieur ist und nebenher Theater spielt. Für die Unionsfreunde gibt er an den Abenden nach den Lehrgängen in Bad Lauchstädt den Urfaust. Duchač ist seit 1957 in der Blockpartei, um nicht, wie er sagt, dem Atheismus folgen zu müssen.[29] Er steigt zum Betriebsleiter der Gummiwerke in Waltershausen auf, bis er 1986 in den Rat des Kreises Gotha wechselt und den stellvertretenden Kreisvorsitz der Partei übernimmt.

Auch der Lehrer Dieter Althaus, ein bekennender Katholik aus dem thüringischen Eichsfeld, tritt 1985 in die Partei ein und arbeitet später im Jugendweihe-Ausschuss mit. 1987, da ist er keine 30, steigt er zum stellvertretenden Schulleiter an der Polytechnischen Oberschule in Geismar auf.

Nach der Wende wird die neue Thüringer CDU Ehrich zu ihrem ersten Landeschef wählen. Duchač und Althaus regieren das Land sogar, so wie heute Lieberknecht. Doch sie stellt immerhin eine Ausnahme in der CDU dar – jedenfalls, was ihre Profession betrifft.

Pfarrer sind im Jahr 1981 eine verschwindend kleine Minderheit in der Partei. Selbst wenn für diese Phase der DDR keine verlässlichen Zahlen existieren: Im Jahr 1965 sind gemäß der internen Statistik 222 Pfarrer in der Union, bis 1970 schrumpft die Zahl auf 207.[30] Umso mehr müht sich die Partei, »Mitglieder oder Bündnispartner im Talar« zu finden.[31] Auf allen Ebenen der Partei wird debattiert, wie man Pfarrer gewinnen könne. Auf einer Vorstandssitzung der Erfurter CDU im April 1982 zeigt man sich erfreut darüber, dass der Bezirks-

verband »zu den wenigen gehöre, die jährlich mindestens zwei kirchliche Amtsträger aufgenommen« haben.«[32]

Dabei gibt es durchaus Pfarrer, die die Union von innen heraus verändern
wollen. Jugenddiakon Auerwald tritt extra 1975 in die CDU ein, wird aber nach
seiner Verhaftung 1976 wieder ausgeschlossen. Ehrhart Neubert geht noch kurz
vor der Ausbürgerung Biermanns in die Union. Doch er arbeitet nur kurze Zeit
mit. 1984 tritt er wieder aus.

Andere bleiben – so wie Pfarrer Gottfried Müller. Er ist seit 1972 Mitglied
der CDU, seit dem Jahr, in dem er als Leiter der Altenburger Bibelanstalt
amtiert. Auch der Vorstand des Geraer Kreiskirchenamtes Martin Kirchner,
der 1967 eingetreten ist, bleibt der Partei treu, als er in den 1980er Jahren Oberkirchenrat in der Thüringer Landeskirche wird.

Es sei ihr damals um das »Mitmachen« gegangen, »ohne sich korrumpieren
zu lassen«, sagt Christine Lieberknecht heute. Es habe zudem einen Unterschied zwischen Stadt und Land gegeben. »In Berlin unter dem Vorsitzenden
Gerald Götting war die CDU gleichgeschaltet, doch Dorf und Basis waren
schon etwas anderes.« Ihre Mitgliedschaft in der Blockpartei sieht sie als Instrument zum Wohle ihrer Gemeinde. »Ich muss ja auch mal mit dem SED-
Sekretär, dem Bürgermeister und dem LPG-Vorsitzenden streiten können.
Doch die erreichte ich ja als Pfarrerin nicht.«

Ehrhart Neubert sagt, man mache es sich »zu einfach«, wenn man sage, dass
es sich bei den CDU-Mitgliedern um »im Opportunismus trainierte Blockflöten« handelte. Die These sei zwar »nicht ganz falsch«, aber stimme doch
»nur für die Führungsebene, nicht für die untere Parteiebene und die mittleren
Funktionäre«[33].

Auch Lieberknecht vertritt diese Zwei-Welten-Theorie. Unten, an der Basis,
sagt sie, habe sich so etwas wie Widerstand geregt. Man habe immer noch von
Jakob Kaiser und Ernst Lemmer, den schon 1947 geschassten Gründern der
Ost-CDU, gesprochen. Und nochmal Neubert: »In regelmäßigen Abständen
brach sich diese ursprüngliche Identität durch die Sedimente der jahrzehnte-
langen Unterwerfung eine Bahn.«[34]

1981

Doch selbst wenn man diese Interpretation akzeptiert, irritiert der Zeitpunkt von Lieberknechts Parteieintritt. Sie sagt: »Ich bin 1981 in die Partei eingetreten, weil ich gehofft hatte, dass sich in der CDU wenigstens in bescheidenen Ansätzen eigene Akzente setzen ließen.«[35]

Dazu gehört in jenem Jahr viel Optimismus. 1981 ist das Jahr, in dem Matthias Domaschk stirbt. Der Mann von der Jungen Gemeinde Jena begeht im Stasi-Untersuchungsgefängnis in Gera unter nie geklärten Umständen angeblich Selbstmord. Als es daraufhin Protest gibt, beginnt die nächste Verfolgungswelle in Lieberknechts Studienort. 1981 ist das Jahr, in dem sich in Polen die Auseinandersetzung zwischen Diktatur und der Gewerkschaft Solidarnosc zuspitzt; das Kriegsrecht wird ausgerufen. Und 1981 ist das Jahr, im dem die Friedensbewegung in Ostdeutschland derart anschwillt, dass sie der DDR-Opposition erstmals so etwas wie einen Rahmen gibt.

Der Regimekritiker Robert Havemann und der Pfarrer Rainer Eppelmann schreiben Briefe an die Staatsführungen der DDR und der Sowjetunion, in denen sie ein Ende der Aufrüstung und eine Entmilitarisierung der Gesellschaft fordern. Die beiden Papiere münden ein Jahr später in dem »Berliner Appell«, der von vielen Bürgerrechtlern unterzeichnet wird. In Jena gründet sich eine »Friedensgemeinschaft«, die einen Friedensdienst als Alternative zum Wehrdienst in der NVA, der Nationalen Volksarmee, fordert. Es folgen Verhaftungen, die unter anderem Roland Jahn treffen, den späteren Bundesbeauftragten für die Stasi-Unterlagen.

Die Kirchen reagieren in der BRD und der DDR ab 1980 mit der Friedensdekade, auch Friedenswochen genannt. Ihr Ablauf ist immer ähnlich: Es werden Vorträge gehalten, Lieder gesungen, Feste gefeiert, wobei es stets gegen die Raketen in Ost wie West geht und darum, den drohenden Atomkrieg zu verhindern. Das Symbol der Friedensdekade in der DDR ist eine grafische Umsetzung der Plastik des sowjetischen Künstlers Jewgeni Wutschetitsch, das seit 1959 vor dem UN-Gebäude in New York steht und das Bibelzitat »Schwerter zu Pflugscharen« umsetzt.

Die Dynamik der Friedensgruppen verunsichert die DDR-Führung. Zuerst versucht die SED die Bewegung zu vereinnahmen, da sie sich ja auch gegen die westliche Aufrüstung richtet und somit formal der offiziellen Staatsdoktrin entspricht. Die DDR-Medien berichten etwa 1981 großflächig über die Demonstration im Bonner Hofgarten, auf der der Erfurter Propst Falcke als Vertreter der ostdeutschen Kirchen zu 300.000 Menschen spricht.

Doch nach einer Weile stellt die Staatssicherheit fest, dass die Friedensgruppen das Organisationsmonopol der Obrigkeit unterlaufen und auch die
Rüstungspolitik des Warschauer Paktes kritisieren. Und so beginnt ein grotesk
anmutender Kampf gegen die Aufnäher mit dem Pflugscharen-Zeichen, die
sich hunderttausendfach in der DDR verbreiten. Jugendliche, die ihn auf der
Kleidung tragen, werden von der Schule geworfen, Studenten zwangsexmatrikuliert.

Friedenswoche

Was macht in dieser Situation Christine Lieberknecht, die Pastorin in der
Blockpartei? Sie verbindet einfach das, was doch so offensichtlich nicht zusam-
mengehört – und organisiert eine Friedenswoche im Namen der CDU. »Ich
habe meine kirchliche Arbeit eins zu eins auf die CDU-Arbeit übertragen«,
sagt sie. Die Friedenswoche sei nur durchgeführt worden, »weil in der CDU-
Kreis- und Bezirksleitung, die ich pflichtgemäß einlud, mein Schreiben erst am
Eröffnungstag der Veranstaltung richtig gelesen worden war.«[36] »Wir haben es
am Ende unter der Aufsicht von Aufpassern aus der Partei hinbekommen.«

Doch die Friedenswoche bleibt eine einmalige Angelegenheit. Zu groß ist
die »völlige Entrüstung«, die Lieberknecht von Funktionären entgegen schlägt.
Ihr sei gesagt worden, »dass man so etwas doch nicht tut«. »Das war so der erste
Dämpfer, den ich dann kriegte in meinem Engagement, und seitdem haben wir
dann eben vorwiegend die gemeindlichen Rosen gepflegt.«[37]

Wenn man es ganz genau nimmt, ist Lieberknecht noch gar nicht Pfarrerin,
als sie die Friedenswoche organisiert. Noch fehlt ihr das Zweite Examen. Ihr
Vikariat absolviert sie in Ottmannshausen und Hottelstedt, zwei Dörfern nahe
Ramsla. Nebenher besucht sie das Predigerseminar in Eisenach und leitet die
Jugendarbeit im Kirchenkreis, organisiert Rüstzeiten.

In den Sommern fahren sie und ihr Mann in jenes Ausland, das Menschen
in der DDR offen steht. Während Tochter Marie bei den Großeltern in Apolda
oder Steinbach-Hallenberg ist, reisen die Lieberknechts, die ja immer noch
Mitte 20 sind, nach Budapest und an den ungarischen Plattensee. Der Weg
nach Polen, nach Zakopane oder nach Krakau, den sie als Studenten nutzten,
ist allerdings seit Oktober 1980 versperrt, weil die DDR den visafreien Reisever-
kehr als Reaktion auf den Protest der Gewerkschaft Solidanosc aufgehoben hat.

In diesen Jahren trifft Christine Lieberknecht Vikar Albrecht Schröter. Er
musste einige Jahre als Krankenpfleger arbeiten, bevor er in Halle an der Saale
Theologie studieren konnte. Nun landet er in Lieberknechts Sammlung von

Bekanntschaften. Den Jenaer Theologiestudenten Christoph Matschie lernt sie noch nicht kennen, ihre Wege kreuzen sich nur beinahe. Er ist drei Jahre jünger als sie – und auch er hat Zeit verloren, weil er als Krankenpfleger auf sein Medizinstudium wartet, das er dann doch nicht bekommt.

Als Matschie 1984 sein Theologiestudium in Rostock aufnimmt, um es später in Jena fortzuführen, wird Christine Lieberknecht gerade Pfarrerin. Die Exerzitien im eichsfeldischen Worbis gestalten sich schwierig. Manche Kollegen sprechen von »pränataler Ordination«, denn die Vikarin ist zum zweiten Mal schwanger. Doch Bischof Werner Leich hat damit kein Problem und macht Lieberknecht zur Pastorin von Ottmannshausen, Hottelstedt und Stedten.

Kapitel 2

Wendezeiten

Die Bibel ist ein Buch voller Geschichten. Priester und Pfarrer sind ihre Erzähler. Die Geschichten, die Christine Lieberknecht am liebsten vorträgt, sind ihre eigenen. Jeder, der mit ihr länger redet, bekommt von Leutenthal und den Zwerghühnern berichtet, von Oma Käthi und der Tiefurter Allee – und von der Kirche in Ottmannshausen und deren wundersamer Wiederauferstehung. Die Geschichte von der Kirche hat sie publiziert. Sie beginnt so: »›Wir übergeben Ihnen die Pfarreien Ottmannshausen, Hottelstedt und Stedten‹, sagte der Herr Superintendent in Weimar. ›Das ist alter evangelischer Acker. Seit 1945, also nunmehr 40 Jahren, liegt er brach. Das Volk Israel ging 40 Jahre durch die Wüste, ehe es das Gelobte Land erreichte. Wir schicken Sie in unsere Kirchenwüste. Der Boden ist hart geworden.‹«[38]

Die neue Pfarrerin tritt somit nicht nur eine Dienststelle an. Sie befindet sich, gleich ihrem Vater, auf Mission. »Wie dereinst der Kolonist Othman zog ich also, ein paar Kinder an meiner Seite, durch das Dorf und in Richtung Kirche. Sie war ziemlich heruntergekommen. Ja, sagten die Kinder, aber sauber haben wir schon gemacht.«[39]

Christine Lieberknecht ist in ihrer Erzählung die unerschrockene Kirchenbäuerin. Darüber hinaus gibt es einen »pfiffigen Bastler«, der die Turmuhr mit jeweils zwei Moped- und Waschmaschinenmotoren wiederbelebt und einen »guten Geist«, der darüber wacht. Ferner treten auf: die örtliche Handwerkerschaft, ein Restaurator und viele gute Christen aus der baden-württembergischen Partnergemeinde. Sie alle sind von der Pastorin zum Mitmachen überredet worden.

Bei einem Gemeindefest, bei dem die Kirche eine frisch vergoldete Turmkugel nebst Wetterfahne erhält, werden 3.500 Mark gesammelt. Später renovieren die Dorfbewohner den Innenraum, bemalen die Schnitzereien und nähen die Altar- und Kanzelbekleidung. Inmitten des kreativen Chaos läuft Paul herum, Lieberknechts 1985 geborener Sohn, der zum »Liebling der Handwerker« wird.

Es ist das Ideal einer dörflichen Solidargemeinschaft, das Lieberknecht im Imperativ beschreibt: »Dabei sein – Ehrensache, das ist doch klar!« Am Ende ihrer Geschichte wird sie moralisch: »Die Kinder, die mich als Pastorin durchs Dorf begleiteten, sind längst erwachsen, dageblieben oder ausgeflogen. Ihre

Kindheit in Ottmannshausen hat in ihnen Spuren hinterlassen. Dazu gehört in vielen Fällen ganz sicher der Wunsch, sich uneigennützig für das Gemeinwohl, zur Ehre Gottes und zum Wohle der Menschen einzusetzen.«[40]

Christine Lieberknecht geht auf in dem, was sie tut – und es geht ihr gut dabei. Sie predigt, organisiert, baut Kirchen und engagiert sich nebenher in der Blockpartei. Das Leben in dem unsanierten Haus in Ramsla ist bescheiden, aber für DDR-Verhältnisse kommod. Es gibt, was eher die Ausnahme ist, einen privaten Telefonanschluss. Die Kirche hat dem Pfarrer-Ehepaar einen Dienst-Trabant zu Verfügung gestellt, zusätzlich besitzt die Familie einen Lada.

Eine Konfrontation mit den Behörden, sagt Lieberknecht über diese Jahre, habe es für sie »komischerweise« nie gegeben. Doch wer die »Neue Zeit«, die Parteizeitung der CDU, durchblättert, für den relativiert sich diese Verwunderung. So wird am 14. November 1986 über eine Rede von Vize-Parteichef Wolfgang Heyl in Mühlhausen berichtet, an die sich »eine offene und ergebnisreiche Aussprache« anschloss, »in der Unionsfreunde persönliche Erfahrungen und Erkenntnisse zu der Thematik Ehe und Familie einbrachten«.

Weiter heißt es: »In doppelter Weise berührt und betroffen von diesem Thema nannte sich die Unionsfreundin Pastorin Christine Lieberknecht, Ramsla; als Ehefrau und Mutter erlebe sie selbst die umfassende Förderung junger Familien in unserer Gesellschaft, als Seelsorgerin erfahre sie in ihrem Dienst aber auch, dass trotz Unterstützung und sozialpolitischer Maßnahmen familiäre Beziehungen scheitern. Daraus ergebe sich für sie die Erkenntnis, dass über die vielfältige Förderung hinaus noch ein weites Feld zu Lebensbegleitung junger Familien beschritten werden müsse. Zugleich begrüße sie aber das verstärkte Engagement unserer Partei auf diesem Gebiet.«[41]

In einem Artikel über die Bezirksdelegiertenkonferenz der CDU im September 1987 in Erfurt taucht wieder die Pastorin auf, die diesmal über »den familienpolitischen Auftrag christlicher Demokraten« referiert.[42]

Im Februar 1988 berichtet die »Neue Zeit« über die Teilnahme Lieberknechts an einer Tagung des Präsidiums des Hauptvorstandes der CDU im Berliner Otto-Nuschke-Haus. Dem abgedruckten Foto ist zu entnehmen, dass die Pastorin in der ersten Reihe sitzt, als Parteichef Gerald Götting erklärt, wie die Union der »wachsenden Mitverantwortung im Bündnis der Partei der Arbeiterklasse mit allen anderen politischen Kräften (…) am besten gerecht« werde.[43] Lieberknecht fragt in ihrem Referat: »Wo in der Kirche, insbesondere in der kirchlichen Jugendarbeit, kommen die vielen, vielen jungen Christen zu Wort, die ›tagtäglich ihren Kampfplatz für den Frieden‹ beziehen?« Sie halte das »Zusammengehen der kirchlichen Friedensarbeit mit den gesellschaftlichen Friedensbemühungen unseres Staates (…) für sehr hilfreich.«[44]

Alles in allem beschränkt sich also Lieberknechts Parteiarbeit nicht nur auf die gemeindliche Rosenpflege. Der Einsatz ist nicht umsonst: 1987 schenkt der Staat Christine Lieberknecht ihre ganz persönliche Reisefreiheit. Mit nicht einmal 30 Jahren besitzt sie, wie sie es formuliert, »das Privileg, in den Westen zu fahren«.

Offizieller Grund ist ihre Mitgliedschaft in der Kommission für kirchliche Jugend beim Bund der Evangelischen Kirchen in der DDR. Die westliche Partnerorganisation ist die Arbeitsgemeinschaft der Evangelischen Jugend in der Bundesrepublik. Man trifft sich das erste Mal in Darmstadt, zum 40. Jahrestag des »Darmstädter Wortes«, in dem sich die Evangelische Kirche zu ihrer Mitverantwortung zu den NS-Verbrechen bekannte. Lieberknecht kann so erstmals die Ulrich-Verwandtschaft in der Stadt besuchen.

Dass ihr die Reisen genehmigt werden, hat aber nicht nur damit zu tun, dass die Staatssicherheit die Pastorin zu den »progressiven Kräften« in der Kirche zählt.[45] 1987 ist das Jahr des Besuchs von Erich Honecker in der Bundesrepublik. Der Staatsratsvorsitzende und SED-Generalsekretär wird von Bundeskanzler Kohl in Bonn als Staatsgast empfangen. Der Preis dafür sind Reiseerleichterungen, Familienzusammenführungen und weniger Auflagen im Postverkehr.

Die ironische Pointe des Besuchs ist, dass Honeckers persönlicher Triumph den endgültigen Beginn des Niedergangs der DDR markiert. Die östliche Republik verbraucht seit langem mehr als sie erwirtschaftet. Laut einem Geheimbericht des SED-Politbüros, der wenig später erstellt wird, ist der Staat schlicht pleite. Mehr als die Hälfte der Industrie gilt als verschlissen, die Arbeitsproduktivität liegt 40 Prozent unter Westniveau.

Dies alles ist 1987 längst spürbar, doch Christine Lieberknecht hat sich in dem siechenden Land eingerichtet, das sie später auch für Familienbesuche gen Bundesrepublik verlassen darf. Sogar im Ulrich-Haus im Tannheimer Tal schaut sie vorbei.

Das, was sie im Westen sieht, lässt sie eher kalt. »Ich hatte einen nüchternen Blick«, sagt sie. »Dieser Überfluss, das fand ich kritisch. Ich hätte nicht tauschen wollen. Nicht im Ansatz kam ich auf die Idee, 'rüber zu gehen. Ich persönlich besaß ja noch Freiheit, wir Pastoren hatten Nachteile, aber wir hatten auch Privilegien. Die Zustände für die meisten Leute waren viel unerträglicher als für mich. Die in der sozialistischen Produktion ihr Dasein fristen mussten, die nur Ostklamotten hatten … Ich dagegen lebte in einer Nische, aus der heraus ich mich engagieren wollte. Wir blieben hier, weil wir hier etwas tun wollten.«

Vorwende

Doch selbst das Leben in der Nische funktioniert nicht mehr so richtig. Die Gesellschaft zehrt an ihrer Substanz, die Zahl der Ausreiseanträge wächst exponentiell, die Autorität von Staat und Partei verfällt. Die DDR ist an ihre ökonomischen Grenzen gelangt. Die Öffnungspolitik von KPdSU-Chef Michael Gorbatschows wirkt wie ein Katalysator für die kleine DDR-Opposition. Überall gründen sich Gruppen, die sich dem Frieden, den Menschenrechten und dem Umweltschutz verpflichtet fühlen, aber eigentlich gesellschaftliche Reformen im Sinne von Glasnost und Perestroika vorantreiben wollen.

Insbesondere in den größeren Städten regt sich der Widerstand: In Jena gründet sich die IG Stadtökologie, in Erfurt wird die Umweltgruppe »Oase« unter Pfarrer Aribert Rothe aktiver. Obwohl klar ist, dass der Opposition ihr Kampf gegen den Braunkohle-Smog oder den Atomkrieg bloß als Tarnung dient, verhindert dies später nicht ähnliche Fehlinterpretationen wie im Fall der sogenannten Reformkommunisten. Der Historiker Hans-Michael Kloth stellt es am deutlichsten richtig: »Dass die Friedens- oder die Umweltfrage politische Codes waren, mit denen Regimegegnerschaft legitimiert wurde, hat man im Westen nie verstanden.«[46]

Im Januar 1988 werden in Berlin am Rande des offiziellen Gedenkmarsches für Rosa Luxemburg und Karl Liebknecht etwa 120 Bürgerrechtler verhaftet, die mit Rosa-Luxemburg-Zitaten für Meinungsfreiheit demonstrieren wollen. Einige von ihnen bürgert die DDR aus. Sie werden eineinhalb Jahre später zum Nukleus des »Neuen Forum« und des »Demokratischen Aufbruch«.

Derweil geht die Führung in Ost-Berlin auf Distanz zu Moskau. Die Linie hat das Politbüro-Mitglied Kurt Hager ausgerechnet im »Stern« festgelegt: »Würden Sie, nebenbei gesagt, wenn Ihr Nachbar seine Wohnung neu tapeziert, sich verpflichtet fühlen, Ihre Wohnung ebenfalls neu zu tapezieren?«[47]

Im Herbst 1988 wird der »Sputnik« verboten, also die Zeitschrift, die monatlich eine Artikelauswahl aus sowjetischen Publikationen im Ostblock verbreitet. Die Hilflosigkeit des Verbots ist offensichtlich, die Stimmung beginnt endgültig zu kippen. Die Staatssicherheit berichtet der SED, dass »die Mehrzahl der Meinungsäußerungen« von »Unverständnis bis hin zur prinzipiellen Ablehnung« reiche.[48]

In dieser Situation werden die Kirchen zum Hort der sich findenden Opposition. Die Geraer Bezirksverwaltung der Staatssicherheit spricht im März 1989 von Versuchen »negativ-feindlicher Kräfte«, die »Strukturen der Evangelisch-Lutherischen Landeskirche Thüringens für oppositionelle Zwecke zu missbrauchen.« Unter »dem Deckmantel der Kirche« würden »Teile

*Christine Lieberknecht in
der Wendezeit in Ramsla.
Quelle: Roland Obst,
Archiv TA*

Jugendlicher/Jungerwachsener zu antisozialistischen Verhaltens- und Lebens-
weisen beeinflusst. Zunehmend wird die sogenannte Menschenrechtsproble-
matik, wie sie durch westliche feindliche Kräfte hochgespielt wird, Gegenstand
der Diskussionen.«[49]

Die Pfarrerin Lieberknecht sympathisiert mit dem, was in Moskau
geschieht. »Wir schauten mit Hoffnung in die Sowjetunion«, sagt sie. Im April
1989 fährt sie, wie die »Neue Zeit« berichtet, unter Leitung der Erfurter Parteichefs mit »einer Reisegruppe des Hauptvorstandes der CDU« zu »einem
Studienaufenthalt in die UdSSR«. Nach der Heimkehr dankt Lieberknecht
auf dem Flughafen von Berlin-Schönefeld »im Namen aller Teilnehmer« für
die Reise und erwähnt vor allem eine Begegnung mit der Orthodoxen Kirche
in Kiew: »Durch ihr Streben nach Frieden, sozialem Fortschritt und nationaler
Einheit geben sie allen Gläubigen die Zuversicht, die sie heute für die Bewältigung der großen Aufgaben so dringend benötigen.«[50]

Wahlfälschungen

Am 7. Mai finden in der DDR Kommunalwahlen statt. Es wird über die Einheitslisten der Nationalen Front abgestimmt. Wer dafür ist, braucht nur den Wahlzettel falten und in die Urne stecken. Wer dagegen stimmt, muss alle Kandidaten durchstreichen. 1984, bei der letzten Kommunalwahl, waren 99 Prozent Zustimmung gemessen worden. Das ist der Maßstab für die Parteileitungen.

Jedoch nicht nur in den drei Thüringer Bezirken häufen sich die »Ankündigungen von Wahlverweigerungen«, wie die örtliche SED nach Berlin mitteilt.[51] Zudem haben sich Kirchenleute und Oppositionelle verabredet, die Auszählung in den Wahllokalen zu beobachten und danach die Resultate auszutauschen. In Erfurt bildet die »Oase« unter Pfarrer Rothe eine Untergruppe »Kommunalwahlen«, die aus 36 Wahllokalen Ergebnisse zusammenträgt und auf ein Drittel mehr Nein-Stimmen kommt, als am nächsten Tag in den SED-Zeitungen gemeldet werden. Mit dabei: Der Informatiker Klaus Zeh, der im VEB Mikroelektronik arbeitet und sich in der katholischen Kirche engagiert.

Auch in Weimar wird der Wahlbetrug nachgewiesen. In Jena organisiert der Pfarrer des Luthersprengels, Lieberknechts alter Bekannter Albrecht Schröter, die erfolgreichste Zählung. In nahezu der Hälfte der Wahllokale können die Ergebnisse kontrolliert werden. Die Zahl der Nein-Stimmen liegt bei knapp zehn Prozent – acht Prozent mehr, als die Obrigkeit offiziell einräumt.[52]

Und Christine Lieberknecht? Sie wäre, beinahe, Kandidatin der Nationalen Front geworden. »Ich wurde gefragt«, sagt sie. »Aber ehe ich überhaupt darüber entscheiden konnte, ob ich für den Kreistag antrete, kam von oben die Absage.« Wahrscheinlich, mutmaßt sie, habe der Staat lieber doch keine Pastorin zur Abgeordneten machen wollen. Hätte sie es getan? »Ich weiß es nicht. Die Entscheidung stand ja nicht an.«

An der Wahl nimmt das Pfarrer-Ehepaar aus Ramsla teil. »Mein Mann«, sagt Christine Lieberknecht, »ist auf die Barrikaden gegangen, weil er mit Nein abstimmte, aber die Gemeinde meldete später 100 Prozent.« Und sie? »Ich habe wohl normal abgestimmt«, antwortet sie nach mehreren Nachfragen. Sie sei zwar in die Kabine zur Abstimmung gegangen – was schon als Insubordination gilt, da die meisten Wähler sich genötigt fühlen, vor den Augen der Wahlleiter die Zettel auszufüllen. In der Kabine aber habe sie wohl den Wahlzettel gefaltet. »Ich machte es DDR-mäßig.«

Immerhin, Lieberknecht ist damit nicht allein. In Gotha lässt sich Josef Duchač wieder in den Kreistag und Rat des Kreises wählen. »Ich habe gedacht, es muss doch gemacht werden«, sagt er. »Ich habe nicht geglaubt, dass die Mauer fällt.«[53]

Die bewiesene Fälschung der Kommunalwahlen ist nur der Anfang einer ganzen Ereigniskette, welche die SED-Führung ins Wanken bringt. Nahezu überall in Osteuropa regen sich die Reformbewegungen. Im Mai beginnt Ungarn damit, die Grenzzäune nach Österreich abzubauen.

Selbst in China herrscht revolutionäre Stimmung, am 17. Mai versammeln sich eine Million Menschen auf dem Pekinger Platz des Himmlischen Friedens. Künstler treten auf, die Zeitungen berichten fast frei darüber, derweil Zhao Ziyang, der Chef der Kommunistischen Partei, den Dialog mit den Demonstranten sucht.

Dann kommt es zur Katastrophe. Ziyang wird entmachtet, der Ausnahmezustand ausgerufen. Anfang Juni 1989 rollen die Panzer, mehrere tausend Menschen sterben. Doch das SED-Politbüro-Mitglied Egon Krenz begrüßt das Vorgehen der chinesischen Führung, auch die Volkskammer solidarisiert sich am 8. Juni in einer Resolution – einschließlich aller CDU-Abgeordneten wie der 26-jährigen Erfurter Rechtswissenschaftlerin Marion Walsmann.

So vermelden es jedenfalls die offiziellen DDR-Medien. 20 Jahre später wird die Thüringer Justizministerin Walsmann diese Berichte als »gezielten Betrug« bezeichnen. In der Volkskammer, sagt sie, habe nach der Verlesung der Resolution ja gar keine formale Abstimmung stattgefunden.[54] Und überhaupt: »Das ehrenamtliche Mandat für die CDU in der Volkskammer der DDR gehört zu meinem Leben und zu den Erfahrungen, die maßgeblich dazu beigetragen haben, mich für eine wirkliche freiheitliche Demokratie, wie wir sie heute erleben können, intensiv einzusetzen.«[55]

So funktioniert Geschichtsdeutung. Während die revolutionäre Läuterung Walsmanns am Zentralen Runden Tisch in Berlin erst im Dezember 1989 beginnt, kann Christine Lieberknecht den Beginn ihres Widerstandes auf den Sommer datieren – und den von ihr mit unterzeichneten »Brief aus Weimar«.

Von der Blockpartei-Gängerin zur Reformerin

Dieses Papier, das die unionsnahe Forschung als »Fanal des Aufbegehrens«[56] in der DDR-CDU sieht, ist auch das Fanal der politischen Karriere Lieberknechts. Ohne den »Brief aus Weimar«, der sie binnen Tagen von einer angepassten Blockpartei-Gängerin zur Reformerin mutieren lässt, lässt sich ihr Aufstieg zur Ministerpräsidentin nicht erklären.

Dies allein wäre Grund genug, die Entstehung des Briefes und seine Wirkung besonders zu betrachten. Doch es gibt noch eine andere, durchaus berechtigte Frage: Wurde Lieberknecht von der Staatssicherheit instrumentalisiert?

Im Frühling des Jahres 1989 trifft der Chefredakteur der Zeitung »Glaube und Heimat«, Gottfried Müller, eine Entscheidung. Seit längerem hat er mit Oberkirchenrat Martin Kirchner, der bei der herausgebenden Landeskirche alle Zensurfragen regelt, darüber geredet, dass irgendetwas passieren muss. Es ist derselbe Martin Kirchner, der einst mit Christine Lieberknecht im Garten in Weimar spielte und den sie später auf einer Party der Theologischen Fakultät wieder traf.

Müller und Kirchner sehen sich regelmäßig in der Redaktion in Weimar oder in Eisenach, dem Sitz der Landeskirche. Der Oberkirchenrat drängt auf eine Unterschriftensammlung für eine Reform der Partei, der Chefredakteur ist dagegen. Er weiß aus der Erfahrung der Sammlung für den Bischofskandidaten Hertzsch, dass eine solche Aktion unkontrollierbar werden könnte.

Also schlägt Müller vor, einen Offenen Brief an alle Mitglieder der CDU zu verfassen. Kirchner ist einverstanden. Gemeinsam erarbeiten beide einen Entwurf. »Wir wollten das reformierte Potenzial, das wir auch unter vielen Mitgliedern der CDU erkannt hatten, für die gesellschaftliche Veränderung erschließen helfen«, sagt Müller.[57] »Das sollte nicht in Konkurrenz zu den anderen Reformbewegungen geschehen, sondern als deren Ergänzung.«

Den Hauptteil des Textes verfasst er, der Theologe. Der Jurist Kirchner achtet auf die Zensurfragen. Auf sieben mit Schreibmaschine getippten Seiten verlangen die beiden die Öffnung von Partei und Gesellschaft.

»Brief aus Weimar«

Das Manuskript wird mit »Brief aus Weimar« überschrieben. In der Stadt sitzt die Redaktion von »Glaube und Heimat«, hier ist Kirchner geboren und von hier ist es nicht weit nach Ramsla, wohin Müller im August fährt. Die örtliche Nähe, sagt Müller, spielte wohl die wichtigste Rolle. »Ich habe einen CDU-Menschen gesucht, der kirchlicher Amtsträger ist. Und die Pfarrerin in Ramsla war die Nächste.« Außerdem: »Ich wusste, wer Lukas Determann ist. Und Christines Schwiegervater war Autor bei ›Glaube und Heimat‹.«

Kirchner ist mit der Auswahl sofort einverstanden »Ich kannte ja Christine aus Weimar und Jena, auch von ihrem Vater hielt ich viel.« Dennoch erstaunt ihn, »dass sie einfach so Ja« sagt, »ohne Wenn und Aber«. Schließlich hat der Oberkirchenrat zuvor einige Absagen bekommen. Die erste Absage erhält er von Lothar de Maizière, den er aus seinen Berliner Tagen kennt. Der Rechtsanwalt habe »unwirsch abgelehnt«.

Lieberknecht erklärt sich bereit, da für sie die »Zustände in der CDU und in der gesamten DDR in den letzten Jahren immer unhaltbarer« geworden sind.[58] »Ich dachte, jetzt ist die Zeit in der Blockpartei zu Ende, hier kann man nichts mehr ändern. Da wird man doch nur korrumpiert.« Nur der »Brief aus Weimar« habe sie diese Entscheidung aufschieben lassen. »Gerade, als ich die Mitgliedschaft beenden wollte, kam Gottfried Müller. Da sagte ich, dann eben ein allerletztes Mal.«

Lieberknechts Beitrag für das Papier ist marginal. Sie habe, sagt sie, noch einen Satz in dem Unterpunkt eingefügt, in dem es um die »Weiterentwicklung der innerparteilichen Demokratie« geht. Er lautet: »Das Prinzip des ›demokratischen Zentralismus‹ gehört nicht zu den spezifischen Traditionen der CDU.« Als Pfarrerin, die in ihrem Studium »auch marxistisch-leninistisch geschult« worden sei, habe sie gewusst, dass sie damit das in der Verfassung festgeschriebene Führungsprinzip der SED in Frage stelle.

Als Vierte im Bunde gewinnt Kirchner Martina Huhn. Die Frau kommt aus Hopfgarten bei Weimar und ist Mitglied der Bundes-Synode der Evangelischen Kirche. Ein Kirchenjurist, ein Kirchenjournalist, eine Pfarrerin und eine Synodale: Die Mischung wirkt ausreichend repräsentativ. Obwohl Huhn laut Müller nichts inhaltlich beiträgt, steht sie, da es nach dem Alphabet geht, unter dem Text an erster Stelle. Es folgen Kirchner, Lieberknecht und Müller. Mehr Unterstützer sollen es am Anfang nicht sein. Ein kleiner Kreis erscheint Müller handlungsfähiger.[59]

Mit dem Ende der Ferien beginnt die Stimmung in der DDR endgültig zu kippen. In den bundesdeutschen Botschaften in Osteuropa drängen sich die Flüchtlinge, sofern sie es nicht über die immer löchrigere ungarische Grenze nach Österreich versuchen. Sogar in der CDU-Fraktion der Volkskammer regt sich so etwas wie Kritik. Ihr Vorsitzender Heyl – in der Partei ist er der Stellvertreter des Vorsitzenden Götting – spricht inzwischen von »Betroffenheit« und »Bestürzung« über die Vorgänge in China.

Die IM der Staatssicherheit notieren, dass Heyl Gespräche mit der West-CDU erlaubt. »Wer das Gespräch sucht, der soll es haben«, sagt er. Und: »In der DDR müssen sich viele Dinge für die Bürger verändern.« Wer sich politisch engagiere, müsse »in staatliche Entscheidungen mit einbezogen werden«.[60]

Der Tag, an dem der Brief unterzeichnet wird, ist der 10. September 1989, ein Sonntag. Was die Vier aus Weimar nicht wissen können: Es ist ein historisches Datum. Um Mitternacht öffnet die Volksrepublik Ungarn ihre Grenzen nach Österreich vollständig. Und: In Berlin gründet sich mit dem »Neuen Forum« die erste DDR-weite Oppositionsorganisation. Sie bezeichnet sich als »politische Plattform« und beruft sich auf Artikel 29 der Verfassung, der die Gründung von politischen Vereinigungen regelt.

Der Gründungsaufruf beginnt mit dem Satz: »In unserem Land ist die Kommunikation zwischen Staat und Gesellschaft offensichtlich gestört«. Beleg dafür sei die »massenhafte Auswanderung«. Dann folgt eine Abfolge von Einerseits und Andererseits. »Wir wollen das Bewährte erhalten und doch Platz für Erneuerung schaffen (…) Wir wollen geordnete Verhältnisse, aber keine Bevormundung. Wir wollen freie, selbstbewusste Menschen, die doch gemeinschaftsbewusst handeln. Wir wollen vor Gewalt geschützt sein und dabei nicht einen Staat von Bütteln und Spitzeln ertragen müssen.«

Dies klingt aus der zeitlichen Distanz nicht spektakulär. Im Spätsommer 1989 markieren diese Sätze jedoch einen seit 1953 nicht mehr erlebten Angriff auf das System. Dass der Text voller taktischer Rückversicherungen strotzt, hat auch damit zu tun, dass immer noch Angst herrscht. Nur zu gut sind die Verhaftungswellen der Vergangenheit in Erinnerung. Jetzt fürchtet man die chinesische Lösung. Nationale Volksarmee, Volkspolizei und Ministerium für Staatssicherheit sind straff hierarchisch durchorganisiert. Einem Einsatzbefehl würden sich wohl nur wenige widersetzen.

Dies ist der Kontext, in dem der »Brief aus Weimar« erscheint. »Wir bitten sie (die Mitglieder und Vorstände der CDU), mit uns zusammen darüber nachzudenken, welchen Beitrag die CDU für die Lösung der akuten gesellschaftlichen und politischen Probleme leisten kann.«[61] So beginnt der erste von 30 Punkten, in denen es um die Ausreisewelle geht, um mehr »Offenheit«, um die »Mündigkeit des Bürgers«, um Reisefreiheit, um eine »unbeschönigte« Offenlegung der »Probleme der Wirtschaft«. Das Verbot des »Sputnik« wird kritisiert und ein neues Wahlverfahren gefordert. »Wir halten es für ganz ausgeschlossen, dass die nächsten Wahlen zur Volkskammer und zu den Bezirkstagen noch unter alten Bedingungen durchgeführt werden.« Kurzum: Die DDR soll sich reformieren – und die CDU dabei voran gehen.

Legendenbildung

Was ist das? Ein »Schlüsseldokument zur Erneuerung der CDU an der Schwelle zur Herbstrevolution« und ein »Startsignal zur Demokratisierung und zur politischen Wiederbelebung einer Blockpartei, die nahezu vier Jahrzehnte kein eigenständiger Machtfaktor« war?[62] So jedenfalls will es Christine Lieberknecht gesehen haben. Der Unions-Politiker Franz-Josef Jung spricht sogar von einer »Epochenwende«[63].

Oder hat Heino Falcke Recht, wenn er meint, dass der Brief »keine Heldentat« war und »im Nachhinein hochgespielt« worden sei? »Er kam ja ziemlich spät und hatte etwas Wendehälsiges«, sagt der Altpropst. »Man hielt die Nase in den Wind.«

Falckes Schwiegersohn Ehrhart Neubert bezieht eine abgewogenere Position. In seinem Werk zur DDR-Opposition schreibt er: »Diese Forderungen (des Briefs aus Weimar) blieben zwar hinter denen der Opposition zurück, weil sie das politische System mehr dynamisieren als verändern wollten, bedeuteten aber in der Situation im September geradezu eine Provokation der erstarrten Partei.«[64] Ähnlich sieht es die Historikerin Ute Schmidt. Auch sie bemüht die These vom »Schlüsseldokument«, um dann zu analysieren: »Weder stand das bestehende System zur Debatte noch war die nationale Frage angesprochen. Auch die Rolle der CDU als Blockpartei wurde nicht in Frage gestellt.«[65]

Der Historiker Michael Lühmann befindet, dass der Brief im Vergleich zu den Papieren der Oppositionsgruppen »wenig radikal« gewesen sei, zumal die Initiatoren am innerparteilichen Widerstand gescheitert seien. Als endlich parteiintern offen über den »Brief aus Weimar« diskutiert wurde, sei »die Revolution längst im Gange« gewesen und die »Forderungen obsolet geworden«.[66] Selbst der einstige Archivar der Konrad-Adenauer-Stiftung, Manfred Agethen, stellt nüchtern fest: »Bei aller parteiinternen und gesamtgesellschaftlichen Kritik verblieben die Verfasser – ganz wie die restliche Protest- und Reformbewegung des Herbstes 89 – auf dem Boden einer sozialistischen Staatsidee.«[67]

Agethen verweist zudem auf einen Vorläufer des »Briefes aus Weimar«. Ende Juli 1988, also mehr als ein Jahr zuvor, hatte die CDU-Gruppe aus Neuenhagen bei Berlin ein Schreiben an Parteichef Götting gerichtet. Der Text war deutlicher, klarer und mutiger als jener von Müller und Kirchner. »Unsere Gesellschaft«, hieß es, »erscheint uns genauso reif für Reformen wie die sowjetische, nur anders, weil durch jahrzehntelanges Abgrenzen ihre Fähigkeit zur demokratischen Mitwirkung verkümmert ist. Vielmehr haben Heuchelei und ein kultivierter Provinzialismus die Lebensbedingungen verschlechtert«.[68]

Jede Ausreise sei »eine Kritik an dem in der DDR praktizierten Gesellschaftssystem mit der ihm innewohnenden Entmündigungspraxis«, schrieben die Neuenhagener. Die DDR-Bürger führten eine »bevormundete Existenz«. Die Kernforderungen sind Reisefreiheit, Pressefreiheit und »geistiger Pluralismus«, eine Reform des Wahlrechts, freier Zugang der Abgeordneten zu Informationen, die als geheim gelten, und echte Glaubensfreiheit, damit etwa »Atheismus und christliche Religion« in der Schule »den gleichen Stellenwert« bekämen.

Die Ortsgruppenvorsitzende Else Ackermann, eine Ärztin, verlor einige Monate nach dem Verfassen des Briefes ihre Anstellung bei der Akademie der Wissenschaften in Berlin. Zudem stellte sie fest, dass ihr Auto manipuliert worden war. Auch die Verfasser des »Briefes aus Weimar« richten sich auf Verfolgung ein. »Wir wussten, dass wir Repressalien riskierten«[69], sagt Gottfried Müller. Man habe zwar geglaubt, dass »das Dach der Kirche einen gewissen Schutz« böte. »Andererseits war klar, dass die Gefahr bestand, gerade unter diesem Dach zu Schaden zu kommen, falls die SED-Führung versuchen würde, die Krise nach chinesischem Muster zu lösen.« Man habe, sagt Lieberknecht, mit Unannehmlichkeiten gerechnet, »bis hin zur Untersuchungshaft«.

Tatsächlich erscheint zu diesem Zeitpunkt noch alles möglich. Doch sehr wahrscheinlich ist die totale Konfrontation nicht. Die SED-Führung ist im Ostblock zunehmend isoliert, der größte Bündnispartner drängt auf Reformen, die Wirtschaft liegt am Boden, die Massenflucht wird zur Massenauswanderung und vor allem: Die Angst beginnt zu schwinden. Das einzige, was der Führung in Partei, Staatssicherheit und Armee noch bleibt, ist eine Verzweiflungstat, eine blutige Niederschlagung wie 1953. Doch wie soll das ohne sowjetische Unterstützung funktionieren?

Lieberknecht bemerkt diese Stimmung, spürt die Schwäche des Regimes und wägt die Risiken ab. Das Ergebnis ihrer Rechnung: Es gibt mehr zu gewinnen als zu verlieren. »Es war«, so sagt sie selbst, »ein kalkulierter Konflikt« – den sie jetzt, da sie ihn gewählt hat, fast zelebriert. Sie kauft mit ihrem »wenigen Westgeld« Krimsekt im Intershop, »für den Fall, dass wir irgendetwas erreichen«. Jetzt, so weiß sie, »gibt es kein Zurück mehr«. Sie, die sich im Studium viel mit dem evangelischen NS-Widerstandskämpfer Dietrich Bonhoeffer beschäftigte, fühlt »fast körperlich«, dass sie jetzt, zum ersten Mal in ihrem Leben, wirklich widerstehen will. Daheim teilt sie ihrem Mann mit: »Du, wir kippen die CDU.« Martin Lieberknecht, der nie in eine DDR-Partei eingetreten wäre, antwortet trocken: »Endlich mal etwas Vernünftiges.«

Das Politbüro tagt

Der Satz mit dem Kippen, sagt Lieberknecht, sei »rein intuitiv« gefallen – so wie sie ja schon zu Beginn der sowjetischen Reformpolitik formuliert habe, dass es »irgendwann gut sein« könne, »dass wir als Union da sind.« Die Intuition, die Christine Lieberknecht für sich in Anspruch nimmt, wird auch von anderen beobachtet. Ihre Mutter Roswitha Determann umschreibt es so: »Christine kann sehr zögerlich sein. Aber wenn es sein muss, greift sie zu.«

Lieberknecht rechnet richtig. Es folgen weder Repressalien noch Untersuchungshaft. Ein Haftbefehl, von dem Kirchner erfahren haben will, wird nicht vollstreckt. Eine mögliche Erklärung: Die SED und die ihr unterstellten Behörden haben inzwischen längst anderes zu tun, als einige aufmüpfige Kirchenleute, die in der Blockpartei vorsichtige Reformen forderten, zu disziplinieren. Das soll die CDU schon selbst besorgen.

Auf einer Politbürositzung der SED vom 19. September wird der »Brief aus Weimar« zum Thema. Egon Krenz notiert eine Äußerung von Günter Mittag: »Schwankende Elemente sind in der CDU (Blockpartei). Mithelfen, dass diese Leute ausgeschlossen werden.«[70] Mitglied Joachim Herrmann wird von der Parteiführung beauftragt, »den befreundeten Parteien bei der Auseinandersetzung mit oppositionellen Kräften die entsprechende Hilfe zu geben«.

Doch das ist nicht so einfach. Schon am 11. September hat Kirchner im Landeskirchenamt den Brief auf einer der seltenen Kopiermaschinen kopiert und ihn an die Parteispitze und mehr als 200 Kreisvorstände der CDU verschickt. Zwei Tage später, am 13. September, übergibt Müller das Schreiben persönlich in Berlin an Parteivize Heyl.

Ab 14. September sendet der Erfurter Stasi-Generalmajor Josef Schwarz an die Zentrale eine »Information über Absichten evangelischer Amtsträger, die CDU in verstärktem Maße zum Abweichen von ihrer Rolle als Bündnispartner der SED zu veranlassen«. Hervorzuheben sei »hierbei insbesondere das Mitglied des Landeskirchenrates« Kirchner. »Da die Personen Kirchner, Huhn und Dr. Müller an der ab 15.9.1989 in Eisenach stattfindenden Synode der Kirchen in der DDR teilnehmen werden, ist nicht auszuschließen, dass der Brief während dieser Tagung verbreitet bzw. anwesenden westlichen Medienvertretern zugänglich gemacht wird.«[71]

Genau so kommt es. Am 15. September beginnt die Bundessynode der Evangelischen Kirchen in Eisenach. Bis auf Lieberknecht sind alle Unterzeichner des Briefes ins Haus »Hainstein« unterhalb der Wartburg gekommen. Kirchner kümmert sich darum, dass das Schreiben verteilt wird und stellt es danach zusammen mit Müller und Huhn den aus der Bundesrepublik angereisten Journalisten vor.

Die »Frankfurter Allgemeine« berichtet am 18. September über die »neuen Töne« in der Ost-CDU, fragt aber, ob sie wirklich »ein Umdenken« im Westen rechtfertigten. »Zum ersten Mal seit der Gleichschaltung der Blockparteien ist jetzt in der DDR die Forderung nach selbständigem politischen Handeln und ›offener Diskussion‹ in einer dieser, etablierten, staatstragenden Parteien erhoben worden.« Als Autoren des Briefes werden nur Kirchner und Müller erwähnt.[72]

Das Kirchenparlament selbst geht deutlich weiter als der »Brief aus Weimar«. Man brauche, heißt es in dem Beschluss der Synode, eine »verantwortliche pluralistische Medienpolitik, demokratische Parteivielfalt, Reisefreiheit für alle Bürger, wirtschaftliche Reformen, (…), Möglichkeit friedlicher Demonstrationen« und »ein Wahlverfahren, das die Auswahl zwischen Programmen und Personen ermöglicht«.[73] Der Beschluss wurde hauptsächlich vom Wittenberger Prediger Friedrich Schorlemmer und Vizepräses Lothar de Maizière erarbeitet.

Aus dieser Autorenschaft erklärt de Maizière übrigens auch seine Absage an Martin Kirchner, den »Brief aus Weimar« zu unterzeichnen. Das eine habe sich nicht mit dem anderen vereinbaren lassen, sagt er, zumal er es »unfair« fand, dass der Brief der Blockpartei auf der Synode präsentiert wurde. Auch Bischof Leich und viele Synodale seien deshalb »stinksauer« gewesen.

Dem Staatssekretariat für Kirchenfragen in Ost-Berlin ist deshalb klar, wo der eigentliche Angriff herkommt. Die Synode habe »ein konterrevolutionäres Programm beschlossen«[74], analysieren die Funktionäre. »Erstmalig«, sei »die Machtfrage gestellt« worden. Aber in der Berichterstattung im Westen dominiert der Brief der CDU-Mitglieder – was die Synodenmitglieder noch mehr erbost.

Die Staatssicherheit ist alarmiert. Ihr Erfurter Generalmajor Schwarz setzt SED-Bezirkschef Gerhard Müller in Kenntnis und verschickt ein Rundschreiben an alle Kreisdienststellen im Bezirk. Es gebe »zunehmende Versuche reaktionärer kirchlicher Amtsträger (…) die Haltung der CDU (…) negativ zu beeinflussen.«[75] Nach der Nennung der Namen der vier Unterzeichner heißt es: »Über geeignete IM (…) sind schwerpunktmäßig Informationen aus dem Bereich der befreundeten Parteien zu erarbeiten, die mit dem genannten Pamphlet in Zusammenhang stehen.«[76]

Der IM unter ihnen

De Maizière wird übrigens von der Staatssicherheit als IMB, als Inoffizieller Mitarbeiter mit Feindberührung, geführt. Laut Arbeitsplan ist ihm, dem Verfasser des angeblich so konterrevolutionären Beschlusses, das »rechtzeitige Aufklären der Pläne und Absichten« der Synode aufgetragen.[77]

Doch dies ist, falls es denn stattfindet, gar nicht mehr nötig. Zumindest einige Offiziere der Staatssicherheit sind über den »Brief aus Weimar« längst vollständig informiert. Schon seit seinem Abitur arbeitet Martin Kirchner für das Ministerium und wird als Inoffizieller Mitarbeiter unter den Decknamen »Küster«, »Andreas«, »Franke« und »Hesselbarth« von der Bezirksverwaltung in Gera und später von der Zentrale in der Berliner Normannenstraße geführt. Er liefert interne Informationen und Unterlagen aus der CDU und der Kirche an den Geheimdienst.[78] Als IME (Inoffizieller Mitarbeiter im besonderen Einsatz) »Experte« wird er sogar seit 1987 mit einem Major-Gehalt bezahlt. Pro Jahr sind das 12.000 Mark, für 1990 ist eine Gehaltserhöhung auf 16.000 Mark vorgesehen.[79]

Schon die frühen Entwürfe des Briefes hat Kirchner im Frühjahr seinem Führungsoffizier übergeben. Dabei, so sagt er es heute, habe er mitgeteilt, dass ihn niemand davon abhalten könne, damit an die Öffentlichkeit zu gehen. Dennoch unternimmt die Staatssicherheit nichts gegen ihren Mann, ja, sie droht ihm nicht einmal. Kirchner wäre schon allein durch die Offenbarung seiner Spitzeltätigkeit erpressbar, aber die Offiziere lassen ihn gewähren.

War somit der »Brief aus Weimar« die Idee von progressiven, sowjetisch orientierten Kräften in der Staatssicherheit? Diente Kirchner als Agent Provocateur in der CDU?

Er selbst räumt ein, dass er schon vor seinem Jura-Studium in den Westen übersiedeln sollte, um als angeblicher Dissident im Öffentlichen Dienst Karriere zu machen. Doch Kirchner hat eine Frau kennen gelernt und will in der DDR bleiben. Also wird der Plan geändert: Er soll nun die CDU infiltrieren, in die er ebenfalls mit 18 eingetreten war. Ab 1973 arbeitet er für zwei Jahre im Parteivorstand unter Gerald Götting und dessen Stellvertreter Wolfgang Heyl, der sich der Staatssicherheit verpflichtet hatte. Aber vom Apparat im Otto-Nuschke-Haus hat Kirchner bald genug. 1975 geht er zurück in die thüringische Provinz und arbeitet bis Mitte der 1980er Jahre in der Spitze des Geraer Kreiskirchenamtes. Wieder kümmert sich das Ministerium: Als er 1986 zum Oberkirchenrat und Vizechef des Landeskirchenrates befördert wird, ist er gerade 37 Jahre alt.

Kirchner verkehrt seitdem in der Elite der evangelischen Kirche und der DDR. Regelmäßig trifft er sich mit den Führungskräften der sieben anderen Landeskirchen zu Chefgesprächen, an denen der Konsistorialpräsident der Evangelischen Kirche, Manfred Stolpe, teilnimmt. Es ist ein informeller Gesprächskreis unterhalb der Bischofsebene, der gemäß Kirchner ab 1987 inoffizielle Kontakte in die SED-Führungsebene pflegt. Kirchner erinnert sich an Treffen mit Günther Jahn, dem 1. Parteisekretär im Bezirk Potsdam. »Es waren sehr offene Gespräche, in denen nichts verschwiegen wurde. Wir haben sehr weit nach vorne gedacht«, sagt er.

Etwa ein Drittel der Kirchenrunde, darunter Stolpe, wird nach dem Ende der DDR der Stasi-Mitarbeit verdächtigt. Ohne den Einfluss des Ministeriums, das die Thüringer Landeskirche komplett infiltriert hat, lässt sich der Aufstieg Kirchners kaum erklären. Nun, als der »Brief aus Weimar« verfasst wird, unterstützen ihn interessierte Kreise des Geheimdienstes offenbar weiter. Sogar Kirchner gibt zu, dass es auffällig ist, dass ihn seine Führungsoffiziere nicht von seinem Tun abhalten. Doch eine direkte Anleitung bestreitet Kirchner bis heute.

Dass Teile des Sicherheitsapparates der Wende nachhalfen, um sie steuern zu können, ist keine neue These. Der Journalist Ralf Georg Reuth behauptet seit langem, dass Markus Wolf als einstiger Chef der Auslandsspionage-Abteilung im Auftrag Moskaus für sowjetische Verhältnisse in der DDR sorgen soll. Er sieht in dem Ex-General, der 1987 aus dem aktiven Dienst ausschied, eine Schlüsselfigur der Wende. Wolf selbst schreibt, er habe seine Instruktionen direkt von Valentin Falin erhalten, der im sowjetischen Außenministerium für die DDR zuständig ist.

Reuth zieht in seiner Merkel-Biografie »Das erste Leben der Angela M.« Verbindungen von der Staatssicherheit zum »Brief aus Weimar«. So berichtet er über den Berliner CDU-Funktionär Thilo Steinbach (IM »Bernd«): »Er war – den Akten zufolge – der Verbindungsmann in der Berliner Parteizentrale zum Eisenacher Oberkirchenrat Martin Kirchner. Der ›Brief aus Weimar‹ (…) war von Partei-Vize Wolfgang Heyl (IM »Herold«) initiiert worden und hatte den Vorwand für den Sturz Göttings gebildet.«[80]

War also der »Brief aus Weimar« eine Intrige sowjetischer Politiker, DDR-Geheimdienstler und hoher CDU-Funktionäre? Gottfried Müller befindet dies für »schlicht absurd«. Heyl zum Beispiel, sagt er, habe doch bei dem Treffen am 13. September in Berlin »völlig entsetzt« reagiert.

Interessant wirkt in diesem Zusammenhang die Reaktion des stellvertretenden Staatssicherheitsministers Rudi Mittig. Er lehnt das Vorhaben des SED-Politbüros ab, die CDU dazu zu drängen, die Vier aus der Partei auszuschließen. Die Absender des Briefes seien doch »bisher progressiv in Erscheinung getreten«, sagt er. Ein Rausschmiss würde kontraproduktiv wirken. »Wo sollen sie hin? Sie werden doch nur zum NF (Neues Forum – MD) gedrängt.«[81]

Lieberknecht und Müller selbst arbeiten weder direkt noch indirekt der Staatssicherheit zu. Dies ergeben mehrere Überprüfungen durch die Stasi-Unterlagenbehörde, denen sie sich später als Abgeordnete unterziehen müssen, und deckt sich mit anderen Recherchen. Zu Müller existiert zwar eine sogenannte IM-Vorlauf-Akte, die jedoch 1986 geschlossen wurde, nachdem der Kirchenrat die Anfrage des MfS abschlägig beantwortet und seine Vorgesetzten informiert hatte.[82]

Lieberknecht selbst wurde, im Gegensatz zum Kirchenrat, offenbar nicht systematisch bespitzelt. Entgegen öffentlicher Ankündigung hat sie bis heute ihre Opferakte nicht beantragt – was womöglich daran liegt, dass gar keine existiert. Bisher jedenfalls wurde in den Akten des Bundesbeauftragten nichts dergleichen zu ihrem Namen gefunden.

Die Reformerin

Zurück in das Jahr 1989: Als der Hauptvorstand der CDU am 21. September im Otto-Nuschke-Haus in Berlin tagt, ist von einem Parteiausschluss der Vier keine Rede mehr. Ein IM »Schulze« berichtet der Staatssicherheit: ›Im PV der CDU gab es eine einmütige Ablehnung des Briefes und er wird als ›Brief‹ auch nicht diskutiert. (…) Wahrscheinlich wird der stv. Parteivorsitzende Heyl mit den 4 ein Gespräch führen, wo sie auf die Verletzung der innerparteilichen Disziplin hingewiesen werden.«[83]

Das Gespräch findet fünf Tage später statt, allerdings nicht mit Heyl, sondern mit zwei Abteilungsleitern. Die Kirchenleute werden am 26. September »wie die Fürsten«[84] empfangen, so jedenfalls erinnert sich Lieberknecht. Stasi-IM »Schulze« geht in seinem Bericht nur auf Müller und Kirchner ein. Der Oberkirchenrat, schreibt der Spitzel, der von dem anderen Spitzel nichts ahnt, sei ein »von der evangelischen Kirche gesteuerter Mann«, »der eigentlich nichts in der CDU zu suchen habe, da er jegliches Engagement für unseren Staat und unsere Gesellschaft ablehnt«.

Das Gespräch bleibt ergebnislos. Immerhin kann in »Glaube und Heimat« am 24. September ein Artikel erscheinen, der den Inhalt des Briefes zusammenfasst, während sich außerhalb der CDU die Ereignisse überschlagen. Am 1. Oktober gründet sich der Demokratische Aufbruch in Berlin in der Wohnung von Ehrhart Neubert; der Jenaer Pfarrer Albrecht Schröter ist dabei. Am 2. Oktober findet die erste große Demonstration in Leipzig statt. Am 7. Oktober, zum 40. Jahrestag der DDR, demonstrieren Zehntausende in Berlin, während Staatsgast Gorbatschow die SED-Führung zu Reformen mahnt und sich in Schwante die Sozialdemokratische Partei der DDR (SDP) konstituiert. Inzwischen wird fast überall im Land demonstriert.

Erst jetzt, am 9. Oktober, veröffentlicht auch die »Neue Zeit« einen Bericht über den »Brief aus Weimar« und das Treffen in Berlin zwei Wochen zuvor. Die offizielle Interpretation: »Die Unterzeichner des Briefes heben hervor, dass der Brief keinerlei Plattform für eine innerparteiliche oder gesellschaftliche Opposition darstelle. (…) Sie wollen einen Beitrag dazu leisten, dass die Verantwortung der CDU in der Gemeinschaft des Demokratischen Blocks mit unverwechselbarem Profil weiter ausgestaltet wird, um die DDR und ihre sozialistische Demokratie in Stabilität weiterzuentwickeln.«[85]

Tags darauf, am 10. Oktober, schickt Gottfried Müller ein Telegramm an Götting, im Namen der »Unterzeichner des Briefes aus Weimar«. Es findet Eingang in die Akten der Staatssicherheit. Müller schreibt: »Die Widersprüche verschärfen sich. Die Ausreisefrage stellt nur einen Ausschnitt aus der Gesamtproblematik dar«. Dann, an Götting gewandt: »Sagen Sie ein Wort der Wahrheit! Unterstützen Sie mit dem Gewicht Ihrer Persönlichkeit und der Autorität unserer Partei die Ansätze zu einem umfassenden Gespräch zwischen Volk und Regierung, wie sie sich jetzt in Leipzig und Dresden zeigen.«[86]

Doch auch jetzt sichert sich Müller noch ab. »Sekundäre Ursachen« der Krise, schreibt er, habe der Westen zu verantworten, mit seiner »anmaßenden Obhutspflicht«, dem »demagogischen Wiedervereinigungsgerede« und der »schädlichen Dramatisierung in den Medien«.

Am 16. Oktober tagt der Hauptvorstand der CDU in der Parteischule in Burgscheidungen. Die Presse ist dabei, als Götting in die Defensive gerät. Zu denen, die aufbegehren, gehört Uwe Ehrich, der Vizedirektor der Wartburg-Stiftung. Die »Neue Zeit« veröffentlicht am nächsten Tag den Beschluss des Präsidiums, in dem es heißt: »Unsere Partei (…) hat in Sorge um die Errungenschaften des Sozialismus auch Signale aus den eigenen Reihen nicht früh genug beachtet.«[87]

Am 18. Oktober tritt Erich Honecker von allen Ämtern zurück, Egon Krenz folgt ihm als SED-Chef nach. Am 21. Oktober schickt die MfS-Bezirksverwaltung Gera ein Telex an die Berliner Zentrale: »Streng intern« habe man zu einer Unterredung mit Müller und Kirchner folgende Informationen erarbeitet: »Innerhalb der CDU sind verstärkte Bestrebungen sichtbar, den Parteivorsitzenden Götting von seiner Funktion zu entbinden.« Analoge Bestrebungen existierten »bezüglich des Ablösung des stellvertretenden Parteivorsitzenden« Heyl. »Es soll diverse Meinungsäußerungen geben, einen Sonderparteitag der CDU einzuberufen.«[88]

Und noch etwas: »Kirchner hat am 20.10.89 mit Westberlin (…) telefoniert und sich verbeten, dass ein Gespräch Heyl-Diepgen (gemeint ist der Westberliner CDU-Chef Eberhard Diepgen) ›ohne uns‹ stattfindet. (…) Kirchner hätte am 20.10.89 an den Generalsekretär von Hessen (Franz-Josef Jung) ein Telegramm abgesetzt, dass man telefonisch in Kontakt kommt, man müsse in die Offensive gehen.«

Der Oberkirchenrat aus Eisenach wird nun endgültig zur Führungsperson der ostdeutschen CDU. Wie Ibrahim Böhme die SDP und Wolfgang Schnur den Demokratischen Aufbruch steuert die Blockpartei CDU ein IM, der über Hessen die Kontakte in den Westen herstellt. Schon am 18. September, als vom »Brief aus Weimar« in der Frankfurter Allgemeinen Zeitung zu lesen war, hatte Jung den Oberkirchenrat in Eisenach kontaktiert, die Unterzeichner presseöffentlich zu einem deutschlandpolitischen Kongress nach Wiesbaden eingeladen und einen entsprechenden Brief an Müller geschrieben.

Doch die Vier haben anderes zu tun. Sie müssen möglichst schnell die alte Parteiführung entmachten. Am 26. Oktober veröffentlicht die »Neue Zeit« den »Brief aus Weimar«. Kurz darauf, am 1. November, treffen Lieberknecht, Müller, Kirchner und einige andere Gleichgesinnte auf Götting. Bei der Begegnung im Büro des Parteivorsitzenden im Berliner Otto-Nuschke-Haus fordern sie seinen Rücktritt. Auch Lieberknecht spricht. Er solle, sagt sie, »für die Partei den Weg frei machen«. Die Führung sei »verkalkt und realitätsfern«.

Götting erwidert auf die Angriffe nichts. Stattdessen trinkt er mit hochrotem Kopf eine Tasse Kaffee nach der anderen und lacht unentwegt. Nach einer Dreiviertelstunde steht er auf und geht aus dem Büro mit dem trotzigen Satz, dass er seinen Rücktritt »mit Bravour« erledigen werde. Am nächsten Tag tagt die Parteispitze und Götting legt sein Amt nieder.

Wende und Revolution

Von nun an gilt Lieberknecht als Reformerin; ein Image, das sie stets pflegen und nutzen wird. Denn es ist nicht bloß die Voraussetzung ihrer Karriere. Es ist ihr Stabilisator. Ob Duchač, Vogel oder Althaus: Niemand wird es wagen, sie zu übergehen.

Müller ist es ganz recht, dass Lieberknecht die Aufgabe übernimmt, durch das Land zu tingeln und das Papier vorzustellen. Sie, die 31 Jahre alte Dorfpfarrerin, wird das Aushängeschild der kleinen Reformergruppe. Sie nimmt Kontakte zum Neuen Forum, zum DA und zu »Demokratie Jetzt« auf und tritt auf deren Veranstaltungen auf. Mit ihrem Ex-Kommilitonen Michael Göring, der die Pfarrei in Ingersleben bei Erfurt betreut, telefoniert sie einige Male. Er versucht, den Erfurter Kreisverband zu erneuern, derweil seine Frau Katrin Göring-Eckardt Versammlungen des »Demokratischen Aufbruch« besucht.

Lieberknecht erwägt zu diesem Zeitpunkt immer noch, aus der CDU auszutreten. Sie habe, sagt sie, der DA gereizt. Doch von einer Nachbarin in Ramsla sei ihr gesagt worden: »Frau Pfarrer, Sie werden doch jetzt nicht ihr Markenzeichen hergeben.« Lieberknecht erkennt, dass die Leute auf dem Land keinen Unterschied zwischen West- oder Ost-CDU machen. Dabei besitzt die Pastorin überhaupt keinen Bezug zur Union in der Bundesrepublik. Ihre politischen Vorbilder im Westen heißen nicht Konrad Adenauer oder Helmut Kohl, sondern Erhard Eppler und Heinrich Albertz. Beide sind linke Sozialdemokraten.

Doch dies ist in diesen turbulenten, ja chaotischen Tagen nicht so wichtig. Wer in welcher Partei ist oder in welche eintritt, wirkt wie eine politische Lotterie. Programmatik, Führung und Strukturen verändern sich fast täglich. Den meisten geht es vor allem darum, dabei zu sein bei der »Wende«, wie ausgerechnet Honecker-Nachfolger Egon Krenz den Umsturz bezeichnet.

Für die CDU passt der Begriff: Sie wendet sich. Einen Tag nach dem Rücktritt Göttings fordert die Fraktion in der Volkskammer, das Parlament einzuberufen. Die Regierung solle die Vertrauensfrage stellen, ein neues Wahlgesetz ausarbeiten und die Kommunalwahlen wiederholen. Am 8. November belauscht die Staatssicherheit ein Gespräch zwischen Kirchner und Müller. Die Bezirksverwaltung Gera schickt ein Telex nach Berlin, in dem sie darüber informiert, dass die beiden am Vormittag des 9. November planen, in Ost-Berlin ein Gespräch »unter Teilnahme des hessischen CDU-Generalsekretärs Dr. Jung« zu führen. Hierzu hätten »der CDU-Generalsekretär Rühe und Bundeskanzler Kohl ihre Zustimmung« gegeben.[89]

Dann werden die zentralen Sätze des abgehörten Gespräches wiedergegeben. Kirchner: »Die CDU sind wir. Wir zucken da doch nicht, uns da zu profilieren als heimliche Führung.« Müller: »Wir sind die Initiatoren der Reformbewegung, und ohne uns geht nichts. Natürlich würden wir sagen, wir haben nicht das Urheberrecht in der Partei für die Reformen.« Kirchner: »Natürlich. Im Übrigen sind wir auch die Gesprächspartner des zukünftigen Landesverbandes Thüringen und damit natürlich die unmittelbare Partnerschaft zu Hessen. So muss sich das darstellen.«[90]

Am 9. November reist die Pastorin aus Ramsla wieder nach Berlin. Im Französischen Dom am Gendarmenmarkt, gleich gegenüber dem Nuschke-Haus, findet ein Reformkongress statt. Er beginnt damit, dass die Christlich-Demokratische Jugend (CDJ), eine Art Junge Union der DDR, gegründet wird. Da dies der Pfarrerin wichtig ist, nimmt sie nicht an dem Treffen mit Jung teil – zu dem dafür später de Maizière hinzu stößt. Er sagt zum Leidwesen des Generalsekretärs aus Wiesbaden in die Kamera des »Hessischen Rundfunks«, dass es ihm um einen »erneuerten Sozialismus« gehe, der »nach der Buchstabierung des Wortes den Namen auch wirklich verdient.«[91]

Am Abend sind alle zusammen im Französischen Dom versammelt. Eine Reihe vor Lieberknecht sitzen Ehrhart Neubert und Rainer Eppelmann vom »Demokratischen Aufbruch«. Die Pastorin fordert die Wiederbegründung der Länder in der DDR, eine, wie sie heute findet, »für damals hochrevolutionäre Forderung«. Im Prinzip sind alle da, die in der CDU in den nächsten Monaten eine Rolle spielen wollen. Die zentrale Figur des Abends ist Lothar de Maizière. Um die Veranstaltung in der Kirche durchführen zu können, muss man Konsistorialpräsident Manfred Stolpe fragen, der die Schirmherrschaft übernimmt und noch andere Gruppen einlädt. »Das war uns nicht so recht«, sagt

Müller. »Er hat uns ein wenig das Konzept vermanscht.« Sogar Rechtsanwalt und SED-Mitglied Gregor Gysi schaut vorbei.

Stolpe wird später wie de Maizière und Gysi (registriert als IM »Notar«) eine enge Zusammenarbeit mit der Staatssicherheit vorgeworfen; immerhin hat ihn das Ministerium etwa 20 Jahre als IM unter dem Decknamen »Sekretär« geführt. Doch wie die beiden anderen, die privat eng befreundet sind, wird er stets behaupten, nur aus beruflichen Gründen mit dem MfS Kontakte gehabt zu haben. Dafür, dass er als Mitarbeiter gekennzeichnet war, könne er nichts.

Im Dom am Gendarmenmarkt wird es an diesem 9. November immer ruhiger. Man flüstert und tuschelt und ruft endlich laut: Die Mauer ist auf. Viele laufen am Abend vom Gendarmenmarkt Richtung Grenze und versuchen, nach West-Berlin zu gelangen. Christine Lieberknecht dagegen fährt nach Lichtenberg und nimmt den Nachtzug nach Hause. Ihre Begründung: »Pfarrerin, Termine, zwei Kinder«. Sie, die schon mehrfach im Westen war, setzt andere Prioritäten. Wenn die Pflicht ruft, muss die Geschichte warten.

Tags darauf tagt der Hauptvorstand der CDU und bestimmt den gebürtigen Nordhäuser de Maizière zum vorläufigen Vorsitzenden. Spätestens jetzt befinden sich die Vier aus Weimar in der ersten Reihe. Für das Ministerium für Staatssicherheit, das immer noch versucht, irgendwie Herr der Lage zu werden, wird »sichtbar, dass kirchliche Kräfte der CDU, insbesondere die Unterzeichner des ›Weimarer Briefes‹, starke Positionen errungen haben und der Auffassung sind, mit der Wahl von de Maizière als Parteivorsitzenden ihren Einfluss noch stärker zur Geltung bringen zu können.« Und: »Intern wurde bekannt, dass die Unterzeichner des ›Weimarer Briefes‹ sowohl unter den bisherigen hauptamtlichen Parteikadern (…) als auch bei einzelnen Mitgliedern der CDU-Fraktion Unterstützung erhalten«[92].

Kapitel 3

Politik

Im November 1989 kommt Christine Lieberknecht in dem Geschäft an, das von nun an ihr Leben bestimmen wird. Sie weiß es bloß noch nicht. »Ich wollte damals alles – nur nicht hauptamtlich in die Politik«, sagt sie. Der Satz ist glaubhaft, auch weil er von so vielen anderen Menschen gesagt wird, die der Herbst 1989 nach oben spült. Die alte Elite muss irgendwie ausgetauscht werden. An die Stelle der Funktionäre, der Bonzen treten insbesondere jene, die in der DDR unpolitische Nischen besetzten: Tierärzte, Ingenieure, Naturwissenschaftler – und Pastoren.

Sie stammen selten aus der Bürgerbewegung oder der Opposition, sondern eher aus den Blockparteien wie der CDU, die sich eilig in die neue Zeit zu retten versucht. Ende November streicht die Union die führende Rolle der SED aus ihrer Satzung, am 4. Dezember tritt sie aus der Nationalen Front aus. Für Mitte Dezember lädt sie zum Sonderparteitag nach Berlin, um die Emanzipation vom realen Sozialismus offiziell zu vollziehen.

Christine Lieberknecht ist wie Kirchner und Müller angereist. In seiner Eröffnungsrede gelangt der Vorsitzende de Maizière bereits nach drei Sätzen zu seinen »Freunden aus Thüringen«: »Vor drei Monaten, als sich die damalige Führung der CDU noch beinahe gar nichts vorstellen wollte, hatten sich die Verfasser des Weimarer Briefes bereits eine vorgezogene Mitarbeiterkonferenz vorgestellt.« Man müsse ihnen und anderen Initiativen deshalb »umso dankbarer« sein.[93]

De Maizières Rede erfüllt zwei Aufgaben. Zum einen fordert er ein »Schuldbekenntnis« der CDU. »Die CDU trägt durch den politischen Sündenfall der geduldeten Gleichschaltung Mitschuld am moralischen Verfall der ganzen Gesellschaft.«[94] Zum anderen formuliert er die Interpretation, die den Weg in die Zukunft bereiten soll: Auch die Union war Opfer. »Viele Freunde«, behauptet de Maizière, hätten »ihr Möglichstes getan, für ihre sachliche Meinung gekämpft und versucht, die demokratischen Spielräume der Gesellschaft zu erweitern.«

Damit darf sich unter anderem Lieberknecht gemeint fühlen. Nach der Rede kommt es zur Debatte – und den Wahlen. Müller beobachtet, wie die Pfarrerin mit einer Rede »einen der übelsten Wendehälse der CDU, einen Berliner Hauptabteilungsleiter, in offener Feldschlacht zu Fall« bringt und »bewundernswert abschießt«.

De Maizière wird als Vorsitzender bestätigt. Zu einem seiner Stellvertreter wählt der Parteitag Gottfried Müller. Generalsekretär wird Martin Kirchner. Dazu gesellt sich ein riesiger Vorstand mit über 80 Mitgliedern. Unter den anderen Thüringern sind neben Lieberknecht: Hans-Henning Axthelm, Willibald Böck, Josef Duchač und Uwe Ehrich.

Axthelm, 48, kommt aus Eisfeld in Südthüringen. Der Arzt ist Leiter der Arbeitshygieneinspektion beim Rat des Kreises. Der CDU trat er mit 18 bei. Er ist Ortsvorsitzender, sitzt im Kreisvorstand und Kreistag. Nebenher ist er Synodaler der evangelischen Landeskirche. Böck ist 42, der gelernte Lehrer für Deutsch und Kunst gehört ebenfalls seit seiner Volljährigkeit der CDU an und amtiert als Bürgermeister seines Heimatortes Bernterode im Eichsfeld. Er ist katholisch.

Wie bereits erwähnt ist Ingenieurökonom Duchač, 51, Mitglied des Rates des Kreises in Gotha und sitzt im Kreistag. Er hat als Vertreter der Erfurter Bezirks-CDU am neuen Programm mitgearbeitet.[95] Uwe Ehrich, 45, wechselt direkt aus dem alten Hauptvorstand in die neue Parteispitze. Er hat auf dem Parteitag mit am lautesten dafür geredet, dass die CDU offiziell das Wort Sozialismus aus dem Programm streicht.

Außer Lieberknecht sind alle erprobte Parteifunktionäre. Duchač hat noch im Juni 1988 das Otto-Nuschke-Ehrenzeichen in Silber erhalten.[96] Nur bei der Pastorin steht im Protokoll als Parteifunktion so gut wie nichts. Sie sei »Mitglied des Ortsgruppenvorstandes«, heißt es dort – wobei mit Ortsgruppe die des Dörfchens Ramsla gemeint ist.

Parallel zur CDU tagt noch eine andere Partei in Berlin. Die SED wandelt sich zur SED-PDS. Das zusätzliche Kürzel steht für »Partei des Demokratischen Sozialismus«. Neuer Vorsitzender ist de Maizières Anwalts-Freund Gysi. In Leipzig tagt wiederum der Demokratische Aufbruch. Auch dessen Vorsitzender wird ein Berliner Rechtsanwalt. Er heißt Wolfgang Schnur.

Die ersten Sitzungen des Zentralen Runden Tisches finden in diesen Tagen statt. Im Pankower Schloss Schönhausen sitzt neben der CDU-Vertreterin Marion Walsmann der Neu-Sozialdemokrat Christoph Matschie, der kurz zuvor in Jena sein Theologie-Studium abgeschlossen hat. Er ist zwar erst 28, aber schon Vorstandsmitglied der Sozialdemokratischen Partei und wird im Februar in dessen Präsidium gewählt.

Wahlkampf

Die Kontakte zwischen Ost- und West-CDU werden intensiver, professioneller, gezielter. Es geht jetzt, im Dezember 1989, um die Verteilung der politischen Macht in der DDR – und in einem wiedervereinigten Deutschland, obwohl hier die zeitliche Perspektive noch völlig ungewiss ist.

Ende November hat Helmut Kohl im Bundestag ein Zehn-Punkte-Programm vorgelegt, das die Bildung einer deutschen Konföderation als Vorstufe der Wiedervereinigung vorschlägt. De Maizière spiegelt dieses Programm, als er auf dem Parteitag in Ost-Berlin davon spricht, die »Erfahrungen und Gestaltungen unserer DDR-Gesellschaft« in »konföderativen Strukturen« zu bewahren, um erst dann die »Einheit der deutschen Nation mit den notwendigen Friedensgarantien für uns Deutsche wie für unsere Nachbarn auch staatlich« zu realisieren.[97]

In dieser Situation sucht die West-CDU nach Partnern im Osten. Die erste Wahl sind die bürgerlich-konservative Strömung innerhalb des DA und die klar rechts orientierte Deutsche Soziale Union (DSU). Sie besitzen den Vorteil, politisch unbelastet zu wirken. Ihr Nachteil: Sie sind in sich zerstrittene Splittergruppen ohne jede Infrastruktur.

Die Ost-CDU wiederum ist zwar vom alten System korrumpiert – und inzwischen als Partner in eine Regierung unter SED-Ministerpräsident Hans Modrow eingetreten. Aber sie besitzt 100.000 Mitglieder, hunderte hauptamtliche Mitarbeiter und eine durchorganisierte Verwaltung mit Gebäuden, Zeitungen, Dienstautos und funktionierenden Telefonanschlüssen. Die Bedenken, die der CDU-Vorsitzende Kohl und insbesondere sein Generalsekretär Volker Rühe anfangs hegen, schwinden angesichts dieser Fakten, zumal die SPD in den Umfragen im Osten dominiert.

Es geht darum, die erste freie Wahl in der DDR zu gewinnen und damit den Boden für die in einem Jahr anstehende Bundestagswahl zu bereiten – selbst wenn zu diesem Zeitpunkt niemand davon ausgehen kann, dass es sich schon um eine gesamtdeutsche Abstimmung handeln wird. Und so sinkt nicht nur bei der CDU, sondern auch bei ihrem Bonner Koalitionspartner FDP die Scheu vor jenen, die man bisher als SED-Vasallen betrachtete. Während sich die FDP vor allem um LDPD und NDPD bemüht, kümmert sich die Union um die DDR-CDU.

Die Bedeutung jener, die schon vor der Wende in der Blockpartei für Reformen standen, wächst somit. Müller, Kirchner und Lieberknecht stehen durch ihren »Brief aus Weimar« für die neue, bessere CDU. Gerade die junge Pastorin aus Ramsla mit ihrer unbekümmerten Art und der eigenwilligen Prinz-Eisenherz-Frisur eignet sich dafür, eine Organisation, die zu 99 Prozent aus der alten Nationalen Front besteht, als demokratische Partei zu präsentieren.

Hessenhilfe

Für die Partei in den drei Thüringer Bezirken fühlen sich die Landesverbände Bayern, Rheinland-Pfalz und Hessen zuständig. Anfang Dezember reist aus Wiesbaden Ministerpräsident Walter Wallmann, der die dortige Landes-CDU führt und einer von Kohls Stellvertretern ist, mit einer Delegation durch Thüringen. Lieberknecht und Müller begleiten die Gäste für die Thüringer Partei. Im Weimarer Rathaus empfängt Volkhardt Germer die Gruppe. Der ehemalige Lehrer der Pastorin ist für die SED amtierender Oberbürgermeister der Stadt.

Für Lieberknecht schließt sich an diesem Tag ein Kreis. Wallmann kommt aus dem Land ihrer Großmutter Käthi und er sagt Sätze wie: »Ich danke Gott dafür, dass wir diese Zeit erleben können, dass die Mauer gefallen ist …«[98]. Das ist für Lieberknecht »ein Vokabular, das bisher in der DDR als tabu galt«. An diesem Tag, sagt sie, habe sie erstmals gemerkt, dass sie einer christlichen Partei angehöre. Wenn ein führender Politiker sich in einem offiziellen Gespräch zu Gott bekenne, dann fühle sie sich »in dieser CDU zu Hause«.

Lieberknecht fährt hinter Wallmanns Wagenkolonne zwischen Jena und Weimar in ihrem grauen Trabant hinterher. Mit im Tross: Die Dienst-Ladas der Staatssicherheit, die versuchen, das ihnen unbekannte Auto abzudrängen. Doch neben der Pfarrerin sitzt Franz-Josef Jung, der hessische CDU-Generalsekretär. Der groß gewachsene Mann muss die Beine anziehen, während man über die Gründung eines Landesverbandes der Christlich Demokratischen Jugend spricht.

Lieberknecht, erinnert sich Jung, gibt mit Martin Kirchner den »Reiseführer«[99]. Die großen hessischen Zeitungen, deren Korrespondenten mitgereist sind, berichten über den Wallmann-Besuch – und über die Pastorin. Plötzlich meldet sich die Verwandtschaft aus dem Nachbarland, darunter die von Martin Lieberknecht, die vor allem um Eschwege herum wohnt. Bei Besuchen, die nun folgen, stellt man fest: Ein Großteil der westlichen Lieberknechts ist in der CDU.

Die hessische Landesregierung beschließt ein Programm, das später den Namen »Hessen-Hilfe« erhält. 250 Millionen D-Mark werden direkt zur Verfügung gestellt, dazu noch eine Bürgschaft in derselben Höhe. Der Landtag in Wiesbaden stimmt am 13. Dezember zu.

Christine Lieberknecht im Pfarrhaus Ramsla 1990. Quelle: Roland Obst

Noch vor Weihnachten bekommt Uwe Ehrich in Eisenach Besuch vom neuen CDU-Parteivize Gottfried Müller und Generalsekretär Kirchner. Sie bitten ihn, als Landesvorsitzender zu kandidieren. Er stimmt zu, obwohl er weiß, dass er als Stellvertretender Direktor der Wartburg regelmäßig der Staatssicherheit Bericht erstattete und 1983 eine Verpflichtungserklärung als Inoffizieller Mitarbeiter Sicherheit (IMS) unterzeichnet hat.

Der Deckname von Ehrich lautete »Manfred«. Die Akte mit der Registriernummer IX 226/83 wurde wenige Tage zuvor, am 30. November 1989, an die Abteilung XV der Bezirksverwaltung übergeben, wo sie kurz darauf offenkundig vernichtet wurde. Das einzige, was noch existiert, ist ein Hinweis im Zentralarchiv und eine Karteikarte mit dem Decknamen.

Das Weihnachtsfest 1989 wird in Ramsla wie alle Jahre gefeiert, mit Baum, Gänsebraten und Liedern. Doch die Predigt, die von der Pfarrerin in Ottmannshausen gehalten wird, klingt anders als sonst. Es gebe Menschen, sagt sie in der Kirche, die das Land verließen, für die Welten zusammenbrächen. Sie fragten sich, wie es weiter gehen solle. »Wie und wo können wir einen neuen Anfang finden?«[100]

Christine Lieberknecht warnt vor »der Faszination der äußeren Werte einer westlichen Welt, wenn die Seele dabei auf der Strecke« bleibe. Gottes Reich betrüge nicht »durch Glitzergefunkel, durch große Paläste, mit wehenden Fahnen und Leuchtreklamen«. »Nutzen wir die neuen Möglichkeiten in unserem Land zu einem Blick aus dem Winkel des Stalls von Bethlehem.«

Stellvertretende Landesvorsitzende

Noch während der Weihnachtsfeiertage laufen die Vorbereitungen für den Landesparteitag, auf dem die Thüringer CDU gegründet werden soll. Am 20. Januar treffen sich die 220 Delegierten der CDU-Bezirksverbände Erfurt, Gera und Suhl in Weimar. Die Weimarhalle ist überfüllt. Das Gefühl, dass der, der etwas werden will, hier schon ganz richtig ist, verbindet das überaus heterogene Publikum.

Aber gewiss ist in diesen Tagen nichts. Die Parteispitze streitet über die Strategie. Lieberknechts Mitstreiter Kirchner hat kurz zuvor angekündigt, dass die CDU aus der ungeliebten Mehrparteien-Koalition unter dem SED-Ministerpräsidenten Hans Modrow aussteigen will. Doch de Maizière dementiert. Es gebe dazu noch keine Beschlusslage.

Die Bezirkszeitung »Das Volk«, die kein SED-Zentralorgan mehr sein will und sich seit kurzem »Thüringer Allgemeine« nennt, meldet an jenem Tag: »Nach heftigen Dissonanzen zwischen dem Vorsitzenden der CDU und dem Vizepremier des Kabinetts Modrow, Lothar de Maizière und seinem Generalsekretär Kirchner entschied sich das Präsidium des Parteivorstandes für ein Verbleiben in der Regierung.«[101]

Im Westen ist man wenig amüsiert. Generalsekretär Rühe, der sowieso mit der vormaligen Blockpartei wenig anfangen kann, sagt, sie habe ihre »letzte Chance« vertan. Man müsse jetzt auf das Bündnis »christlicher, liberaler und konservativer« Gruppen setzen.[102] Doch Rühe befindet sich in der Minderheit. Bundesvize Wallmann ist zusammen mit seinem Generalsekretär Jung persönlich nach Weimar gekommen, um Solidarität zu demonstrieren. Für ihn sei wichtig, sagt er, dass »die heutige CDU in Thüringen eine sich erneuernde Partei« sei.[103]

Uwe Ehrich wird, wie von Müller und Kirchner vorbestimmt, zum Vorsitzenden der Partei gewählt. Und er sagt, was er zuvor schon den beiden gesagt hat: Er habe in seiner Funktion als Vizedirektor der Wartburg-Stiftung »Kontakte mit dem MfS« gehabt.[104] Doch dies scheint erstaunlicherweise niemanden zu interessieren. Lieberknecht kandidiert für einen Vize-Posten, wobei ihre Mitunterzeichner des »Weimarer Briefes« nachhelfen. »Tatsache ist, dass sie damals schon das Frauenkonto besetzte«, sagt Gottfried Müller.

Der Landesparteitag fordert mit großer Mehrheit das Präsidium der DDR-CDU zum Ausscheiden aus der Regierung auf. Binnen weniger Tage folgt die Parteispitze gegen den Widerstand de Maizières dieser Aufforderung und erklärt, dass man zum 9. Februar die Minister aus den Kabinett Modrow zurückziehe.

Fast gleichzeitig, am 5. Februar, bilden CDU, DA und DSU die »Allianz für Deutschland«, gegen die angesichts der guten Umfragen für die SPD Generalsekretär Rühe seinen Widerstand aufgegeben hat. »Die Sozialdemokraten behandeln die Region bereits wie einen Unterbezirk, da können wir doch nicht in Bonn sitzenbleiben«, sagt er bei einem Besuch in Erfurt.[105]

Zu diesem Zeitpunkt befindet man sich mitten im Wahlkampf, die Abstimmung über die neue Volkskammer ist für den 18. März terminiert. Es gehe, sagt der neue Landeschef Ehrich, nicht um »Platz, sondern um den Sieg«.[106] Am 20. Februar steht der Ingenieur aus Eisenach mit Helmut Kohl, de Maizière und Wolfgang Schnur auf einer Tribüne auf dem Erfurter Domplatz und lässt sich von 150.000 Menschen bejubeln. Die hessische CDU hat mit 300.000 Flugblättern und 15.000 Plakaten für die Demonstration geworben.[107]

Auf Kreisebene bilden sich die Parteistrukturen neu. So wird in Lieberknechts Kreisverband Weimar die Spitze neu gewählt. Lieberknecht tritt selbst nicht an. Sie überredet stattdessen den Bad Berkaer Radiologen Frank-Michael Pietzsch zu kandidieren – was der nach langem Zögern tut. »Sie selbst hat sich das damals nicht zugetraut«, sagt er.

Dann ist es soweit: Am 18. März wird die CDU mit etwa 40 Prozent zur mit Abstand stärksten Partei. Die SPD, zuvor von den Demoskopen als Wahlsieger ausgerufen, erreicht etwa nur die Hälfte. Und während die DSU immerhin noch 6,3 Prozent erreicht, kreuzen nur ein knappes Prozent der Wähler den DA an. In Thüringen kommt die Union auf die absolute Mehrheit. In Erfurt erreicht sie mit 56,3 Prozent ihr bestes Bezirksergebnis überhaupt, die Bezirke Suhl und Gera rangieren mit etwa 50 Prozent ebenfalls an der Spitze.[108]

Wilfried Machalett, der Landesvorsitzende der SPD, zeigt sich »sehr enttäuscht.« Herbert Gräser, Geschäftsführer Grüne Partei in Erfurt, sagt: »Es ist schwierig zu begreifen, dass jene Partei das Rennen gemacht hat, die auf die Hilferufe der alten Opposition nie hörte und auch bei den ersten Schritten der Opposition sich heraus hielt.«[109]

Für die Thüringer CDU ziehen in die Volkskammer ein: Hans-Henning-Axthelm, der Arzt aus Eisfeld, der schon im DDR-Parteivorstand sitzt. Willibald Böck, der Eichsfelder Bürgermeister. Wolfgang Fiedler, ein Feinwerktechnik-Meister bei Carl Zeiss, der in dem kleinen Dorf Tröbnitz bei Stadtroda wohnt. Und natürlich Martin Kirchner.

Stasi, Stasi, Stasi

Doch über den CDU-Generalsekretär steht am Tag vor der Wahl in der Zeitung, dass er »Kontakte zum früheren Ministerium für Staatssicherheit« einräume. Eine Zusammenarbeit mit der Stasi habe es aber nicht gegeben.[110] Er ist nicht der einzige der neuen DDR-Politiker, die von ihrer Vergangenheit heimgesucht werden. Schon vor der Wahl musste Wolfgang Schnur, der DA-Chef zurücktreten, seine IM-Akte (Deckname »Torsten« und »Dr. Ralf Schirmer«) war offenkundig gestreut worden. Ende März enthüllt der »Spiegel«, dass Ibrahim Böhme, der Chef der DDR-SPD, als IM »Maximilian« gezielt die DDR-Opposition unterwandert habe. Der Vorsitzende tritt zurück.

Der Thüringer Landeschef, Wilfried Machalett, legt einen Tag nach seiner Wahl sein gerade erst erworbenes Volkskammer-Mandat nieder – angeblich, wie sein Stellvertreter behauptet, wegen »Belastungen für die Gesundheit und auch für die Familie«.[111] Dass dies ausgerechnet zu Beginn der Stasi-Untersuchungen stattfinde, sei ein »zufälliges Zusammentreffen«. Die Frage, warum dann Machalett aus der Partei ausgetreten sei, beantwortet der Parteivize nicht.

Überall werden Gerüchte und Namen gehandelt. Sie stammen aus den Bürgerkomitees, die die Stasi-Bezirksverwaltungen besetzen oder von Stasi-Offizieren, die ihr Wissen an Zeitungen verkaufen. Die Verteidigungstaktik der Betroffenen ist dieselbe wie bei Kirchner: Sie geben Kontakte zu – und dementieren eine Kooperation. Doch die Informationslage ist diffus. Akten und Karteikarten mäandern durch Parteien und Medien. Die Nachfolge-Einrichtung der Staatssicherheit, das Amt für Nationale Sicherheit, befindet sich ab Mitte Februar in Auflösung. An eine systematische Bearbeitung der Akten, geschweige denn an eine eigene Behörde, ist noch nicht zu denken.

In der CDU-Spitze im Westen wachsen die Sorgen um das Ost-Personal. Die Frage, wer Ministerpräsident werden soll, beschäftigt Helmut Kohl und seinen engsten Kreis. De Maizière? Über ihn ist ja schon bekannt, dass er IM gewesen sein könnte. Martin Kirchner? Dasselbe. Vielleicht Uwe Ehrich, der engagierte Landeschef aus Thüringen? Doch nein, zu ihm wabern ja auch die Gerüchte.[112]

Es hilft nichts. De Maizière, den Kohl nicht ausstehen kann, wird Ministerpräsident und bildet eine Große Koalition mit den Allianzparteien DSU und DA, der SPD und den Liberalen. Gottfried Müller wird Minister mit der Zuständigkeit für Medien.

Kirchner bleibt trotz der Vorwürfe gegen ihn CDU-Generalsekretär. Da der Verdacht ausgerechnet vom Verfassungsschutz in Hessen kolportiert wird, stellt sich der dortige Generalsekretär besonders deutlich hinter ihn. Jung gibt eine Ehrenerklärung für Kirchner ab und sagt, er sei nicht bereit, »Stasi-Leuten mehr zu glauben« als einem Parteifreund.[113]

Hessen-Thüringen

Der westliche Nachbarverband setzt auf die Thüringer CDU und baut sie gezielt auf. Nachdem man schon die Geschäftsstelle in Erfurt ausgestattet und den Landeschef Ehrich mit einem der seltenen Mobiltelefone versehen hat,[114] eröffnet im März das »Hessen-Büro« unter Leitung des ehemaligen CDU-Landtagsabgeordneten Wolfgang Egerter. Der Mann ist ein klassischer Konservativer aus dem Umfeld von Alfred Dregger und arbeitete zuletzt in der Wiesbadener Staatskanzlei, wo arbeitsrechtliche Klagen seine Beförderung zum Abteilungsleiter behindern. Martin Walser verarbeitet später diesen Vorgang in seinem 1996 erschienenen Schlüsselroman »Finks Krieg«.

Egerter übernimmt die Koordination der Hilfsleistungen, die Verteilung der Gelder – und die Steuerung der Landespartei. Als Folge vermeldet die »Frankfurter Rundschau« am 21. April 1990: »Die CDU in Hessen und Thüringen setzt bei einer Länder-Neugliederung nach der deutschen Vereinigung auf die Bildung eines gemeinsamen Landes Hessen-Thüringen.«[115]

Uwe Ehrich und Franz-Josef Jung verweisen in Wiesbaden synchron auf die gemeinsamen »historischen Bezüge«. Am Wochenende darauf findet in Eisenach unter dem Motto »Hessen-Thüringen, das Herz Deutschlands in Europa« eine sogenannte CDU-Funktionärskonferenz statt, auf der Wallmann von der Fusion beider Landesverbände spricht.

Was Ehrich nicht ahnt: Er hat einen strategischen Fehler begangen. Die Thüringer Volkskammerabgeordneten reagieren empört auf die Fusionspläne mit Hessen. Ein halbes Jahr nach der Wende vermischt sich neuer Patriotismus mit wachsender Ablehnung gegen die tatsächlichen und selbsternannten Aufbauhelfer aus dem Westen.

Die Gedanken für einen Zusammenschluss sind nicht bloß Theorie. Längst laufen die Vorbereitungen für einen Beitritt Thüringens zur Helaba, der Hessischen Landesbank. Der Thüringer Teil des DDR-Fernsehens soll von Hessen aufgenommen werden. Es existieren schon Probe-Logos vom THR, dem Thüringisch-Hessischen Rundfunk.

Die neuen Amts- und Mandatsinhaber der Thüringer Partei fürchten, dass die wichtigsten Posten weg sein könnten, bevor sie überhaupt geschaffen sind. Die Stimmung richtet sich gegen Hessen und Ehrich. Dies spürt Christine Lieberknecht, die oft in Berlin bei den Abgeordneten ist – und sich von ihrem Vorsitzenden zu distanzieren beginnt. »Sie war«, sagt Willibald Böck, »lange auf dem Hessen-Trip, hat aber dann schnell das Lager gewechselt.«

Auch in Wiesbaden, wo die Landtagswahlen ein Jahr später anstehen, wächst die Skepsis. »Man legte Wallmann nahe, dass ihm das Engagement im Osten im Wahlkampf eher schadet«, sagt Johann Michael Möller. Er, der Anfang 1990 als Korrespondent der »Frankfurter Allgemeinen Zeitung« nach Erfurt wechselt, kennt alle Protagonisten dies- und jenseits der Grenze – und natürlich Lieberknecht, die ihm mit dem Satz »Das ist die gute CDU« vorgestellt wurde.

Der Journalist erlebt die Frau als »ausgesprochen unkompliziert«. Und so greift er sofort zu, als Lieberknecht ihm ein Fremdenzimmer in Ramsla vermittelt. Da es so etwas wie einen Wohnungsmarkt in der DDR nicht gibt, lebte Möller bis dahin wie die meisten anderen Aufbauhelfer in angeblichen Hotels oder obskuren Pensionen. Nun zieht er in das kleine Dorf im Weimarer Land. Das wird Folgen haben.

Der Kirchenarm der CDU

Christine Lieberknecht verhält sich in den ersten Monaten des Jahres 1990 unauffällig. Sie scheint keine Karriere machen zu wollen. Weder kandidiert sie für die Volkskammer, noch zeigt sie andere politische Ambitionen. Das Ehrenamt als stellvertretende CDU-Landeschefin reicht ihr offenkundig.

Für die anderen in der Partei wirkt dies nachvollziehbar: Sie ist Pastorin von mehreren Dorfgemeinden und Mutter zweier Kinder. Außerdem gibt es für jemanden wie sie den »Evangelischer Arbeitskreis« (EAK) der Union, für den sie schon im Januar auf dem Landesparteitag angeworben wurde. Im März reist Lieberknecht zur Bundestagung nach Wuppertal und hört, wie Helmut Kohl sagt: »Der Evangelische Arbeitskreis ist für die CDU und CSU eine unentbehrliche Brücke zur Evangelischen Kirche – wie ich hoffe, demnächst auch zur Evangelischen Kirche in der DDR.«[116]

Lieberknecht bekommt ihre bislang größte Bühne geboten: Sie sitzt neben Bundesarbeitsminister Norbert Blüm im Präsidium und darf eine Rede halten. »Das war einer der massenwirksamsten Auftritte, die mir gelungen sind, das ist ja sonst nicht unbedingt meine Stärke«, sagt sie. An diesem Tag habe sie »gespürt, dass die CDU meine Heimat ist«. Ein Jahr später wird Lieberknecht zur stellvertretenden Bundesvorsitzenden des EAK gewählt – und bleibt es bis heute. Für viele Jahre wird es ihr wichtigstes Parteiamt sein.

Schwarzes Thüringen

Anfang Mai 1990, ein Jahr nach den gefälschten Abstimmungen, finden Kommunalwahlen statt. Die CDU gewinnt die Mehrheit in allen Kreistagen und Stadträten – was die Machtbasis der Partei für viele Jahre zementiert, zumal Landräte und Oberbürgermeister noch nicht direkt, sondern von den Kommunalparlamenten gewählt werden.

Dies bedeutet: Alle Landratsämter und großen Rathäuser sind schwarz. Wer etwas werden will, hat das früher oder später zur Kenntnis zu nehmen. Die Bezirkstage werden nicht neu gewählt, da für den Herbst Landtagswahlen vorgesehen sind. Nur die Verwaltungen bleiben »im Interesse der Regierbarkeit« intakt, weshalb der DDR-Ministerrat sogenannte Regierungsbevollmächtigte für die Bezirke benennt, die ab Juni fast autokratisch die Bezirke führen dürfen. Ihnen steht »absolute Personalvollmacht« zu.[117]

Auch die Bevollmächtigten sind allesamt Mitglieder der CDU. Die meisten von ihnen hatten schon Funktionen in der DDR inne. In Suhl wird Werner Ulbrich berufen, der bisher dem Rat des Bezirkes angehörte. Er zieht »quasi nur ein paar Türen weiter«, in »das leere Büro vom Vorsitzenden des Rats des Bezirks«.[118] Für den Bezirk Erfurt ernennt de Maizière Josef Duchač. Die beiden kennen sich aus dem DDR-Parteivorstand und der Arbeit am Parteiprogramm.

Doch bald heißt es in Thüringen, dass die katholische Kirche die Karriere des Katholiken Duchač aktiv befördere. Genannt wird der Name des Pfarrers Gerhard Sammet in Ilmenau. Allerdings fehlen Belege für diese These. Sammet selbst dementiert. Fest steht, dass sich beide seit langem kennen. Beide waren zu Kriegsbeginn im Sudetenland geboren worden und nach dem Krieg nach Thüringen gekommen.[119] Als Kaplan in Gotha betreut Sammet Duchač seit den 1960er Jahren seelsorgerisch.

Und fest steht, dass Sammet vom Thüringer Wald aus Politik betreibt. Er sorgt mit dafür, dass der – protestantische – Ilmenauer Informatik-Professor

Michael Krapp als Staatssekretär die Staatskanzlei von Duchač leitet. Auch nimmt er sich in der Katholischen Studentengemeinde der Automatisierungstechnik-Absolventin Claudia Nolte an und bringt sie dazu, für die Volkskammer und danach für den Bundestag zu kandidieren. Und er gehört kurz vor dem Sturz von Duchač zu den wenigen, die ihn offensiv und öffentlich verteidigen.[120]

Katholisch oder nicht: Die CDU etabliert systematisch ihre Macht im Bundesland Thüringen, das es noch gar nicht gibt. So ist es Unions-Chef Ehrich, der kurz nach der Kommunalwahl zur Konstituierung eines »Politischen Beratenden Ausschusses zur Bildung des Landes Thüringen« einlädt. Den thüringischen Runden Tisch, zu dem der evangelische Landesbischof Werner Leich zuvor eingeladen hat, ignoriert die Partei.

Ehrich lässt sich als Chef des Ausschusses wählen, in dem alle Parteien mitarbeiten und in dem für die CDU unter anderem Jörg Schwäblein sitzt. Der Ingenieur, der noch bei Mikroelektronik Erfurt arbeitet, war 1970 mit 18 Jahren in die Partei eingetreten. Er ist jemand, der schon immer etwas werden wollte, der sich sogar in den Bezirkstag wählen ließ – und doch immer aneckte.

Genau diese Eigenschaft qualifiziert ihn für den Vorsitz einer eilig gebildeten »Kommission zur Aufklärung von Korruption und Amtsmissbrauch«, die den Zorn der Straße über die Privilegien der Funktionärs-Schicht ventilieren soll. Als sich der Bezirkstag mit den Kommunalwahlen im Mai auflöst, wechselt Schwäblein in den Beratenden Ausschuss. Er übernimmt dort nach wenigen Wochen das Amt von Ehrich – der sich überraschend zurückzieht.

Der Geist des Pfingstfestes

Die Frage, wie der wichtigsten Partei Thüringens im Frühjahr 1990 ihr Vorsitzender abhanden kam, hat die CDU nie beantwortet. Aber sie wurde auch nie gestellt, weder in der Partei noch in den Zeitungen. Dabei ist die Geschichte des Abstiegs von Uwe Ehrich die Geschichte vom Aufstieg Christine Lieberknechts. Hat der »Brief aus Weimar« ihren Ruf als Reformerin begründet, schafft sie mit dem Sturz des Landeschefs die Grundlage für ihre Macht in der Partei.

Bei Uwe Ehrich kommt in Frühjahr 1990 alles zusammen: seine Stasi-Kontakte, die Pläne für eine Fusion mit Hessen und die erkennbare Überforderung eines Mannes, der ein intelligenter Rhetoriker ist, aber mit den Regeln des politischen Geschäfts nicht zu Recht kommt.

Doch entscheidend ist etwas anderes. Es sind die Ambitionen seiner Parteikollegen, vor allem die der Volkskammerabgeordneten unter Führung von Willibald Böck, der inzwischen den Spitznamen »Der Hammer« trägt. Und es ist das Kalkül der stellvertretenden CDU-Landeschefin. Christine Lieberknecht verfasst am 4. Juni 1990, dem Pfingstmontag, im Pfarrhaus in Ramsla einen Brief an alle Vorstandsmitglieder, von dem sie ihren Vorsitzenden nicht informiert.

Das Schreiben beginnt mit christlichem Pathos. »Die Situation unserer Thüringer CDU-Führung, zu der ich uns alle gemeinsam rechnen möchte, lässt mich innerlich kaum noch los. Deshalb möchte ich, ermutigt durch den Geist des Pfingstfestes, den uns die Bibel als den Geist der Wahrheit und des Lebens, der Freiheit und der Liebe beschreibt, Ihnen Anteil geben an dem, was ich, nicht zuletzt um dieses Geistes willen, für notwendig halte.«

Dann agitiert die Politikerin Lieberknecht: »Die Informationspraxis und die Art von Entscheidungsfindungen in fast allen wichtigen Fragen erinnern mich in erschreckendem Maße an die Restauration alter Zeiten. Noch haben wir die Chance zur Demokratie, und die vor uns liegenden Aufgaben sind gewaltig. Das wissen wir alle. Doch ich sehe keine Möglichkeit, wie wir unter Beibehaltung der bisherigen Arbeitsweise im Landesvorstand dieser Verantwortung auch nur annähernd gerecht werden können.«

Schließlich zeigt sie, mit wem sie paktiert: »Ich habe aber auch Grund, an dieser Stelle zu danken. Das intensive Bemühen unserer Volkskammerabgeordneten in der Thüringer Landesgruppe hat Türen aufgestoßen, die ein konstruktives Miteinander aller Verantwortungsträger unserer Partei in Thüringen ermöglichen sollen.« Am Ende des Schreibens lädt sie für Mitte Juni zu einer Klausur der Parteispitze nach Lengefeld unterm Stein ein.

Dieser Brief aus Ramsla ist ein direkter Angriff auf Ehrich – von dem er drei Tage später mit der Post erfährt. Sofort formuliert der Vorsitzende eine Antwort an seine Stellvertreterin, in dem er sich gegen den Vorwurf der Restauration verwahrt. Doch er wehrt sich nur halb. »Ich kann nicht verschweigen, dass das absolute Vertrauensverhältnis, das von meiner Seite Ihnen gegenüber bestand, bei mir auch die Erwartung ausgelöst hat, dass alle Probleme, die es in einer Zusammenarbeit geben kann, auch in Gesprächen miteinander auszuräumen sind und dass nicht ohne mich bereits Beratungen durchgeführt werden, die sicher den Landesvorsitzenden unmittelbar berühren.«

Es gibt einen entscheidenden Unterschied zwischen dem Ingenieur und der Pastorin. Er besitzt keinen Machtinstinkt – sie aber schon. Christine Lieberknecht hat inzwischen gelernt, dass jemand, von dem eine IM-Registrierung existiert, nicht die größte Thüringer Partei führen und Ministerpräsident werden kann. Dass es diese Registrierung unter dem Decknamen »Manfred« gibt, wissen sie und Böck von Wolfgang Fiedler. Der Volkskammerabgeordnete sitzt für die CDU im Sonderausschuss unter Vorsitz von Joachim Gauck, der das »Komitee zur Auflösung des Amtes für Nationale Sicherheit« kontrolliert – und hat somit Zugang zu den Geheiminformationen.

Die Klausur findet am 15. und 16. Juni statt. Auch Ehrich reist an. Doch schon mit der ersten Sitzung ist die Klausur für ihn vorbei. Mehrere Bundestagsabgeordnete und Lieberknecht konfrontieren ihn mit Vorwürfen zu seinem Führungsstil, zu Hessen und natürlich zur Stasi. Martin Kirchner, der sich mit Ehrich ein Zimmer teilt, erlebt einen weinenden Landesparteichef. »Sie haben ihn damals schlicht fertig gemacht«, sagt er.

»Die Stasi-Geschichte wurde instrumentalisiert«, erinnert sich auch Johann Michael Möller. »Ehrich hatte ja mehrfach intern und öffentlich kommuniziert, dass er auf der Wartburg ständig mit der Staatssicherheit zu tun hatte. Ich habe ihn als absolut integren Mann kennen gelernt, der moralisch mit sich rang.«

Willibald Böcks Bilanz der Klausur ist nüchterner. »Wir hatten Leute in den Stasi-Untersuchungsgremien und die wussten einiges. Da legten wir dem Uwe Ehrich nahe, lieber krank zu werden.« Doch dieser Aufforderung bedarf es nicht mehr. Der Vorsitzende, der seit seiner Jugend Herzprobleme hat, kann nicht mehr. Er meldet sich ab.

Amtierende Parteivorsitzende

Nun ist der Weg frei für Christine Lieberknecht. Sie wird, einfach so, zu Ehrichs Nachfolgerin. Dass keiner der anderen Stellvertreter einspringt, stellt sie heute als bloßen Zufall dar. »Ich war die einzige operativ Verfügbare in der Region, die Freiraum hatte«, sagt sie. »Ich habe einfach gehandelt.«

Denn so menschlich fragwürdig der Sturz Ehrichs erscheint: So politisch notwendig ist er auch. Eine frühere Blockpartei kann nicht mit einem Parteichef – und wahrscheinlichen Spitzenkandidaten – in den Wahlkampf ziehen, der mit der Staatssicherheit zusammenarbeitete. Selbst wenn die Akte vernichtet ist und es plausibel erscheint, dass Ehrich rein beruflich Bericht erstattete: Allein die IM-Registrierung reicht in jenen Tagen, eine politische Karriere zu beenden.

Somit ist Lieberknecht die amtierende Vorsitzende der Thüringer CDU. Nachdem sie mit dem Diensttrabant der Landeskirche ihre Gemeindepflichten erledigt hat, fährt sie mehrmals pro Woche mit dem Dienst-Lada der CDU nach Erfurt in die Heinrich-Mann-Straße, wo sich die Geschäftsstelle der früheren Bezirkspartei befindet.

In die angejahrte Villa in dem bürgerlichen Wohnviertel zieht es in diesen Wochen jeden, der etwas haben will oder werden möchte. »Es kamen die Tierärzte, die Blinden, die Kulturschaffenden oder die Vertreter der Vogelwarte Seebach«, sagt Lieberknecht. »Und sie alle wollten mit der Partei reden, von der sie ausgingen, dass sie die Wahl gewinnt.«

Richtig arbeitsfähig wird die Geschäftsstelle aber auch unter Lieberknecht nicht. Die Zentrale der wichtigsten Partei Thüringens besteht aus einer Etagenwohnung. Das Wohnzimmer dient als Büro der amtierenden Vorsitzenden, im Esszimmer steht ein Konferenztisch. In den restlichen Zimmern sitzen noch die alten Sekretäre und Mitarbeiter der früheren Bezirksparteileitung.

Lieberknecht traut niemandem in der Heinrich-Mann-Straße. Der einzig Neue ist Hermann Kurz, ihr Pressesprecher. Er ist Anfang 30 und kommt aus der Nähe von Frankfurt am Main, wo seine Eltern einen Verlag für Anzeigenblätter führen. Bald darauf stellt die Partei Jörg Schwäblein als Assistenten des Parteivorstandes ein, der die Vorsitzende oft vertritt, wenn wieder einmal der Omnibusverband oder ein Unternehmer in der Heinrich-Mann-Straße vorbeikommt.

Die wichtigste Aufgabe Lieberknechts ist es, das Personal für den neuen Landtag und die Regierung zu rekrutieren – oder präziser: die Ansprüche zu ordnen. Druck erzeugen vor allem die Volkskammer-Abgeordneten, die sich um ihre Zukunft sorgen. Denn die Zeit fliegt. Für den 1. Juli ist die Währungsunion mit der Bundesrepublik beschlossen. Parallel wird der Einigungsvertrag verhandelt, die Zwei-Plus-Vier-Gespräche mit den Besatzungsmächten laufen. Das Ende der DDR ist nur noch eine Frage von Wochen. Deshalb drängen die Volkskammerabgeordneten Willibald Böck, Wolfgang Fiedler oder Horst Schulz in den Landtag.

Der letzte Sommer der DDR beginnt. In den Geschäften wird mit D-Mark gezahlt und ganz Ostdeutschland fährt in den Urlaub, um das neue Geld auszugeben. Christine Lieberknecht reist nach Tirol, ins Haus der Ulrich-Familie – aber nur für eine Woche.

Postengeschacher

Den Rest der Ferien verbringt sie in der Heinrich-Mann-Straße, um den Wahlparteitag vorzubereiten, der für Ende August geplant ist. Jeden Morgen erhält Lieberknecht »die ersten Anrufe aus der CDU mit Begehrlichkeiten«. Hinzu kommen die Ansprüche des DA und der Bauernpartei. Beide Organisationen wollen der CDU beitreten – und sollen dies nach dem Willen des Adenauer-Hauses auch.

Dafür muss die Union einen Preis zahlen. Lieberknecht trifft sich mit den künftigen Parteifreunden. Für den Demokratischen Aufbruch sitzt ihr Klaus Zeh gegenüber. Der Informatik-Ingenieur, der zu den gefälschten Kommunalwahlen ein Jahr zuvor schon der Opposition angehörte, ist inzwischen Landeschef des DA. Er hatte bei einer Neuwahl des Vorstands gegen den Jenaer Pfarrer Albrecht Schröter kandidiert – und gewonnen. Schröter trat daraufhin in die SPD ein.

Zeh will mindestens zehn Prozent der Mandate in der künftigen Landtagsfraktion haben. Die Verhandlungen mit Lieberknecht gestalten sich schwierig. »Es gab Zoff«, sagt Zeh. Hatte ihn Uwe Ehrich in den Gesprächen bisher »fast umarmt« und überschwänglich in der CDU willkommen geheißen, stellt sich die Pfarrerin als die härtere Partnerin heraus. »Sie war schon ziemlich konsequent, sagte oft, so geht das gar nicht. Es gab ein tüchtiges Rumgefeilsche.«

Schließlich bekommt der DA drei Wahlkreise plus zwei vordere Listenplätze zugeteilt. Ähnliche Zusagen erhält die Bauernpartei. Doch niemand in der CDU will seine Nominierung für das Landesparlament wieder abgeben. Also verzichtet die amtierende CDU-Vorsitzende Lieberknecht, die sich im Wahlkreis Erfurt-Land/Weimar-Land II aufstellen ließ, eben selbst. Sie fährt eines Sommertags zu Volker Sklenar nach Weimar. Der promovierte Agrarwissenschaftler ist Mitte 40 und leitet eine Schweinemastanlage nahe der Stadt. Er gilt als der beste, unbelastete Mann in der Bauernpartei. »Sie hat gesagt, du bist doch jetzt bei uns«, sagt Sklenar. »Du kriegst den Kragen von Erfurt.«

Für Lieberknecht hat sich damit der Landtag erledigt, denn ohne Direktmandat will sie nicht für die Landesliste kandidieren. Da die CDU alle Wahlkreise gewinnen dürfte, würde sowieso kein Listenplatz ziehen. Doch ihr Mit-Stellvertreter Werner Ulbrich aus Suhl überredet sie, sich für eine mittlere Position zu bewerben.

Inzwischen hat die Partei offiziell den Abgang Ehrichs verkündet. Am 18. Juli, also fast zwei Monate nach der faktischen Amtsübernahme Lieberknechts, wird mitgeteilt, dass Ehrich »aus gesundheitlichen Gründen die Amtsgeschäfte übergeben« habe »und auf dem für den 25. August nach Erfurt einberufenen Landesparteitag nicht mehr als Kandidat für Spitzenämter zur Verfügung« stehe.[121]

Die Zeitungen drucken die Erklärung unkommentiert ab. Nur die »Tagespost«, eine westliche Neugründung, erinnert an die Parteitagsrede Ehrichs im Januar, in der er selbst von seinen Stasi-Kontakten sprach. Die Zeitung fragt bei der CDU-Zentrale in Erfurt nach und bekommt sogar eine Antwort. »Wir können nicht riskieren, dass kurz vor der Landtagswahl der große Knall kommt«, sagt Geschäftsstellen-Leiter Hans-Georg Rosenstock.[122]

Für Ducháč, der lange zögerte, ist es nun Zeit für den Schritt nach vorn. Später wird er dazu sagen: »Ich habe gedacht, du machst den Regierungsbevollmächtigten, bereitest das Bett für den Ministerpräsidenten und schaffst dir dabei zugleich eine Schütte Stroh für dich als Wirtschaftsminister. Für das Spitzenamt habe ich mich erst interessiert, als klar wurde, dass der damalige Landesvorsitzende nicht kandidierte.«[123]

Doch Ducháč ist nicht der einzige, der in die Lücke stoßen will. Willibald Böck, der Chef der mächtigen Landesgruppe in der Volkskammer, hegt mindestens ebenso große Ambitionen. Je näher der Wahlparteitag am 25. August rückt, umso klarer wird, dass es zur Konfrontation kommt.

Tatsächlich geht es nun um alles, da nach Ehrichs Rückzug und wegen des Beitritts von DA und Bauernpartei die Parteispitze neu zu wählen ist. Böck und Ducháč schließen nach einigem Hin und Her einen Handel, von dem jeder glaubt, zu profitieren: Wen die Partei zum Vorsitzenden wählt, soll automatisch als Spitzenkandidat antreten – und Ministerpräsident werden.

Lieberknecht akzeptiert die Absprache nur widerstrebend. Sie traut weder Böck noch Ducháč zu, das Land durch das Chaos des Neubeginns zu führen. Da sie sich selbst für zu jung hält, um nach dem ersten Amt im Land zu greifen, will sie einen erfahrenen Politiker aus dem Westen holen, so wie es die Sachsen mit Kurt Biedenkopf vorhaben.

Sie ist nicht die einzige, die diese Idee verfolgt. Mehrere Namen werden gehandelt, darunter der des innenpolitischen Bundestagsfraktionssprechers Johannes Gerster aus Rheinland-Pfalz oder des Mainzer Innenministers Rudi Geil. Lieberknecht setzt wiederum auf Manfred Kanther, den Finanzminister aus Wiesbaden. Ihn kann sie immerhin als Hiesigen verkaufen, schließlich wuchs er als Vertriebener im südthüringischen Hildburghausen auf, bevor er in den Westen ging. Dass Kanther als Generalsekretär der hessischen CDU Spendengelder in die Schweiz und nach Liechtenstein transferierte, ahnt zu diesem Zeitpunkt noch niemand.

Aber: »Kanther war nicht vermittelbar«, sagt Johann Michael Möller, zumal der Hesse selbst nicht gewollt habe. Willibald Böck wiederum sagt, »Lieberknecht und die anderen Hessen-Freunde« hätten vorgehabt, Ducháč an die Spitze zu wählen, um ihn dann mit seiner realsozialistischen Vergangenheit zu konfrontieren. Dann hätte Kanther die Thüringer CDU retten müssen, als »Weißer Ritter«. Nur deshalb habe er, Böck, schließlich kandidiert.

Wie immer es sich verhält, gewiss ist: Anfang August erleidet die Achse Erfurt-Wiesbaden, die durch den Abgang Ehrichs sowieso beschädigt ist, den nächsten, entscheidenden Rückschlag. Martin Kirchner, der strategische Kopf des »Briefes aus Weimar«, wird endgültig als Inoffizieller Mitarbeiter der Staatssicherheit enttarnt. Damit ist die Karriere des Generalsekretärs der Ost-CDU abrupt beendet – wie auch seine Beziehung zu Jung und Wallmann.

Machtkampf

Der 25. August 1990 ist ein heißer Samstag, blau wölbt sich der Himmel über Erfurt. Dennoch drängen sich 226 Delegierte der CDU in die Aula der Pädagogischen Hochschule in Erfurt. Hinzu kommen 54 Mitglieder von Bauernpartei und DA. Etliche Fernsehsender haben ihre Übertragungswagen vorgefahren, Dutzende Journalisten sind angemeldet. Denn hier, an diesem Tag und an diesem Ort, wird nicht nur über eine Wahlliste oder den Vorstand einer Partei entschieden. Hier geht es um den künftigen Ministerpräsidenten und die Zusammensetzung seines Kabinetts.

Parallel sortiert sich die Konkurrenz. Die SPD, die im Kulturzentrum in Jena-Lobeda tagt, befindet sich in einem desolaten Zustand. Nachdem schon ihr Vorsitzender Machalett im März flüchtete, ist nun auch sein Nachfolger Bernd Brösdorf zurückgetreten. Er hatte während der Armeezeit Berichte über einen Kameraden an die Staatssicherheit geliefert – allerdings mit Wissen des Bespitzelten.[124] Obwohl der Betroffene dies bestätigt, beschließt eine Schiedskommission den Ausschluss Brösdorfs. Erst Monate später, nach der Wahl, wird die Partei ihn rehabilitieren.

Aber die Thüringer Sozialdemokraten setzten sowieso auf Westimporte. Nachdem der fränkische Europaabgeordnete Heinz Köhler als Kandidat absagte,[125] wird nun der nordrhein-westfälische SPD-Landtagsfraktionschef Friedhelm Farthmann als Spitzenkandidat aufgestellt. Ministerpräsident Johannes Rau ist deshalb eigens aus Düsseldorf nach Jena gereist. Fahrtmann weiß, was ihn erwartet: »Die Ausgangsposition ist denkbar schlecht, doch wir setzen in Thüringen auf Sieg.«[126]

Bei der CDU in Erfurt ist nur die zweite Reihe aus dem Westen zugegen, darunter die Innenminister von Rheinland-Pfalz und Hessen, Rudi Geil und Gottfried Milde. Sie sehen zu, wie in der Hochschul-Aula die Welten der Nachwende-DDR aufeinander prallen: Alt-Funktionäre und Reformer, Demokratischer Aufbruch und Bauernpartei, Volkskammerabgeordnete und Ortsvereins-Vorsitzende.

Die amtierende Parteichefin hält die Eröffnungsrede. Sie hat Duchač versprochen, dass sie zu ihm steht, doch nun vermeidet sie ein öffentliches Bekenntnis. Damit ist die Basis für das Verhältnis der beiden gelegt: »Er hat mir später lange übelgenommen, dass ich nicht für ihn sprach«, sagt Lieberknecht.

Nachdem die Fusion der CDU mit DA und Bauernpartei beschlossen ist, beginnen die Vorstandswahlen. Josef Duchač darf sich ausführlich vorstellen. Fragen gibt es keine, dafür aber eine Wahlempfehlung aus Berlin: Genau einen Tag zuvor ist er durch de Maizière zum Landessprecher für ganz Thüringen ernannt worden. »Ich habe«, sagt der letzte DDR-Ministerpräsident heute, »den Willi zwar sehr geschätzt. Aber es ging mir damals darum, dass jemand das Land aufbaut, der nicht nur in die Trompete bläst, sondern der ruhig arbeitet. Josef erschien mir da geeigneter.«

Genauso sehen es auch Lieberknecht und Müller. Doch dann tritt Böck auf – und macht das, was er am besten kann: Er redet, poltert, agitiert. Die Duchač-Anhänger stellen immer neue Fragen, doch der Volkskammerabgeordnete wird mit jeder Antwort besser. Für Duchač, der laut Jörg Schwäblein mit »einem Durchmarsch« rechnet, sieht es gar nicht mehr gut aus, zumal plötzlich die Südthüringer Hans-Henning Axthelm vorschlagen.

Schließlich sind die Stimmzettel ausgezählt: Böck erhält 148 der 276 Stimmen, Duchač gerade einmal 89. Für Axthelm votieren 39 Delegierte. Damit hat Böck die absolute Mehrheit im ersten Wahlgang erreicht. Er ist nun nicht nur Parteichef, sondern automatisch Spitzenkandidat für die Landtagswahl.

Duchač ist schockiert, und mit ihm sind es Lieberknecht und Müller. Zwar schätzen die beiden den katholischen Ex-Blockparteifunktionär nicht, aber der cholerische Kunstlehrer und Bürgermeister aus dem erzkatholischen Eichsfeld ist ihnen erst recht suspekt. Duchač wirkt zumindest steuerbar – Böck nicht.

Der Sieger triumphiert. »Das Wahlergebnis entspricht meinen Erwartungen«[127], sagt Böck. Sobald die Wahl des Ministerpräsidenten anstehe, »werde ich mich für dieses Amt zur Verfügung stellen.« Nebenher streut er Milde: »Mein Freund Josef Duchač ist gegenwärtig dabei, für ein Land Thüringen die Schienen zu legen. Sicher werden Sie uns beide in der Regierung sehen, ebenso wie Dr. Axthelm.«[128]

Duchač ist ratlos. »Was soll ich denn jetzt machen«, sagt er zu seinen Vertrauten.[129] Erst nach langem Zureden lässt er sich dazu bringen, für Platz 2 der Liste und als Stellvertreter von Böck zu kandidieren. Als übrige Vize werden Axthelm, Reinhard Klein von der Bauernpartei und Klaus Zeh vom DA gewählt.

Doch es fehlt noch jemand in der Parteispitze: eine Frau. »Spontan«, sagt Lieberknecht, sei sie von den Delegierten vorgeschlagen worden. »Wie ich halt so bin, habe ich mich nicht verweigert und wurde sogar mit dem besten Ergebnis gewählt.« Sie bekommt 196 von 215 gültigen Stimmen. Das sind 91 Prozent. Zum Vergleich: Duchač erhält laut offiziellem Protokoll nur 31 Prozent,[130] was im Nachhinein die Frage provoziert, wie dies überhaupt mit der Satzung vereinbar war.

Doch zu diesem Zeitpunkt ist der Parteitag längst im Chaos versunken. Die Listenwahl zieht sich bis weit nach Mitternacht. Auf dem ersten Platz steht Böck, es folgen Duchač, Horst Schulz, Gottfried Müller, Axthelm, Horst Demme, Siegfried Jaschke – und, auf Platz 8, Lieberknecht.[131] Als Beisitzer des Vorstandes werden Dieter Althaus und Marion Walsmann gewählt. Es ist Sonntagmorgen gegen drei Uhr, als die letzten Delegierten die Aula der Hochschule verlassen.

Rochade à la Lieberknecht

Willibald Böck ist nun Vorsitzender der Thüringer CDU und Spitzenkandidat für die Landtagswahlen, die für den 18. Oktober angesetzt sind. Wenn die CDU, was die Umfragen nahe legen, ähnlich abschneidet wie bei den Abstimmungen zuvor, kann ihm das Amt des Ministerpräsidenten keiner mehr nehmen. Er ist der mächtigste Mann Thüringens. Oder etwa nicht?

Am Montag nach der Wahl gibt Böck eine Pressekonferenz, in der er erzählt, wie er dem Handwerk Kredite besorgen und die Treuhand unter Länderhoheit stellen will. Zwei Tage darauf fährt Friedhelm Farthmann in seiner Limousine in der CDU-Geschäftsstelle in Erfurt vor. Der SPD-Spitzenkandidat will mit dem Kontrahenten über die Wahlkampfsitten reden. »Alles Gute und viel Erfolg!«, sagt der Sozialdemokrat zum Abschied.[132]

Einige Stunden nach diesem merkwürdigen Besuch erhält Böck noch merkwürdigere Anrufe seiner neuen Vorstandskollegen. Wo denn das Haus der Bauernpartei sei, fragen sie, wo ja die konstituierende Sitzung des Landesvorstandes stattfinde? Der Vorsitzende ist ratlos: Warum weiß er nichts davon?

Nach einigem Herumtelefonieren findet Böck heraus: Christine Lieberknecht hat eigenmächtig für den Abend in die Villa in der Erfurter Richard-Breslau-Straße geladen, in der heute der Landkreistag residiert. In der Sitzung formuliert seine Stellvertreterin als erste die Angriffslinie: Böck könne nicht beides machen, Spitzenkandidat und Parteichef. Die Ämter, sagt sie, müssten aufgeteilt werden. Ein dementsprechender Antrag aus Südthüringen sei ja auf dem Parteitag nur aus Zeitgründen nicht mehr abgestimmt worden …

Die Stimmung entgleitet, alle reden durcheinander, einige Frauen beginnen zu weinen. Die Mehrheit gegen Böck scheint zu stehen, der nicht mehr weiter weiß. Also unterbricht er die Sitzung, bittet Duchač in einen Nebenraum und bietet ihm die Spitzenkandidatur an. Seine Bedingung: Er, Böck, bleibe definitiv Parteichef und bekomme nach der Wahl den Posten des Landtagsfraktionschefs oder eine adäquate andere Stelle. Der andere stimmt zu. Die beiden gehen zurück zu den anderen und verkünden den Handel, der so beschlossen wird.

Am nächsten Morgen erscheint ein unfreiwillig historisches Foto in der Zeitung, das Böck als Spitzenkandidaten mit Farthmann im Garten des Hauses in der Heinrich-Mann-Straße zeigt. Am Vormittag gibt die Partei eine Pressekonferenz und verkündet die Rochade, die von »26 anwesenden Mitgliedern (…) einstimmig gebilligt worden« sei.[133] Lieberknecht bestätigt, auf ihre Art, diesen Ablauf. Sie sei an dem »Dreh der Spitzenkandidatur nicht unbeteiligt« gewesen, sagt sie. Man habe den Parteitagsantrag, der eine Trennung von Partei- und Regierungsamt vorsah, eben »einfach weiter bearbeitet«.

Böck formuliert es anders: »Es war ein Komplott, ein undemokratischer Akt gegen eine demokratische Wahl.« Tatsächlich steht das, was der Vorstand beschloss, im klaren Widerspruch zu einer geheimen Wahl des höchsten Parteiorgans. Jedes Parteigericht hätte die Entscheidung annullieren müssen, da sie den Kern der Satzung verletzt.

Doch der Abend in der Breslau-Straße zeigt erneut: Die Pastorin kann, wenn es sein muss, Regeln brechen. Wie schon zuvor beim Sturz Uwe Ehrichs beweist Lieberknecht abermals ihren kühlen politischen Instinkt. Die Arbeitsteilung zwischen den beiden Männern beruhigt die Partei. Auch in der Öffentlichkeit erscheint der besonnene Duchač, verglichen mit dem impulsiven Böck, als der geeignetere Ministerpräsident.

Sowieso bekommt kaum jemand etwas von Lieberknechts Coup mit. Die Zeitungen berichten nur kurz über den Handel. Zudem stilisiert sich Böck, um sein Gesicht zu wahren, selbst als Urheber des Wechsels. Es wäre, sagt er, »sehr schwierig« geworden, »beide Funktionen unter einen Hut« zu bringen.[134] Parteisprecher Hermann Kurz deutet die Entscheidung unwidersprochen zu einem »Signal für die Geschlossenheit innerhalb der CDU« um.

Der Rest versendet sich. Es gibt anderes zu berichten. Die Zahl der Arbeitslosen steigt im Bezirk Erfurt auf 23.000 an. Die USA bereiten den Krieg gegen den Irak vor. Und die Volkskammer hat den Beitritt zur Bundesrepublik am 3. Oktober beschlossen.

Vereinigung

Bevor dies allerdings geschieht, muss die Ost-CDU der West-CDU beitreten. Die Zahl der Parteimitglieder in der Noch-DDR hat sich seit dem Erfolg bei der Volkskammerwahl auf 200.000 verdoppelt. Mit ihnen wächst die Gesamtmitgliederzahl der vereinigten CDU auf 850.000 an. Der Vereinigungsparteitag findet in Hamburg statt. Lieberknecht ist einfache Delegierte im Congress Centrum, wo eine riesige, schwarz-rot-golden strahlende Bühne aufgebaut ist. Während Böck und Marion Walsmann in den Bundesvorstand streben, hält sich die Pastorin zurück.

Walsmann ist es auch, die für den Thüringer Landesverband offiziell den Beitritt erklären soll. Doch Wolfgang Egerter, der Leiter des Erfurter Hessen-Büros, überzeugt die Landesspitze davon, dass statt der früheren Blockpartei-Abgeordneten lieber die Frau mit dem Reform-Nimbus reden soll. So kommt es zu einem Auftritt, der lange nachwirken wird.

Für jeden der ostdeutschen Verbände spricht ein Vertreter. Als letztes Land ist Thüringen mit Lieberknecht an der Reihe. Nachdem sie den Beitritt erklärt hat, sagt sie laut Protokoll: »Mich als Thüringerin und als eine der vier Autoren des Weimarer Briefes (Beifall), des unmissverständlichen Signals zur Erneuerung der DDR-CDU, erfüllt es heute mit besonderem Stolz und einer besonderen Freude, die Voraussetzungen für die geeinte Christlich Demokratische Union Deutschlands an entscheidender Stelle mit geschaffen zu haben (Beifall) und diesen Tag nun auch als eine von den Reformern des letzten Herbstes mit Ihnen gemeinsam hier in Hamburg erleben zu dürfen.«[135] In diesem langen Satz konzentriert sich das neue Selbstbild Lieberknechts. Sie, die frühere FDJ-Sekretärin, die im Jahr der Solidarnosc-Niederschlagung der DDR-CDU beitrat und bei der gefälschten Wahl 1989 ihre Stimme der Nationalen Front gab, ist nun eine Heldin des Wendeherbstes – und eine kleine Mediensensation.

Die Journalisten sind überrascht über diese junge Pastorin aus Thüringen, die mit ihren kurzen Haaren auf dem riesenhaften Podium steht, in Kleid und Goldkette, und im schönsten Thüringisch ruft: »Ich bin davon überzeugt, dass wir jungen Reformer des letzten Jahres, die wir geprägt sind vom Lebensgefühl unseres Volkes im Osten Deutschlands, aus der Zeit vor der Wende durch Unfreiheit, Angst und Bedrückung, aus der Zeit während der Wende durch Aufbruch, Mut und Begeisterung und jetzt, nach der Wende, durch einen festen Willen, durch Dankbarkeit und Liebe für unser Volk und Vaterland, dass wir diese Erlebnisse nicht vergessen werden.«

Wieder prasselt Beifall. Schließlich trägt Lieberknecht, wie die Zeitungen notieren, mit »tränenerstickter Stimme«[136] den Schlussakt der dreiminütigen

In Hamburg: Christine Lieberknecht, Josef Duchač, Marion Walsmann, Helmut Kohl (von links). Quelle: Stefan Hörttrich, Thüringer Tagespost

Rede vor: »Wir leben von der Vision freier Menschen in einem in Frieden und Freiheit geeinten Vaterland. Nie war uns die Erfüllung dieses Traumes so nahe wie in dieser Stunde. Wir sind einfach glücklich. Wir freuen uns auf Deutschland!« Jetzt tobt der Saal.

Die »Tagesschau« berichtet am Abend ausführlich über den Parteitag und beginnt die Zusammenfassung der Beitrittsreden mit Lieberknechts Auftritt. Am nächsten Tag bringt das »Hamburger Abendblatt« ein Porträt der Pastorin auf der Titelseite mit dem Einstiegssatz: »Minutenlang stahl eine zierliche dunkelhaarige Frau dem Bundeskanzler auf dem CDU-Vereinigungsparteitag die Schau. (…) Ihr galt der Beifall, weil sie schon im September 1989 für die neue CDU in der DDR stand.«[137]

Die »Kölnische Rundschau« ernennt Lieberknecht zur »auffälligsten Ost-CDU-Frau«. Ihr »offenes Selbstlob«, heißt es aber, sei in der »Kohl-Union nicht üblich«, zumal sie damit die »Blockflöten-Veteranen« verärgert habe. Es werde

»sicher eine Weile dauern, bis Christine Lieberknecht jene Meisterschaft der falschen Bescheidenheit erreicht hat, die in der Partei praktiziert« werde. Der hessische Ministerpräsident Wallmann, schreibt die Zeitung, habe es in dieser Hinsicht besser gemacht: Erst den Kanzler loben, dann auf den kleinen eigenen Anteil verweisen.[138]

Die »Hannoversche Allgemeine Zeitung« stellt fest, dass die »Überzeugungskraft« der Pfarrerin nicht mit einem Posten honoriert worden sei. »Die Basis im Osten hatte Christine Lieberknecht ausersehen, im Parteipräsidium der CDU vertreten zu sein. Die Führungsgremien im Osten stimmten jedoch anders und empfahlen die Präsidentin der Volkskammer, (Sabine) Bergmann-Pohl. Die CDU in Bonn akzeptierte das Votum und zog sich damit Zorn und Empörung zu, was in Hamburg trotz aller Feierlichkeit sehr deutlich zu spüren war.«[139]

Lieberknecht selbst kann oder mag sich nicht mehr an diese Geschichte erinnern. Sie sei nicht für das Präsidium angesprochen worden. »Ich hatte doch null Ambitionen, ich wollte gar nicht in die Politik. Im Gegenteil, ich wollte dort raus.« Selbst ihre Mitgliedschaft in der vereinigten Union habe sie damals noch distanziert betrachtet: »Meine westlichen Freunde, die waren alles – nur nicht CDU.«

Lieberknecht, bestätigt Böck, habe sich für nichts beworben. Er könne sich nur an einen Personalstreit erinnern, den es vor dem Parteitag im DDR-Vorstand gab. So sei durch den Landesverband Mecklenburg-Vorpommern Angela Merkel für den Bundesvorstand vorgeschlagen worden. Doch man habe Marion Walsmann gegen sie in einer Kampfabstimmung durchgesetzt. Die Erfurterin wird denn auch mit ihren 27 Jahren neben Böck in den Vorstand gewählt.

So oder so: Lieberknecht steht nach dem Hamburger Parteitag auf den Zetteln der Parteioberen und Journalisten – und Helmut Kohls. Oder wie es Lieberknecht formuliert: »Von diesem Augenblick an kannte mich jeder.«

Dann ist sie da, die Einheit. Am 3. Oktober 1990 tritt die DDR der Bundesrepublik bei. Zum Festakt 20 Jahre später, in der neuen Erfurter Oper, wird die Thüringer Ministerpräsidentin Christine Lieberknecht allen danken, »die den Rahmen dafür« setzten, vor allem den Abgeordneten und den Regierungschefs wie Kohl, Vogel oder Althaus.[140] Sich selbst erwähnt Christine Lieberknecht nicht. Sie hat die Lektion der falschen Bescheidenheit gelernt.

Landtagswahl

Nach der Heimkehr aus Hamburg tritt der Landtagswahlkampf in seine letzte Phase. Die verzweifelte SPD thematisiert die Vergangenheit des CDU-Spitzenkandidaten. »Duchač – ein Mann mit Vergangenheit, aber ohne Zukunft«, wird plakatiert. Der Kandidat reagiert defensiv: »Dass der eine oder andere in der Vergangenheit doch noch einen Fehler« suche, müsse er »ertragen« [141]

Am Sonntag, den 14. Oktober 1990, wird der Landtag gewählt. Die CDU kommt auf 45,4 Prozent der Stimmen. Die SPD erreicht mit Farthmann an der Spitze 22,8 Prozent. Die PDS, die sich mittlerweile des Kürzels SED entledigt hat, landet bei 9,7 Prozent, gefolgt von der FDP mit 9,3 Prozent.

Die Reste der alten DDR-Opposition werden vom Wähler wieder nahezu ignoriert. Die gemeinsame Liste von Neues Forum, Grünen und Demokratie Jetzt kommt auf 6,5 Prozent. Die DSU bleibt mit 3,3 Prozent unter der Fünf-Prozent-Hürde.

Doch der Union fehlt eine Kleinigkeit zur absoluten Macht. Sie kommt nur auf auf 44 der 89 Landtagsmandate. Die Partei braucht einen Koalitionspartner, der nur derselbe sein kann wie der in Bonn: die FDP.

Im Parlament ist ein großer Teil der CDU-Mitglieder versammelt, die von nun an den Weg Christine Lieberknechts begleiten und die Thüringer Politik für eine Generation dominieren: Der Heiligenstädter Kreisschulrat Dieter Althaus, der verhinderte Landeschef Hans-Henning Axthelm, Willibald Böck, Josef Duchač, der Ex-Volkskammerabgeordnete Wolfgang Fiedler, der Ilmenauer Informatik-Dozent Michael Krapp, der Bad Berkaer Arzt Frank-Michael Pietzsch, Jörg Schwäblein, Volker Sklenar, der Buchhalter Andreas Trautvetter und der assimilierte DA-Landeschef Klaus Zeh.

Zur FDP-Fraktion gehören Männer wie der bisherige Volkskammerabgeordnete Jürgen Bohn, der Lehrerausbilder Ulrich Fickel und die Weimarer Ingenieure Andreas Kniepert und Hartmut Sieckmann. In der SPD-Fraktion sitzen einige einfache Arbeiter wie der 30-jährige Automobil-Schlosser Heiko Gentzel aus Eisenach. Ansonsten gibt es auch dort viele, teils promovierte Ingenieure wie Frieder Lippmann aus Saalfeld oder Andreas Preller aus Gera.

Es ist ein Männerparlament. Ein Dutzend Frauen finden sich unter den 89 Abgeordneten, darunter die Architektin Irene Ellenberger (SPD), das Ex-DA-Mitglied Johanna Arenhövel, die einstige Suhler Betriebsparteisekretärin und jetzige PDS-Landeschefin Gabi Zimmer.

Christine Lieberknecht gehört nicht zum Landtag. Die CDU hat alle 44 Wahlkreise gewonnen, somit kann kein einziges Parteimitglied über die Liste einziehen, schon gar nicht jemand, der auf Platz 8 steht. Für den auf Platz 4 gesetzten Gottfried Müller, der unbedingt Parlamentspräsident werden soll, wird eigens Bundestagskandidat Manfred Heise genötigt, auf sein Landtagsmandat zu verzichten.

Damit steht Christine Lieberknecht am Wahlabend genau dort, wo sie laut ihrer offiziellen Aussagen sein will. Außer dem Ehrenamt als stellvertretende CDU-Landesvorsitzende besitzt sie keinen Posten, kein Mandat, nichts. Sie könnte jetzt wieder zurückgehen, in die WKW, in die Weimarer Kirchenwüste, zurück in die Dorfkirchen von Ottmannshausen, Hottelstedt und Stedten. Doch sie tut es nicht.

Kapitel 4

Ministerin

Der Umstand, dass eine in Verwaltungsdingen und Schulfragen völlig unerfahrene Dorfpfarrerin mit 32 Jahren zur Kultusministerin eines deutschen Bundeslandes aufsteigt, lässt sich nur aus der damaligen Zeit heraus erklären. Selten, vielleicht nie in der deutschen Geschichte, werden Posten und Mandate derart freihändig vergeben wie bei der Auflösung der DDR im Jahr 1990.

Auf Regierungsebene funktioniert dies in etwa so: Zwei Drittel der Posten gehen an jene, die sich seit der Jahreswende in den Blockparteien oder der SPD irgendwie nach vorne gekämpft haben. Das restliche Drittel füllt sich mit Importen aus dem Westen. Im Bereich der Verwaltung ist das Verhältnis umgekehrt.

Die Diskrepanz zwischen der geringen Qualifikation und der Größe der Aufgaben ist enorm. Der designierte Ministerpräsident Duchač muss binnen weniger Wochen ein halbes Dutzend unbelasteter Menschen finden, um drei Bezirke eines zentralistisch organisierten Staates in ein demokratisches Bundesland zu transformieren. Alles muss neu aufgebaut werden: Ministerien, Ämter, Verfassung, Gesetze, Polizei, Hochschulen, Schulen ... Nichtsdestotrotz sind bereits Proporzregeln zu beachten: Die Mehrheit des Kabinetts soll aus Thüringen kommen, am besten gleichmäßig über das Land verteilt. Dann sind da noch der frühere DA und die alte Bauernpartei. Schließlich gibt es noch den Koalitionspartner FDP und die Freunde aus Hessen.

Natürlich kann sich Böck, der Parteichef, faktisch einen Posten aussuchen. Er wählt das Innenressort. Der Arzt Axthelm erhält das Gesundheitsministerium. Für die Bauernpartei wird Volker Sklenar als Landwirtschaftsminister verpflichtet. Der DA-Mann Klaus Zeh bekommt das Finanzministerium angetragen. Die hessische CDU schickt ihren früheren Wiesbadener Oberbürgermeister Hans-Joachim Jentsch als Justiz-, Bundes- und Europaminister und Ex-Landtagspräsidenten Jochen Lengemann als Minister für besondere Aufgaben. Er soll Duchač beraten und als Bindeglied zur Fraktion fungieren. Für die FDP werden Spitzenkandidat Hartmut Sieckmann Umwelt- und Hans-Jürgen Schultz Wirtschaftsminister.

Lieberknecht ahnt, dass sie auf der Liste von Duchač steht. Schließlich muss mindestens eine Frau ins Kabinett – und was sollte es sonst für eine Frau sein als die, die dem Ministerpräsidenten zur Macht verhalf, die seine Stellvertreterin in der Partei ist und die als Aushängeschild für die angeblich runderneuerte CDU dient?

Die Pastorin selbst gibt sich uninteressiert, erzählt jedem, wie froh sie sei, nun wieder nur Pfarrerin zu sein. Doch Jörg Schwäblein gegenüber verrät sie sich. »Ach, lass mal«, sagt sie zu ihm, »da sind wir eben diesmal noch nicht dabei. Aber wir sind ja beide noch jung.«

Aber Schwäblein, gerade 38 Jahre alt, erhält seine Chance. Da Böck nicht Vorsitzender der Fraktion wird, bekommt er eines Oktoberabends diesen Posten angeboten. »Wie lange habe ich Zeit?«, fragt Schwäblein. Bis morgen, acht Uhr, lautet die Antwort. In der Nacht liest Schwäblein in einem Buch der hessischen Landeszentrale für Politische Bildung über die parlamentarische Arbeit, von der er »null Ahnung« besitzt. Danach erklärt er seiner Frau, dass er von nun an noch seltener zu Hause sein wird – und sagt zu.

Schließlich erhält Lieberknecht ihr Angebot. Das Kultur-Ressort soll es sein, sagt ihr Duchač. Er will, so versteht sie es jedenfalls, das Kultusministerium zerschneiden, damit Schule und Hochschule für die FDP bleiben – und die schönen Künste an die Pastorin gehen. Dies liegt der Enkelin des Bauhaus-Malers und der van-de-Velde-Schülerin. Sie, die gebürtige Weimarerin, sieht sich schon Schlösser sanieren, Theater pflegen und Ausstellungen eröffnen.

»Ich habe abgewogen«, sagt Lieberknecht. »Die Prognosen waren, dass das mit dieser Laienspielerschar eh nicht bis Weihnachten hält. Auch habe ich gesehen, wer da alles meint, Minister zu sein, und ich dachte, das geht ja alles gar nicht.« Dann jedoch ändert sich der Plan. Lieberknecht: »Ich weiß nicht, ob Duchač es wirklich mit dem Kulturressort versucht hat, jedenfalls kam er zwei, drei Tage später und sagte: ›Geht leider nicht ganz, mit der Kultur … Du musst Schule machen. Kultus.‹ Das Entscheidende war: Ich hatte schon Ja gesagt.«

FDP-Landeschef Andreas Kniepert erinnert es anders. Er sagt, dass Duchač in dem entscheidenden Koalitionsgespräch für die CDU ein Ministerium verlangt, dass die Zuständigkeiten des heutigen Thüringer Bildungsressorts umfasst, also Hochschulen, Schulen und Kultur. Doch die FDP will die Hochschulen und die Kultur.

Das, was am 25. Oktober 1990 in der Zeitung steht, spricht für Knieperts Version: »Wie aus CDU-Kreisen zu erfahren war, wurde das Vorhaben des designierten Ministerpräsidenten Josef Duchač, acht Ministerien aufzubauen, lediglich in einem Punkt geändert: Der Bereich Kultur wird voraussichtlich geteilt in Bildung und Kultur/Wissenschaft.«[142] Theater und Hochschulen, heißt es, gingen an die FDP – und die Schulen an die CDU.

Am selben Tag, einem Donnerstag, konstituiert sich das Parlament im Deutschen Nationaltheater zu Weimar. Hier trat, um den Berliner Revolutionswirren zu entgehen, am 6. Februar 1919 die Nationalversammlung zusammen. Hier verkündete Friedrich Ebert, dass es »mit den alten Königen und Fürsten von Gottes Gnaden« für immer vorbei sei. Hier wurde deutsche Geschichte geschrieben.

Die Anfänge der neuen thüringischen Demokratie geraten banaler. Die CDU-Fraktion trifft sich vor der Parlamentssitzung im »Russischen Hof«, wo Duchač die Kabinettliste verkündet. Schwäblein ist überrascht. Zu Klaus Zeh, der Finanzminister werden soll, sagt er: »Respekt, Klaus, du hast so viel Ahnung von Finanzen wie ich: Wenn wir das Portmonee aufmachen, sehen wir, wie viel Geld drin ist.«

Dann konstituiert sich der 1. Landtag des wiederbegründeten Bundeslandes Thüringen. Gottfried Müller wird mit 58 Stimmen zum Parlamentspräsidenten gewählt. Union und Liberale besitzen zusammen nur 53 Sitze, was bedeutet, dass mindestens fünf Abgeordnete der Opposition für den Mann stimmen, der den »Brief aus Weimar« schrieb.

Im Kabinett

Als am 8. November der Ministerpräsident gewählt wird, verhält es sich anders herum. Josef Duchač erhält 52 Stimmen; das ist eine weniger, als es CDU- und FDP-Abgeordnete gibt. Danach werden erstmals offiziell die Namen der neun Minister und der einen Ministerin bekannt gegeben. Lieberknecht ist nicht nur die einzige Frau, sie ist mit 32 Jahren auch das jüngste Kabinettsmitglied. Böck ist 44, Axthelm 49, Sieckmann 47, Fickel 49, Zeh 38, Lengemann 52, Jentsch 53 und Schultz 55.

Das Laienspiel kann beginnen. Die Qualifikation der neuen Kultusministerin Christine Lieberknecht: ein bisschen kirchliche Jugendarbeit, ein wenig Reiberei mit dem Pädagogischen Kongress der DDR, Christenlehre, das Studium einiger Bücher über Reformpädagogik und die Erfahrungen von Tochter Marie in der Berlstedter Dorfschule.

Die Pastorin übernimmt, wie alle anderen Kabinettskollegen, ein Ministerium, das es noch nicht gibt. Sie soll es ja erst aufbauen. Was sie dafür mindestens braucht, ist ein Verwaltungsfachmann aus dem Westen, der ihr zeigt, wie es geht. Die Frage, wer Staatssekretär wird, ist die erste und die wichtigste, die sich Christine Lieberknecht stellt.

Doch die Entscheidung wird für sie getroffen. Auf Empfehlung des Ilmenauer Pfarrers Sammet ordnet Duchač seiner Ministerin den Historiker Peter-

Das Kabinett Duchač 1990: Innenminister Willibald Böck, Umweltminister Hartmut Sieckmann, Wissenschaftsminister Ulrich Fickel, Gesundheitsminister Hans-Henning Axthelm, Finanzminister Klaus Zeh, Kultusministerin Christine Lieberknecht, Ministerpräsident Josef Duchač, Landwirtschaftsminister Volker Sklenar, Wirtschaftsminister Hans-Jürgen Schultz, Minister für besondere Aufgaben Jochen Lengemann (von links). Nicht im Bild: Justizminister Hans-Joachim Jentsch. Quelle: Jens König, Archiv TA

Johannes Schuler zu, der bisher für den Katholischen Akademikerverband arbeitete. Er ist kluger Intellektueller, der gerade seine Forschungen zur Familiensoziologie im Spätmittelalter[143] publiziert hat, aber sich weder mit der Verwaltung noch den Schulen der deutschen Gegenwart auskennt. Doch er ist, im Gegensatz zur protestantischen Pastorin, Mitglied der römisch-katholischen Kirche. Darauf kommt es Sammet und Duchač an.

Andere machen es besser: Justizminister Jentsch holt sich mit Karl Heinz Gasser einen Verwaltungsrichter aus Kassel als Staatssekretär. Wolfgang Egerter, der bisherige Leiter des Hessen-Büros, wird Jentschs Staatssekretär für die Bundesrats-Angelegenheiten.

Zu seinem eigenen Staatssekretär ernennt Duchač Michael Krapp. Der Ilmenauer Informatik-Dozent ist zwar Protestant, gehört aber zum Kreis der Sammet-Vertrauten. Er soll die Staatskanzlei leiten und den Aufbau der Ministerien koordinieren, von der Anmietung der Immobilien bis zur Einstellung des Personals. Die direkte Folge der Personalie für Lieberknecht: Krapp, der seinen heimischen Wahlkreis direkt gewonnen hat, muss als politischer Beamter sein Landtagsmandat abgeben. Die Kultusministerin rutscht über die Liste ins Parlament nach.

Parallel zur Benennung der Staatssekretäre am 20. November werden die ehemaligen Bezirksverwaltungen per Kabinettsbeschluss aufgelöst. Die Regierung verteilt sich einigermaßen ungeordnet über Erfurt. Die Staatskanzlei zieht in das Hochhaus des ehemaligen Rates des Bezirkes, die sogenannte Eierkiste, Duchač sitzt im 8. Stock. Zeh, Schultz und Axthelm teilen sich den Gebäudekomplex der Bezirksverwaltung an der Arnstädter Straße. Sieckmann landet im Haus der Wasserwirtschaft und Sklenar im früheren Meliorationskombinat. Böck übernimmt die frühere Bezirksbehörde der Volkspolizei.

Lengemann, der Minister ohne Geschäftsbereich, bekommt ein Büro in der Staatskanzlei, eine Sekretärin und eine Mitarbeiterin. Eine Wohnung muss sich der Hesse selbst suchen. Wie schon zuvor beim Journalisten Möller kann Lieberknecht helfen: Sie quartiert Lengemann in Ramsla ein. Bei ihrer Nachbarin, die alle Oma Rosi nennen, ist ein Zimmer frei, Frühstück mit Eiern von glücklichen Hühnern inklusive.

Mit ihrem Dienstsitz findet sich die Kultusministerin mit ihren neuen Kollegen Jentsch und Fickel im früheren Volkspolizei-Kreisamt neben der Thüringenhalle wieder. Vom Kulturverantwortlichen des Bezirksrates erbt sie den Fahrer. Ansonsten sind da noch eine Sekretärin, ein gewesener Bezirksschulrat aus Gera und zwei, drei andere übrig Gebliebene.

Bald stellt sich heraus, dass Lieberknecht mit Staatssekretär Schuler nicht zurecht kommt – und umgekehrt. Ihr wichtigster Berater wird Hermann Doetsch, ein pensionierter Ministerialdirigent aus dem Mainzer Kultusministerium, der schon unter dem CDU-Kultusminister Bernhard Vogel die Abteilung für Grund- und Realschulen leitete.

Damit gerät die Ministerin in den Kampf der Westländer um die Lufthoheit im Osten. In Thüringen haben sich Rheinland-Pfalz und Hessen die Betreuung der Ministerien aufgeteilt, während Nordrhein-Westfalen und Bayern kaum noch eine Rolle spielen. Der kommissarische Landtagsdirektor Joachim Linck, der von 1992 bis 2005 offiziell die Parlamentsverwaltung leitete, erlebt eine »nicht gerade harmonische Abstimmung« der beteiligten Staatskanzleien in Mainz, Wiesbaden oder München.[144] Korrespondent Möller spricht von einer »Rivalität der West-Länder«, die Thüringen jeweils ihre Gesetze und Verwaltungsmodelle aufdrängen wollen. »Manches Holpern«, glaubt er noch heute, »hatte die Ursache in der mangelnden Abstimmung von Hessen und Rheinland-Pfalz«.

Pensionär Doetsch ist zu Beginn jeder Woche in seinem alten Ministerium in Mainz, um sich beim Minister die Instruktionen und Gesetzesvorlagen abzuholen. In Erfurt angekommen, setzt er sich mit anderen Beratern an den Tisch, der wie ein T an den Schreibtisch der Ministerin gestellt ist und erklären ihr, was zu tun ist – und was nicht.

Lieberknecht passt das überhaupt nicht. »Ich hatte das Bewusstsein, ich bin jetzt die Ministerin. Deshalb habe ich gesagt, Moment mal, ich bestimme doch, wo es lang geht.« Doetsch erinnert sich ähnlich: »Sie hat gedacht, sie kann so, wie sie will. Wenn ich sagte, da ist ja noch der Rechnungshof, der auf ihre Entscheidungen drauf schaut, wusste sie gar nicht, wovon ich eigentlich rede.«

Die Ministerin will sich nichts gefallen lassen. Ende November sagt sie in einem Interview: »Wissen Sie, ich habe diese Rolle nicht zum ersten Male im Leben zu spielen. Als im Mai Geborene war ich, ob in der Schule oder beim Studium, stets die Jüngste.« Zu dem Umstand, dass sie von Männern umgeben ist, teilt sie mit: »Auch in meiner kirchlichen Arbeit war das Umfeld ja stark von Männern geprägt. Ich glaube, entscheidend ist die Leistung, die man einbringt.«[145]

Für ihren Staatssekretär verheißt dies nichts Gutes. Lieberknecht will Schuler lieber früher als später loswerden. Als sie eine Bewerbung aus Bayern erreicht, fährt sie persönlich nach München, um sich den Kandidaten anzuschauen: Hermann Ströbel, 49, studierter Neuphilologe, Ex-Gymnasialdirektor, erfahrener Ministerialbeamter und schnauzbärtiger Franke.

Die Ministerin greift zu. Noch 1990 wechselt Ströbel nach Erfurt, um ihr vorerst als Schulabteilungsleiter und wichtigster Berater zu dienen. Für Doetsch ist er »der richtige Mann, der sowohl von Schule als auch von Verwaltung viel versteht«.

Schulkampf

Doch auch Ströbel kann nicht das verhindern, was in den folgenden Monaten geschieht und was bei vielen Lehrern bis heute fast Hass auf Lieberknecht schwelen lässt. Denn das, was die Kultusministerin bei ihrem Amtsantritt vorfindet, ist noch das alte Schulsystem der DDR. Zwar sind die Lehrpläne überarbeitet, Fächer wie Staatsbürgerkunde oder Wehrkunde gestrichen und neue wie Gesellschaftskunde eingeführt. Doch es gibt immer noch die Trennung zwischen zehnjähriger Polytechnischer und zweijähriger Erweiterter Oberschule – und die alten, im Marxismus-Leninismus geschulten Lehrer.

Das neue Land Thüringen beschäftigt zwischen 27.000 und 28.000 Pädagogen. Genau weiß das niemand. Auf ihrer ersten Pressekonferenz teilt Lieberknecht mit, dass alle »auf ihre Eignung für den Schuldienst« überprüft würden.

Die Lehrer, die für die Staatssicherheit gearbeitet hätten oder sich »auf andere Weise in frühere Ideologie-Entscheidungen« verstrickt hätten, müssten entlassen werden.[146]

In einem Interview sagt die Ministerin, dass sie »ein differenziertes, ein gegliedertes Schulsystem« anstrebe. Sie sei aber offen für »verschiedene Schulformen« und werde sich »auf keinen Fall fertige Schulsysteme der Altbundesländer überstülpen lassen«. Schon »von der sozialen Situation her brauchen wir eine Ganztagsbetreuung in den Schulen nach wie vor.« Alle Befürchtungen, dass der Hort in Gefahr sei, träfen nicht zu.[147]

Das ist das, was sie öffentlich sagt. Doch noch vor Weihnachten gelangt ein Referentenentwurf aus Mainz für ein neues Schulgesetz nach Erfurt und an die Öffentlichkeit. Darin steht genau das, was die Ministerin angeblich nicht will: das rheinland-pfälzische Schulmodell, mit Grundschule, Hauptschule, Realschule, Gymnasium, Abitur nach 13 Jahren – und ohne Horte. Dazu passt, was Duchač mitteilt: »Wir wollen die gegliederte Schule, Grundschule, Hauptschule, Realschule und Gymnasium.«[148] Wenn er die Gesamtschule hätte haben wollen, »dann hätte ich im Juni als Regierungsbevollmächtigter die Berater aus dem Bereich Schulpolitik nicht ausgerechnet aus Rheinland-Pfalz geholt.« Im Übrigen wisse er nicht, wie viele Lehrer »in der Lage« seien, »das, was sich nach der Wende hier entwickeln musste, zu vertreten …«[149]

Es ist also nicht so, dass Lieberknecht an der Spitze der Bewegung steht. Sie lässt sich von der Fraktion treiben. »Wir wollten ja vor allem in den Schulen aufräumen«, sagt Jörg Schwäblein. »Lieberknecht, die eher ausgleichen wollte, wurde fast genötigt.« Schließlich habe sie aber mitgemacht. »Sie hat gespürt, wohin die Stimmung in der Partei ging. Sie besitzt ja das Talent, das Gras wachsen zu hören.«

Doch die Stimmung bei den Betroffenen unterschätzt die Ministerin. Am 11. Dezember beschließt das Kabinett eine Reform der Fachschulen des Landes, in denen undiplomierte Ingenieure, Krankenschwestern und Lehrer ausgebildet werden. Für einen Großteil der Einrichtungen, darunter die Institute für Lehrerbildung in Eisenach, Nordhausen, Weimar, Krossen und Meiningen, bedeutet dies die Abwicklung.

Die Ministerin gibt zwar sofort eine Pressekonferenz und verkündet, dass alle Studenten »mittels einer Übergangsregelung« zu einem Studienabschluss kommen könnten.[150] Auch vereinbart sie mit den betroffenen Studenten einen Gesprächstermin für den 20. Dezember. Doch am 18. Dezember, als das Kabinett die Auflösung von weiteren fünf Ingenieurschulen beschließt, versammeln sich Tausende vor dem Parlaments- und Regierungssitz im Süden Erfurts.

Lieberknecht verweist auf ihren Termin am 20. Dezember und will sich den Demonstranten nicht stellen, woraufhin Parlamentspräsident Gottfried Müller und Regierungssprecher Michael Meinung versuchen müssen, die Demonstranten zu beruhigen. Vergeblich. Die Studenten blockieren die Arnstädter Straße, die am Landtag vorbeiführt, und produzieren ein Verkehrschaos. Einige dringen über Fenster in das Parlamentsgebäude ein, was Duchač als Hausfriedensbruch und versuchte Nötigung bezeichnet.[151]

Jetzt gibt Lieberknecht nach. Nach einem Treffen mit einigen Studenten im Haus tritt sie vor die Demonstranten und sagt, dass endgültige Entscheidungen erst zu Beginn des nächsten Jahres fallen würden.

Im neuen Jahr, am 10. Januar 1991, versammelt sich der Landtag, die SPD-Fraktion hat eine Aktuelle Stunde zu den Ingenieurschulen beantragt. Lieberknecht äußert Verständnis, bleibt aber unkonkret. »Die Kultusministerin«, sagt sie, trage »persönlich Sorge dafür, dass eine erneuerte Fachschullandschaft in Thüringen dem Land, der Wirtschaft, der Technik, der Kultur, der Bildung sowie dem Gemeinwesen ein unverzichtbares Gepräge« gebe.[152] Auf einer Veranstaltung am 20. Februar wolle sie darüber mit allen Beteiligten diskutieren.

Danach spricht der frühere Lehrer Dieter Althaus als bildungspolitischer Sprecher für die CDU-Fraktion. Im Unterschied zur Ministerin argumentiert er offensiv und strukturiert. Er erklärt, dass es oft gar nicht um Abwicklung oder gar Auflösung gehe, sondern um den Aufbau neuer Fachhochschulen, Berufsakademien, Berufsfachschulen, Fachoberschulen und beruflicher Gymnasien … Die Lehrerausbildung werde universitär, also aufgewertet, weshalb es jetzt nur darum gehe, den Übergang so zu organisieren, dass niemand seinen Abschluss verliert.

Für jeden, der hinschaut, wird sichtbar, dass Althaus eine personelle Alternative zur Ministerin darstellt. Er kennt sich besser aus – und er zeigt dies auch. Im zuständigen Arbeitskreis der Fraktion kommt es mehrfach zu heftigem Streit zwischen ihm und der Ministerin. Zudem schreibt Althaus lange Klagebriefe an Lieberknecht, in denen er die Beschwerden zusammenfasst, die ihn hundertfach erreichen.

Doch jenseits der fachlichen Konkurrenz halten die beiden zusammen. Althaus, der genauso jung ist wie Lieberknecht und im Eichsfeld die Demonstrationen mitorganisierte, zählt sich zu den Reformern in der CDU. Die Vergangenheit von Duchač ist ihm genauso suspekt wie der Ministerin.

Althaus unterstützt Lieberknecht nicht nur im Landtag, sondern auch vor etwa zehntausend Lehrern, die am 10. Januar nach Erfurt gekommen sind. Die Versammlung vor dem Ministerium ist eine der größten Demonstrationen seit dem Herbst 1989. Die Pädagogen tragen Plakate, auf denen »Wir sind nicht Lehrer zweiter Klasse« oder »Ossi-Lehrer Gastarbeiter im eigenen Land« steht.[153]

Die Situation aus dem Landtag wiederholt sich. Lieberknecht vermittelt, bleibt im Ungefähren und beruhigt so die Stimmung. Danach versucht Althaus, wie zuvor im Plenarsaal, die Reform mit Argumenten zu begründen – und wird ausgebuht. »Dieser Tag«, sagt Lieberknecht, »hat tief bei ihm gesessen.«

Überprüfungen

Trotz der Proteste beginnt sich Lieberknecht langsam aus ihrer ersten Krise heraus zu manövrieren. Dank Hermann Ströbel kommt ein vorläufiges Bildungsgesetz zustande, das die Schulsysteme von Ost und West miteinander verschmilzt. Nach der vierklassigen Grundschule gibt es statt getrennter Haupt- und Realschule eine gemeinsame Regelschule, in der beide Abschlüsse erreicht werden können. Daneben wird das achtjährige Gymnasium eingeführt, das wie bisher am Ende der 12. Klasse zum Abitur führt.

Von Gesamtschulen oder Ganztagsschulen findet sich nichts im Gesetz. Der Religionsunterricht wird samt des alternativen Ethikunterrichts eingeführt. Alle Anträge der Opposition, daran etwas zu ändern, lehnen CDU und FDP ab. Damit geht Thüringen den Weg der westlichen Unions-Länder. Oder wie es Lieberknecht in einer der langen Debatten im Landtag formuliert: »Die Zukunft Thüringens in der Bildungspolitik liegt ganz gewiss nicht an der Seite Bremens oder des Saarlandes.«[154]

Der Systemwechsel ist somit eingeleitet. Was fehlt, ist der Personalwechsel, auf den vor allem die Fraktion drängt. Und so werden an alle Lehrer Fragebögen verschickt, mit Hilfe derer sie sich zu ihrer Vergangenheit erklären sollen. Die erste Überprüfungswelle, sagt Lieberknecht, solle noch im Sommer abgeschlossen werden. »Wir werden dort entlassen, wo politische Belastungen dies fordern und fachliche Qualifikation nicht vorhanden ist.«[155]

Ihre Ankündigung hat nicht nur mit dem politischen Druck zu tun. Sie ist auch finanziell bedingt. Thüringen kann sich schlicht nicht alle Lehrer leisten, die politische Überprüfung soll zum Hauptinstrument des Personalabbaus werden. Schon im neuen Bildungsgesetz findet sich der Passus, wonach Pionierleiter, Ingenieur- und Agrarpädagogen oder Lehrer, deren Fach es nicht mehr gibt, nicht in den Landesdienst übernommen werden.

Die Ministerin stolpert erneut. Es beginnt schon mit den Zahlen, die sich im Laufe des Jahres wundersam verändern. Aus 28.000 Lehrern im Januar werden im März 29.500, die sich später dank der vergessenen Erzieherinnen

*Ministerin Lieberknecht
beim Empfang von
Protestunterschriften
1991.
Quelle: Roland Obst,
Archiv TA*

mit pädagogischem Abschluss um gut 2.500 vermehren. Somit reichen auch die 2.000 Entlassungen nicht, von denen Lieberknecht im Frühjahr spricht. Im Spätsommer ist von 5.000 Stellen die Rede, die noch abzubauen seien. Ende September heißt es wiederum, dass schon 4.181 Lehrer und Erzieherinnen entlassen seien – und 300 Klagen dagegen vorlägen.[156]

In den Landkreisen haben lokale Kommissionen getagt, in denen Lehrer, Eltern, Schulaufsicht und Personalrat sitzen. Das Ministerium schreibt 6.000 Pädagogen an und teilt ihnen mit, dass es »Bedenklichkeit« hinsichtlich ihrer Eignung gebe. In 4.500 Fällen wird eine politische Belastung festgestellt, bei 1.500 fehlt angeblich die fachliche Kompetenz.[157]

Ein Teil der betroffenen Lehrer muss vor neuen Kommissionen im abgewickelten Institut für Lehrerbildung in Weimar erscheinen. Jeder Pädagoge erhält eine halbe Stunde, um seine berufliche Existenz zu retten. Obwohl Lieberknecht stetig wiederholt, dass es sich um »keine Verhöre«[158] handele: Die Pädagogen empfinden den Vorgang als Zumutung. Die öffentliche Reaktion ist verheerend. Ausgerechnet die eigene Fraktion kritisiert Lieberknecht plötzlich am härtesten. Lieberknecht: »Die Abgeordneten, die das schärfste Vorgehen gefordert hatten, waren die ersten, die sich beschwerten, weil es einen angeblich untadeligen Pädagogen aus der Nachbarschaft traf.«

Entlassungsanträge und ein Rücktritt

Die Opposition versucht, die Situation zu nutzen. Fast jede Woche muss sich die Ministerin im Landtag Anfragen oder Aktuellen Stunden stellen. Der SPD-Abgeordnete Hans-Jürgen Döring berichtet im Plenarsaal davon, dass in mancher Schule 30 bis 50 Prozent der Lehrer und Erzieher als bedenklich eingestuft worden seien. »Da wird die Überprüfung zur Farce, und es ist schon zu verstehen, dass mancher Lehrer sich zu Unrecht gebrandmarkt fühlt und sich nicht als Sündenbock in die Wüste des sozialen Abseits geschickt sehen will.« Im Nachhinein sieht es Lieberknecht ähnlich. »Ich habe zugelassen, dass flächendeckend Bedenklichkeitsschreiben verschickt wurden«, sagt sie. »Die Lehrer hatten dann ein Etikett, ein Stigma. Das war ein Fehler. Ich würde das nie so wieder machen.«

Dennoch gibt Lieberknecht einem anderen die Schuld: Staatssekretär Schuler. Als im Sommer 1991 seine endgültige Ernennung durch die Landesregierung ansteht, schickt sie ihn in die montägliche Vorkonferenz der Staatssekretäre mit der entsprechenden Kabinettsvorlage. Einen Tag später, vor der Kabinettssitzung, drängt sie bei Krapp darauf, das Papier einzukassieren. Schuler wird entlassen, was das Land teuer zu stehen kommt. Krapp muss ein volles Jahresgehalt als Abfindung zahlen. Mitleid hat Lieberknecht nicht. »Schuler konnte es nicht«, sagt sie. »Er war der Aufgabe nicht gewachsen.« Das Urteil von Aufbauhelfer Doetsch lautet ähnlich: »Er hatte von nichts im Schulbereich eine Ahnung.«

Hier formt sich das erste Mal ein Handlungsmuster. Bei aller Loyalität, die Christine Lieberknecht mit Empathie vorzeigt: Muss sie Verantwortung für Missstände übernehmen, findet sie stets einen schuldigen Beamten, Staatssekretär oder später auch Minister, obwohl sie diesen im Zweifel selbst eingestellt hat.

Hermann Ströbel übernimmt nun offiziell als Staatssekretär. Am 9. Juli sagt er auf einer Demonstration der GEW, dass die lokalen Kommissionen unterschiedliche Kriterien angewandt hätten und dass Fehler passiert seien. Am

10. Juli beantragt die PDS-Fraktion im Landtag, die Kultusministerin zu entlassen. »Weil die Ministerin offensichtlich wegen fehlender Kompetenz ihren Aufgaben nicht gewachsen« sei, müsse es einen personellen Neuanfang geben, heißt es in der Begründung.[159]

Zum Beginn des Schuljahres herrscht das erwartete Durcheinander. In Städten wie Erfurt oder Weimar drängt fast die Hälfte der Schüler oberhalb der 4. Klasse aufs Gymnasium. Lieberknecht sagt, dass von nun an Klassengrößen von 30 Schülern »als normal zu betrachten« seien.[160] Daran, dass Schulbücher fehlen, mag die Ministerin nichts Schlimmes finden. Die Pädagogen seien »qualifiziert und intelligent genug, den Unterricht auch ohne Schulbücher zu gestalten«.[161]

Lieberknecht behauptet, dass sich der Schulbetrieb binnen weniger Wochen normalisiert habe. Dass Hortnerinnen fehlen, die Pausenverpflegung ausfällt und die Bezahlung des Schulessens nicht geregelt ist, sind für sie Schwierigkeiten, die nun mal ein solcher Übergang mit sich bringt.

Man kann es, wenn man will, so sehen. Auch in anderen Ministerien geht es drunter und drüber. Innenminister Böck wird der alten Volkspolizei nicht Herr, der blasse Wirtschaftsminister kann nichts gegen die steigende Arbeitslosigkeit ausrichten und dem Agrarminister geht fast jede Woche eine Landwirtschaftliche Produktionsgenossenschaft pleite. Die Überforderung ist kollektiv.

Doch die Kultusministerin bietet das beste Ziel für die Opposition. Im September stellt auch die SPD-Fraktion einen Entlassungsantrag. Die Personalüberprüfung, heißt es darin, zeige »einen Mangel« an »rechtsstaatlicher Grundlage«. Schüler, Lehrer und Eltern seien »erheblich verunsichert«, die »Qualität der pädagogischen Arbeit ist in Frage gestellt«. »Fehlende personelle und inhaltliche Kontinuität sowie personelle Fehlentscheidungen« bewiesen zudem »die mangelnde Kompetenz der Kultusministerin«.[162]

»Wenn die Anzeichen nicht trügen, gibt es selbst in der Regierungskoalition kritische Stimmen gegen Frau Lieberknecht«, sagt Fraktionschef Gerd Schuchardt.[163] Dennoch nimmt die Landtagsdebatte für sie eine günstige Wendung. Hans-Jürgen Schultz, der Wirtschaftsminister von der FDP, tritt zurück. Sein Fraktionschef Andreas Kniepert verbreitet die Nachricht während der Plenarsitzung mit dem Verweis auf »einen Routinebesuch beim Arzt« – und dies, obwohl Schultz noch tags zuvor seine Pläne für die nächsten Monate veröffentlicht hatte.[164] Als Nachfolger wird der gerade 32-jährige Abgeordnete Jürgen Bohn genannt. Die Ablehnung der Entlassungsanträge von SPD und PDS gehen in dem Getöse unter.

Christine Lieberknecht möchte ihre Amtszeit im Nachhinein nicht auf die vielen Konflikte reduziert wissen. Sie erwähnt die freien Schulen, die sich unter ihrer Ägide gründeten, besonders die Reformschulen wie Jenaplan. Gerne erzählt sie vom Fach Schulgarten (»Ich wollte, dass die Kinder noch Möhren ziehen und Erbsen pulen.«), dessen Existenz sie allein gerettet haben will, und davon, wie sie mit der Regelschule bei den Konservativen im Westen für Ärger sorgte.

Wie der Mainzer Ministerialdirigent Doetsch ist sie der Meinung, dass sie es, am Ende, »doch ganz gut hinbekommen« habe – und dass es nicht an ihr lag, dass ihre Amtszeit abrupt endete. Auch dafür hält sie einen anderen für verantwortlich: Es ist Josef Duchač.

Duchač-Dämmerung

Denn während Lieberknecht mit den Lehrern streitet, holt den Ministerpräsidenten seine Vergangenheit ein. Auslöser ist der Rücktritt des sachsen-anhaltinischen CDU-Regierungschefs Gerd Gies. Ihm wird vorgeworfen, Landtagsabgeordnete mit Verweis auf angebliche Stasi-Kontakte zum Mandatsverzicht gedrängt zu haben. Der »Spiegel« bringt eine große Geschichte, in dem die frühere Funktionärstätigkeit von Gies im Kreisvorstand von Stendal thematisiert wird. Bis in die Wendezeit habe sich der gelernte Tierarzt in der Christlichen Friedenskonferenz, die der »Stasi-Staat« gezielt instrumentalisiert habe, »für die Friedenspolitik der DDR« eingesetzt.[165]

Von Gies zu Duchač ist es da nicht weit. Das Nachrichtenmagazin schreibt im selben Artikel über den Thüringer Ministerpräsidenten und die CDU: »Beigetreten 1957 als Abiturient, agitierte er im Rat des Kreises Gotha noch bei den DDR-Kommunalwahlen vom Mai 1989 für die SED-bestimmte Einheitsliste. Die verhasste Schein-Abstimmung bezeichnete er als ›staatsbürgerliche Pflicht‹, auf ›Schlammschlachten‹ wie im Westen könne er ›verzichten‹.«

Fortan steht Duchač im Landtag unter Dauerfeuer, vor allem von Bürgerrechtlern und der SPD. Schon als Regierungsbevollmächtigter, heißt es, habe er nicht mit den Stasi-Seilschaften aufgeräumt und »mit Verbrechern zusammengearbeitet«.[166] Ein Abgeordneter fragt ihn, ob er tatsächlich zum 40. Jahrestag der DDR im Oktober 1989 das Gedicht »Der Staat« von Johannes R. Becher deklamiert habe. Der Ministerpräsident antwortet mit Nein, muss aber zugestehen, dass er als Gothaer Kreisfunktionär natürlich an den offiziellen Feierlichkeiten teilnahm.

Die Kultusministerin hält öffentlich zum Ministerpräsidenten. Einen Tag, nachdem Gies zurückgetreten ist, sagt sie im Landtag, dass »diese ständigen Vorwürfe« gegen Duchač, »dieser ständige Versuch der Demontage (…) hier in

Thüringen nicht fruchten« würden. »Das, was in Sachsen-Anhalt in der letzten Nacht passiert ist, auch das wird es in Thüringen nicht geben.«[167]

Der Herbst wird nicht besser für die Regierung Duchač. Innenminister Böck kommen wegen Stasi-Vorwürfen etliche Mitarbeiter und leitende Polizisten abhanden. Wirtschaftsminister Schultz bleibt trotz des Rücktritts einfach in seinem Büro sitzen, während Nachfolger Bohn Kabinettvorlagen unterschreibt. In Umfragen liegt die CDU bei 35 Prozent und die SPD fünf Prozent darüber. Bei den persönlichen Zustimmungswerten führt der zurückhaltende SPD-Fraktionschef Schuchardt vor dem Ministerpräsidenten.[168]

Im Kabinett misstraut jeder jedem. In der sogenannten CDU-Lage, die Duchač initiiert hat, und an der Böck, Schwäblein und die Minister regelmäßig teilnehmen, wird nicht mehr offen miteinander geredet. Der Innenminister betreibt mit den Liberalen eine Art Parallelpolitik und unternimmt im Erfurter Steigerwald mit FDP-Fraktionschef Andreas Kniepert lange Spaziergänge.

Im September 1991 – so erzählt es Lieberknecht – nimmt Duchač die Kultusministerin zur Seite. Böck, sagt er, sei im Kabinett nicht mehr tragbar, er sollte lieber die Fraktion von Schwäblein übernehmen. Lieberknecht signalisiert dem Ministerpräsidenten ihre Unterstützung. »Man wusste ja bei Böck nie, auf welchem Wasser er geht«, sagt sie. »Ich habe Duchač verstanden.«

Anfang Oktober begibt sich die Landtagsfraktion in Klausur im Haus »Hainstein« in Eisenach, jener kirchlichen Herberge nahe des Sitzes des Landesbischofs, in dem zwei Jahre zuvor, auf der Bundessynode, der »Brief aus Weimar« verteilt wurde. Hier stellt Duchač seinen Plan vor, Böck zum Fraktionschef zu machen. Insbesondere die West-Minister sind entsetzt. Sie wissen, dass man Personaländerungen nicht debattiert: Man setzt sie einfach um.

Die Sitzung entgleitet, die Fraktion ist in Aufruhr. Böck, der eigentlich mit der Lösung einverstanden ist,[169] geht auf Distanz, derweil Schwäblein laut fragt, was aus ihm werde. Er bekommt keine Antwort. Den Fraktionschef hat der Regierungschef von nun an auch gegen sich. »Mein Vertrauen war weg«, sagt Schwäblein.

Nur Lieberknecht steht zu Duchač, sagt, dass es einem Ministerpräsidenten möglich sein müsse, sein Kabinett umzubilden. Staatssekretär Egerter ruft nach der Klausur bei Johann Michael Möller an und berichtet von dem »völlig erschütternden Bild«, das Duchač abgegeben habe. Eine Mehrheit für den Ministerpräsidenten sei inzwischen nicht mehr sicher. Justizminister Jentsch lässt sich in der Presse mit dem Satz zitieren, dass »Bunkermentalität« und »rückwärtsgewandtes Denken« eine »unglaubliche Hängepartie« in der Regierung bewirkten.[170]

»Clown Ferdinand«

Und es kommt noch schlimmer. Mehrere Medien berichten, dass Duchač zu DDR-Zeiten als »Clown Ferdinand« in einer Folkloregruppe in Ferienheimen im Thüringer Wald aufgetreten sei – und dass in einem dieser Heime regelmäßig Offiziere des Ministeriums für Staatssicherheit Urlaub machten.

Ja, sagt Duchač im Landtag, es stimme, dass er Anfang der 1980er Jahre mit einer Volksmusik-Gruppe namens »Elster Schrammeln« mehrfach im sogenannten Stasiheim »Magnus Poser« in Friedrichroda aufgetreten sei. »Ich kann nicht mehr mit Sicherheit sagen, wie viele Male, da ich es nicht regelmäßig gemacht habe, aber nach einiger Zeit wurde ich dann zu dem Heimleiter bestellt und dann wurde mir Hausverbot erteilt, und das erscheint mir wichtiger als die Tatsache, dass ich mit dem Ensemble dort ein paar Mal aufgetreten bin. Ich durfte dann dort nicht mehr rein.«[171]

Doch es hilft ihm nichts. Der »Stasi-Clown«, wie der »Spiegel« von nun an den Ministerpräsidenten nennt, macht Karriere auf dem Boulevard und im Privatfernsehen. Dazu werden die alten Berichte über DDR-Funktionen neu gedeutet. War Duchač nicht Brandschutz-Verantwortlicher? Und Leiter der Zivilverteidigung? Und Mitglied der Betriebskampfgruppe?

Die Details, die bekannt werden, sind für sich genommen nicht wichtig. Doch in der Summe lassen sie die Autorität des Ministerpräsidenten erodieren. Die politischen Überprüfungen der Landesbediensteten fallen nun auf Duchač zurück. Ob im Parlament, in den Zeitungen oder auf der Straße heißt es über den Regierungschef, dass er als Lehrer längst entlassen wäre.

Das Problem ist nicht, dass Duchač nicht widerständig war und eine kleine Karriere in der DDR machte. Das Problem ist, dass seine Partei und sein Kabinett Maßstäbe geschaffen haben, die er selber nicht erfüllt. Als Folge versinkt die Landesregierung in Agonie. Erfolgsnachrichten über Ansiedlungen dringen nicht mehr durch. Der Ministerpräsident fühlt sich getrieben – und zerrieben zwischen den verschiedenen Gruppen in der Partei, die er inzwischen als »explosives Gemisch« empfindet.[172] Thüringen steuert in die Unregierbarkeit.

Duchač erkennt, dass er Macht demonstrieren muss, am besten mit einer Kabinettsreform. Jochen Lengemann hält er seit längerem für überflüssig. Als er im Landtag gefragt wird, was denn sein Minister für Besondere Aufgaben eigentlich für Aufgaben habe, antwortet der Ministerpräsident, dass er sich mit »Herrn Lengemann von Anfang an darüber einig« gewesen sei, »dass seine Tätigkeit so lange dauern wird, wie es von mir für erforderlich gehalten wird.«[173]

Auch Lieberknecht, die den ganzen Ärger mit den Lehrern produziert hat, soll gehen. Anfang Dezember 1991 fragt Duchač den schulpolitischen

Fraktionssprecher Althaus, ob er bereit sei, Kultusminister zu werden.[174] Der Abgeordnete sagt Ja, stellt aber eine Bedingung: Lieberknecht müsse mit ihrer Ablösung einverstanden sein.

Althaus ist vorsichtig genug, nicht mehr auf diesen Regierungschef zu setzen. Er geht auf Distanz. In der »Zeit« lässt er sich mit dem Satz zitieren, dass Böck und Duchač »Angst vor der Auseinandersetzung um ihre eigene Vergangenheit« hätten.[175]

In der zweiten Dezemberwoche stellt die SPD im Parlament einen Misstrauensantrag gegen Duchač. »Mit dieser überdurchschnittlichen Verstrickung in dieses DDR-System sollten Sie in diesem Thüringer Land einen oder besser zwei Schritt nach hinten treten«, ruft Fraktionschef Gerd Schuchardt.[176] Duchač wehrt sich heftig. Er attackiert die SPD (»jämmerliche Vorstellung«), verteidigt seine Regierungsbilanz (»Wir sind an der Spitze Deutschlands«) und erklärt: »Ich werde unbeirrt für die Zukunft dieses herrlichen Bundeslandes Thüringen kämpfen.«

Im Plenarsaal herrscht Tumult. Die Abgeordneten der Opposition rufen ständig dazwischen, derweil die CDU fast jeden Satz laut beklatscht. Die Partei will jetzt, kurz vor dem Bundesparteitag in Dresden, Solidarität zeigen, zumal Kohl in mehreren Telefonaten Ruhe verordnet hat. CDU und FDP sorgen mit ihrer Koalitionsmehrheit dafür, dass der Misstrauensantrag erst eine Woche später zur Abstimmung steht.

Tatsächlich ist, trotz der Probevoten in den Fraktionen, eine Niederlage nicht auszuschließen. Seit Wochen tagen etliche konspirative CDU-Runden. Im »Gildehaus« am Erfurter Fischmarkt trifft sich Lengemann mit seinen westdeutschen Getreuen, Lieberknecht stößt gelegentlich dazu.

Größer sind die Versammlungen beim Abgeordneten Siegfried Jaschke, dessen Wohnung strategisch günstig zwischen CDU-Geschäftsstelle und Landtag liegt. Hier versammelt sich der bürgerrechtliche und katholische Teil der CDU, darunter Klaus Zeh, Dieter Althaus und die Abgeordnete Johanna Arenhövel.

Lengemann und Lieberknecht schauen zwar sporadisch bei Jaschke vorbei, treffen sich aber lieber in ihrem gemeinsamen Wohnort Ramsla. Meist sitzen sie zusammen in der Küche des Pfarrhauses mit dem anderen Dorfbewohner Johann Michael Möller, der inzwischen von der FAZ in die Spitze des Thüringer Rundfunks gewechselt ist.

Die Interessenlage ist unübersichtlich, so etwas wie eine Strategie existiert nicht. Klar scheint nur zu sein, dass es mit Duchač nicht mehr weitergeht, und dass er, wenn er nicht stürzt, die Macht der CDU in Thüringen gefährdet. Doch noch wollen alle den Bundesparteitag abwarten.

Kultusministerin Lieberknecht und Ministerpräsident Duchač auf der Regierungsbank im Landtag Januar 1992. Quelle: Sascha Fromm, Archiv TA

Dresden

Am Sonntag, dem 15. Dezember 1991, reist die gesamte thüringische Unionsspitze nach Dresden. Im Kulturpalast wird der 2. Parteitag der vereinigten CDU abgehalten. Es soll die endgültige Krönungsmesse des Kanzlers der Einheit werden. Nichts darf stören, auch nicht das, was gerade im nahen Erfurt vor sich geht – und was exemplarisch für die unbewältigte Vergangenheit der Partei steht. Denn nicht nur Duchač ist in Bedrängnis: Fast überall im Osten, ob nun in Magdeburg, Schwerin oder Chemnitz, stürzen oder wanken die vormaligen Blockparteigänger an der Spitze. Der stasi-verdächtige Lothar de Maizière, der schon ein Jahr zuvor alle Regierungsämter aufgab, hat nun auch seinen Vizevorsitz in der Partei hingeworfen. Klaus Reichenbach ist ebenfalls vorzeitig aus dem Präsidium ausgeschieden.

Es macht daher Sinn, dass der Parteivorsitzende in dieser Situation auf zwei Pfarrerstöchter zurückgreift. Die eine, die de Maizière als Parteivize nachfolgen soll, kommt aus dem DA. Die andere, die ins Präsidium nachrücken soll, hat kurz vor der Wende einen aufmüpfigen Brief unterschrieben. Bei Angela Merkel und Christine Lieberknecht, das hat Kohl in den Akten recherchieren lassen, werden Gegner oder Journalisten kaum etwas Belastendes finden.

Die anderen Kriterien nennt Kohl selbst klar in seiner Rede, in der er für die Wahl der beiden wirbt: Die Kandidatinnen seien aus dem Osten, weiblich und jung. Dann stellt sich Merkel vor mit den ungefähren Formulierungen, die alles und gleichzeitig nichts sagen und die so typisch für die Physikerin sind, die seit einem Jahr Bundesministerin für Frauen und Jugend ist. »Ich bin Mitglied der CDU geworden«, sagt sie etwa »weil diese Partei durch ihre Bewahrung von Grundüberzeugungen Veränderungen möglich gemacht hat.«[177]

Dann kommt Lieberknecht, die beurlaubte Pastorin, die weiß, wie man eine Predigt hält. Und sie beginnt, natürlich, mit ihrer Familie. »Ich komme aus Weimar, wo ich 1958 als evangelische Pfarrerstochter geboren wurde. Meine Großeltern aber kamen aus Darmstadt und Hannover, um in Weimar, der Stadt der deutschen Klassik, der Malerei und der Kunst, zu studieren und dort zu leben. Das war deutsche Normalität zu Beginn unseres Jahrhunderts, und deutsche Normalität am Ausgang unseres Jahrhunderts muss es wieder werden.«[178]

Die nächste Passage ist ein Beispiel für dialektisch geschulte Geschichtsinterpretation: »Mein politisches Wirken in offener Auseinandersetzung mit dem erstarrten Staatswesen der DDR-Führung begann aus den Reihen der Basismitglieder der CDU im Osten Deutschlands, deren Mitglied ich in einem kleinen Ortsverband im Landkreis Weimar im Jahre 1981 wurde. Darin stehe ich für viele Mitglieder im Osten Deutschlands, die heute Verantwortung übernommen haben, die aber auch früher, unter den Bedingungen der Diktatur die schmalen Spielräume suchten für Menschlichkeit an der Basis vor Ort.« Und dann, natürlich: »Am 10. September 1989, am Vorabend der Öffnung der ungarischen Grenze für alle Deutschen, unterzeichnete ich in der Gemeinschaft von vier Parteifreunden den Weimarer Brief, der im Folgenden zum Schlüsseldokument der Erneuerung der Ost-CDU wurde.«

Das Auditorium ist begeistert. Als Lieberknecht damit schließt, wie sehr sie »Glück und Dankbarkeit« fühle, dass »wir aus unserer Freiheit die Chance des Neuaufbaus für ganz Deutschland gewonnen haben«, registriert das Protokoll »anhaltenden Beifall« – was deutlich mehr ist als das, was Merkel vorher zuteil wurde. Die Wahlergebnisse spiegeln dies wider: Merkel erhält 86,4 Prozent der gültigen Stimmen. Bei Lieberknecht sind es 94,8 Prozent. Was für ein Triumph – und was für ein Kontrast zu dem Mann, der, grau im Gesicht, am Rand des Parteitagspräsidiums sitzt. Jedem wird in brutaler Deutlichkeit die Isolation des Josef Duchač vorgeführt. Da Kohl den Kontakt meidet, mag auch sonst keiner mit ihm reden. Der Ministerpräsident wirkt wie sein eigenes Gespenst. Klaus Zeh empfindet den Anblick als »einfach furchtbar«.

Im Saal geht Lothar Späth durch die Reihen, und dementiert lächelnd Gerüchte, dass er Duchač nachfolge. Der über eine Affäre gestrauchelte Ex-

Regierungschef aus Stuttgart wickelt seit dem Sommer in Jena den Großteil der Hinterlassenschaften von Carl Zeiss ab und überführt die Reste in den neuen Jenoptik-Konzern. Späth weiß, dass er es nicht werden kann, selbst wenn er wollte: Schließlich gehörte er 1989 auf dem Bremer CDU-Parteitag zu jenen, die Kohl stürzen wollten – so wie Heiner Geißler und Rita Süßmuth, deren Namen ebenfalls als potenzielle Nachfolger genannt werden.

Doch egal, wie wild die Gerüchte sind, so zeigen sie doch: Es geht nicht mehr darum, ob der Thüringer Ministerpräsident stürzt. Es geht nur noch darum, wann dies passiert. Willibald Böck spricht im Kulturpalast Bernhard Vogel an, der die Konrad-Adenauer-Stiftung leitet, seit er 1988 als Ministerpräsident in Rheinland-Pfalz zum Rücktritt genötigt wurde. Ob er aushelfen könne?, fragt Böck. Auch Zeh wird bei Vogel vorstellig, muss aber feststellen, dass er nicht der erste ist.

Parallel dazu geht Landtagsfraktionschef Schwäblein zu Kohl und Generalsekretär Rühe. Lange werde Duchač nicht mehr zu halten sein, sagt er zu beiden. Der Kanzler gibt Schwäblein die direkte Durchwahl zu seiner Büroleiterin Juliane Weber, mit der Aufforderung, sich zu melden, falls sich die Lage zuspitze.

Lieberknecht hält sich aus allem heraus. Niemand, der dabei war, erinnert es anders. Weder wirbt sie um Nachfolger noch redet sie mit Kohl über Duchač. Aber es ist ihr Freund Gottfried Müller, der als erster öffentlich vom Rücktritt des Ministerpräsidenten spricht. Duchač solle ein fairer Abgang ermöglicht werden, sagt der Landtagspräsident in Dresden der Deutschen Presseagentur.[179]

Am dritten Tag der Versammlung vermag die Parteitags-Regie nicht mehr zu verhindern, dass das, was in Thüringen vor sich geht, zum Thema wird. »Wie viel gehörte eigentlich dazu, um ein Stasi-Ferienheim betreten zu dürfen?«, fragt der sächsische Innenminister und frühere Pfarrer Heinz Eggert.«[180] Ex-Bürgerrechtler Arnold Vaatz, nun Minister in der Dresdner Staatskanzlei, ruft in die Halle: Es gehe nicht an, dass »wir zunächst nichts von unserer Biographie erwähnen, um zu einem politischen Mandat zu gelangen, und, wenn etwas davon ruchbar wird, zunächst abwiegeln, leugnen, bagatellisieren und schließlich unter Absingen schmutziger Lieder zurücktreten«[181].

Doch noch will Duchač ja gar nicht zurücktreten. Er tritt ans Mikrofon und verteidigt sich langatmig. Tiefpunkt der Rede ist der Satz: »Ich war Clown Ferdinand in einer Karnevalsgesellschaft, aber ich war nie Clown Ferdinand in einem Stasi-Heim.« Niemand steht dem Ministerpräsidenten bei. Die einzige Ausnahme ist Pfarrer Sammet aus Ilmenau. »Die Bewältigung der Vergangenheit sollte sich nicht durch schematisches Denken ereignen«, ruft er, »sie sollte schon gar nicht durch Druck und Repressalien aus den Zeitungen erfolgen.«[182] Darauf reagiert Vaatz persönlich: »Bitte, gestatten Sie mir, Herr Pfarrer Sammet, wenn ich meine Vorbehalte äußere gegenüber denjenigen, die sich zu dieser Zeit vor sich erholenden Stasi-Leuten kulturell betätigt haben, während ich im Straflager Unterwellenborn meine Tage gezählt habe.«[183]

Es ist eine nachdenkliche, ungewöhnlich offene Debatte, in der Ex-Verteidigungsminister Rainer Eppelmann redet, der Psychologe Hans-Joachim Maaz oder der Dichter Wulf Kirsten, und in welcher der Delegierte Dieter Reinfried sagt: »Seit gestern sind ja Pfarrerstöchter in der CDU bedeutungsvoll. Meine Frau ist auch eine Pfarrerstochter, aber nicht in der CDU. Ihr Vater hat als Pfarrer Entsprechendes erlebt und öfter gesagt: Die CDU-Ost ist schlimmer gewesen als die SED.«[184]

Anrollende Wellen

Einen Tag nach dem Ende des Dresdner Parteitages, am 18. Dezember 1991, lehnt der Landtag den Misstrauensantrag der SPD gegen Josef Duchač ab. Der Ministerpräsident erhält 49 Stimmen, vier Stimmen weniger als die Koalitionsmehrheit. Es enthalten sich Johanna Arenhövel (CDU), Olaf Stepputat (FDP) und Manfred Spieß, der die CDU-Fraktion im Streit verließ – und dessen Apoldaer Wahlkreis die über die Liste ins Parlament eingezogene Christine Lieberknecht adoptiert hat.

Was für Duchač zählt: Nur 35 Abgeordnete stimmen für den SPD-Antrag. Der sichtlich erleichterte Ministerpräsident hält eigens eine Pressekonferenz ab, auf der er der Fraktion und dem Koalitionspartner dankt und sagt, dass er sich am Ende der Legislaturperiode vom Wähler beurteilen lassen wolle. »Vor diesem Votum ist mir nicht bange.«[185]

Doch Duchač macht sich etwas vor. Niemand aus seiner Fraktion gibt ihm nach der gewonnenen Abstimmung die Hand. Lieberknecht sagt, dass sich Duchač in Dresden zwar seiner Vergangenheit gestellt habe – doch dass nun deren »Bewertung gemeinsame Sache« sein müsse. Nur einer scheint ihn noch zu stützen: Helmut Kohl, der Neuwahlen in Thüringen und einen dann wahrscheinlichen Sieg der SPD fürchtet. Am Tag der gewonnenen Abstimmung bestellt der Bundeskanzler Duchač nach Bonn und ermuntert ihn zum Durchhalten.

Einige Tage später fährt noch jemand anderes an den Rhein. Der CDU-Fraktionsvorsitzende hat die Telefonnummer benutzt, die ihm Kohl gab. Der Bundeskanzler empfängt Jörg Schwäblein in Strickjacke in seinem Dienstbungalow. Wie lange der Ministerpräsident wohl zu halten sei, fragt Kohl. Drei Monate, sagt Schwäblein. Höchstens.

Dann ist Weihnachten. Im Pfarrhaus in Ramsla wird der traditionelle Aufwand betrieben, mit Gans, Baum, Familienbesuchen und allen erdenklichen Kirchgängern. Doch kaum ist das Fest vorbei, kommen Jochen Lengemann und Johann Michael Möller aus der Nachbarschaft vorbei. Man trifft sich in der Küche oder im »Goldenen Hufeisen«, der einzigen Gaststätte im Dorf.

In Erfurt versammeln sich neuerlich die Gegner von Duchač, ob nun im Gildehaus oder in der Wohnung Jaschkes, sogar der Fraktionsvorstand tagt insgeheim. Nun, nach dem Parteitag, sind die letzten davon überzeugt, dass der Ministerpräsident weg soll. In das »Dresdner Manifest«, dass verabschiedet wurde, hat Christine Lieberknecht eigens einen Satz hinein schreiben lassen: »Auch wer keinen Anlass sieht, sich persönlich etwas vorzuwerfen«, heißt es da, »muss sich doch die Frage stellen, ob seine frühere Tätigkeit in Beruf, Gesellschaft und Politik es seinen Mitbürgern und Parteifreunden heute schwer macht, neues Vertrauen zu gewinnen.«[186]

Mit dem Koalitionspartner FDP ist man ständig in Kontakt, vor allem mit Partei- und Fraktionschef Kniepert, der mit Duchač noch nie konnte. »Ich telefonierte mit allen Beteiligten regelmäßig«, sagt Kniepert. »Wir hatten ein großes Interesse an einem Wechsel des Ministerpräsidenten, um Neuwahlen zu verhindern.« Aber die entscheidende Frage kann niemand beantworten: Wer soll der neue Regierungschef werden? Die Minister sind entweder überfordert, zu jung oder zu ängstlich – oder alles zusammen. Lieberknecht bildet da keine Ausnahme. Der einzige, der es sich zutraut, ist Justizminister Jentsch. Doch er kommt aus Hessen, und einen westdeutschen Aufsteiger wie Werner Münch, der in Sachsen-Anhalt auf Gerd Gies folgte, will die Thüringer CDU nicht. Wenn überhaupt, müsste sich jemand wie Kurt Biedenkopf in Sachsen finden, ein politischer Grandseigneur, ein echter Profi, einer wie … Bernhard Vogel.

Anfang Januar, auf dem Neujahrsempfang des Jenaer CDU-Kreisverbandes, kommt es zum Beinahe-Eklat. Die Parteimitglieder wollen öffentlich den Rücktritt von Duchač fordern – was nur noch Lothar Späth, der als Festredner geladen ist, im letzten Moment verhindern kann. In der CDU-Landtagsfraktion laufen Wetten, wann der Ministerpräsident aufgibt.

Lieberknecht dagegen wird zum Liebling der Medien. Am 17. Januar erscheint über sie eine ganze Seite in der »Thüringer Allgemeinen«. »Angela Merkel und ich«, sagt sie dort, »haben alles andere denn eine Alibi-Funktion im CDU-Präsidium.«[187] Auf die Frage, welche Eigenschaft sie bei einer Frau am meisten schätzt, antwortet sie mit nur einem Wort: »Selbstbewusstsein.«

Am 18. Januar publiziert die »Berliner Zeitung« ein großes Porträt über das neue CDU-Präsidiumsmitglied Lieberknecht mit dem Titel »Zwischen christlicher Nächstenliebe und Loyalität«.[188] Im Interesse der Glaubwürdigkeit sollten in Thüringen »noch einige personelle Konsequenzen gezogen werden«, wird sie darin zitiert. Das Erscheinungsbild der Partei müsse sich »verjüngen«, assistiert Gottfried Müller, um »die lähmende Stagnation« in der Parteizentrale zu überwinden. »Wir müssen lernen, mit der Vergangenheit so umzugehen, dass sie uns nicht am Weitergehen hindert«.

In den Landtagsdebatten äußert sich die Kultusministerin sibyllinisch. Als es darum geht, dass nach der zweiten Runde der Überprüfung 1.895 Lehrer entlassen werden sollen, erwähnt der SPD-Abgeordnete Döring eine Aussage der Kommissionsvorsitzenden in Weimar. Sie habe gesagt, dass bei Pädagogen höhere Maßstäbe als an Ministerpräsidenten anzusetzen seien. Lieberknecht antwortet, dass »im Blick auf die Politiker die Öffentlichkeit befinden« werde.[189]

Am Montag, dem 20. Januar, steht in der »Frankfurter Allgemeinen« ein Artikel mit der lyrischen Überschrift »Vom Stehen in rollenden Wellen«. Autor ist Claus Peter Müller-von-der-Grün, der Nachfolger von Lieberknecht-Intimus Möller, der jetzt beim Rundfunk arbeitet. Das Zitat bezieht sich auf einen Rat Kohls, den er seinen ostdeutschen Parteifreunden gab: Wenn eine Welle anrolle, brauche man einfach nur stehen bleiben, das Wasser fließe schon irgendwann von alleine ab.[190]

Müller-von-der-Grün referiert erst die Notlage Duchačs, um dann über einen bevorstehenden Befreiungsschlag zu berichten: Der Ministerpräsident plane eine Kabinettsumbildung. Lieberknecht sei für ein zu schaffendes Familien- und Jugendministerium »im Gespräch«. Als Kultusminister solle »ein Kritiker« in die Kabinettsdisziplin eingebunden werden. Auch die beiden Westdeutschen im Kabinett, Lengemann und Jentsch, befänden sich in Gefahr.

Putsch

Jetzt ist die Schlacht eröffnet. Während Parteichef Böck den Bericht brüsk zurückweist (»nichts dran«), bestätigt die Abgeordnete Arenhövel Pläne, Lieberknecht als neue Jugend- und Familienministerin zu installieren. Lieberknecht wiederum teilt mit, dass sie ihren Posten nicht kampflos räume. In den Zeitungen wird über ein neues Ministerium für Raumplanung gemutmaßt.[191]

Was ist das? Eine Intrige von Duchač? Oder eine Kabale Lieberknechts, die einen Anlass zum Putsch sucht? Bis heute widersprechen sich die Beteiligten. Staatskanzleichef Krapp, der die Umstrukturierung der Ministerien organisieren müsste, kann sich an keine Pläne für eine Kabinettsreform erinnern. Doch es fällt schon damals auf, wie hartnäckig Duchač in der Öffentlichkeit zu den Gerüchten schweigt.

Am Dienstag, dem Tag nach dem Bericht in der FAZ, trifft sich das Kabinett. Die Kultusministerin fragt ihren Ministerpräsidenten, ob an den Berichten über ihre Demission etwas dran sei. Duchač sagt Nein – und spricht fast parallel dazu Finanzminister Zeh an: Wie das wohl gehe, neue Ressorts in den Haushaltsplan aufzunehmen …?

Am selben Tag fasst in Jena der erste CDU-Kreisverband einen Beschluss, der eilig verbreitet wird. Der Ministerpräsident, heißt es darin, möge sofort zurücktreten.

Ab Mittwoch, dem 22. Januar, tagt das Parlament und beschäftigt sich mit zwei Aktuellen Stunden zum Kur- und Vermessungswesen, was allgemeine Langeweile produziert. Die Informationslage in der Kantine ist spannender. Dort bestätigt Regierungssprecher Michael Meinung, dass er Anfang Februar abgelöst wird, was den Meldungen über die Kabinettsreform zusätzlich Substanz verleiht. Zudem kehrt Parlamentspräsident Gottfried Müller bei Gänsebraten, Klößen und Rotkohl den protestantischen Kirchenrat heraus. »Ich kann mir nicht vorstellen«, sagt er über einen möglichen Kultusminister Althaus, »dass in einem evangelischen Land wie Thüringen solch ein Posten mit einem Katholiken besetzt wird«. Es reiche schon, dass »ein Katholik Ministerpräsident ist«.

Josef Duchač reist nach Bonn und trifft sich mit Kohl. Danach begegnet er seinem Justizminister Jentsch und dessen Staatssekretär Egerter, die gerade wegen der wöchentlichen Bundesrats-Angelegenheiten in der Hauptstadt sind. Jentsch findet, dass der Ministerpräsident erleichtert, ja ermutigt wirkt.

Im Kultusministerium ist einiges los. Mehrere Limousinen stehen auf dem Hof, die sonst nicht dorthin gehören, derweil im Büro Lieberknecht eine Dauerkrisensitzung stattfindet.

Am Abend, in Ramsla, treffen Christine Lieberknecht und Jochen Lengemann eine Entscheidung. Die Ministerin will nicht degradiert werden. Ist sie nicht gerade in Dresden von Kohl in die Parteispitze geholt worden? Nein, sie wird sich nicht so behandeln lassen, schon gar nicht von diesem Ministerpräsidenten, der sich selbst höchstens noch Wochen halten wird. Der Hesse wiederum weiß, dass, egal was kommt, seine Zeit in Thüringen abgelaufen ist.

Die beiden beschließen, zurückzutreten – und so den Sturz von Duchač auszulösen. Doch sie wissen um die Fährnisse. Lengemann besitzt keinen Einfluss in der Fraktion, selbst Lieberknecht schlägt zumindest bei den Männern Misstrauen entgegen. Was sie benötigen, ist ein dritter Minister, der über allen moralischen Zweifel erhaben ist und der ein Schlüsselressort bekleidet, das nicht so einfach wieder zu besetzen ist. Sie brauchen Klaus Zeh.

Ministerin Lieberknecht einsam auf der Regierungsbank im Landtag Anfang 1992.
Quelle: Archiv TA

Schon mehrfach haben sie ihn angesprochen: »Was wäre, wenn wir etwas gegen Duchač unternähmen? Würdest du mitmachen?« Die ausweichenden Antworten, die sie von ihrem Kabinettskollegen bekommen, interpretieren sie als Vielleicht.

Donnerstag, der 23. Januar 1991. Im Landtag steht das Polizeiaufgabengesetz auf der Tagesordnung, doch kaum jemand interessiert sich dafür. Duchač ist zusammen mit dem Agrar-Ausschuss nach Berlin zur Lebensmittel-Messe, der »Grünen Woche«, gefahren. Die Zeit für den Putsch ist da. Der Innenminister und die Kultusministerin treffen sich im Plenarsaal. Lieberknecht informiert Böck, der ja immer noch Parteichef ist, über die geplanten Rücktritte. Dies bedeute den Sturz von Duchač. »Bist du dabei?«, fragt Lieberknecht Böck. »Dann gehörst du mit zu uns Reformern.«

Der Innenminister reagiert verblüfft, genauso wie der Fraktionschef, den Lieberknecht auffordert, eine außerordentliche Fraktionssitzung einzuberufen. Schwäblein sagt Ja, besteht aber darauf, dass erst Duchač und alle Abgeordneten, die in Berlin sind, zurück kommen. Die Ministerin hält dies für unnötig, kann aber gegen Schwäblein nichts machen.

Am Mittag ist die Ministerin in ihrem Büro und ruft Klaus Zeh an. Er möge, sagt sie, doch bitte zu ihr kommen, schnell. Man müsse die Lage bereden.

Der Finanzminister folgt und trifft im Kultusministerium auf Lieberknecht und Lengemann. Die beiden teilen ihm ihre Entscheidung mit und fordern ihn zum Mitmachen auf.

Klaus Zeh fühlt sich gefangen. Einerseits weiß er, dass es mit Ducháč nicht mehr weitergeht, zumal ihn dessen Auftritte im Stasi-Heim – im Gegensatz zu Lieberknecht und Lengemann – wirklich empören. Andererseits fehlt ihm die Härte zu solch einem Schritt. Doch die beiden anderen drängen. Er solle sich entscheiden, jetzt, sie jedenfalls würden in jedem Fall handeln.

Zeh gibt nach. Er, der einzige echte Bürgerrechtler im Kabinett, will nicht als der letzte Unterstützer eines einstigen DDR-Funktionärs gelten. Und so begeben sich alle drei in ihre Ministerien und setzen die Rücktrittsschreiben auf.

Drei Rücktritte und ein Sturz

Inzwischen hat Staatskanzleichef Michael Krapp Ducháč auf der »Grünen Woche« über das Autotelefon erreicht: Er müsse schnell nach Erfurt kommen, es gebe mindestens zwei Rücktrittsdrohungen. Doch der Ministerpräsident will die Ernsthaftigkeit der Situation nicht wahrhaben. »Ich musste ihn erst überzeugen, dass er unbedingt sofort zurückreisen muss«, sagt Krapp.

Parallel dazu bemüht sich Fraktionschef Schwäblein, die CDU-Mitglieder des Agrarausschusses über die Sondersitzung am Abend zu informieren. Doch die Abgeordneten sind in einer Zeit, in der die seltenen Mobiltelefone noch wie Aktenkoffer aussehen, nur schwer auf der Messe zu erreichen.

Ducháč berät sich mit seinen Mitarbeitern und mit Eberhard Diepgen, dem Regierenden CDU-Bürgermeister von Berlin, mit dem er gerade den Rundgang absolviert. Sie sagen zu ihm: »Fahr zurück, entlasse die drei und bilde dein Kabinett um. Dann geh in die Fraktion und sag denen: ›So mache ich es. Und wenn euch das nicht passt, macht euren Kram alleine.‹ Du wirst sehen, die wollen alle an der Macht bleiben, das funktioniert schon so.«[192]

So jedenfalls erzählt es Ducháč später. Agrarminister Volker Sklenar erinnert sich anders. Der Ministerpräsident, sagt er, sei plötzlich auf ihn zugekommen und habe gesagt, dass alle so schnell wie möglich nach Erfurt zurück müssten. Es gebe eine außerordentliche Fraktionssitzung auf der er, Ducháč, zurücktreten werde. Danach habe der Regierungschef sein Besuchsprogramm abgespult, so, als sei nichts gewesen.

Es spricht vieles dafür, dass sich der Ministerpräsident schon in Berlin mit dem Gedanken der Aufgabe trägt. Das, was er in den letzten Wochen erleben musste, zehrt an ihm. Johann Michael Möller, der ein Buch über Ducháč schreiben soll und deshalb lange Gespräche mit ihm führt, erlebt einen »mit sich ringenden Mann«. Mal will er alles hinwerfen, mal in den Kampf ziehen.

Ducháč spricht mit Kohl. Der Bundeskanzler versucht gemeinsam mit seinem Generalsekretär Rühe, die Krise zu managen. Sie telefonieren mit Schwäblein, Böck – und Lieberknecht. Es ist ein Appell für einen Waffenstillstand: Niemand unternimmt etwas gegen den anderen. Doch die Ministerin lässt sich nicht mehr umstimmen.

Als Ducháč in der Erfurter Staatskanzlei ankommt, ist es schon dunkel. Er fährt mit dem alten Paternoster hinauf in den 8. Stock und lässt die drei Kabinettsmitglieder in sein Büro kommen. Nur Staatskanzleichef Michael Krapp ist Zeuge der eisigen Atmosphäre. Lengemann tritt als erster an den Schreibtisch und wirft sein Rücktrittsschreiben auf die Holzplatte. Es folgen Lieberknecht und Zeh. Duchač fragt: »Wollen Sie das wirklich?« Die drei antworten nur kurz mit Ja.

Um 19 Uhr sind die restlichen Abgeordneten aus Berlin mit einem Taxi herbei geeilt. Die außerordentliche Fraktionssitzung beginnt. Zwei Stunden wird debattiert. Es sind zwei Stunden, in denen der Ministerpräsident endgültig erkennen muss, dass es keine Mehrheit für ihn gibt. Doch er erklärt nicht freiwillig seinen Rücktritt, weshalb Schwäblein eine geheime Vertrauensabstimmung herbeiführt. 15 Abgeordnete votieren für Duchač, 25 gegen ihn, zwei enthalten sich.

Es ist 22.17 Uhr, als Josef Duchač seine Rücktrittsurkunde unterschreibt. Die Prozedur findet im Büro des Landtagspräsidenten Müller statt. Die Sekretärin des Ministerpräsidenten ist längst nach Hause gegangen.[193]

Sechs Tage später, am 29. Januar, geht bei Landtagspräsident Gottfried Müller ein Schreiben des Ministerpräsidenten ein. »Ich gestatte mir, Sie darüber in Kenntnis zu setzen, dass die Thüringer Kultusministerin, Frau Christine Lieberknecht, der Thüringer Minister für besondere Aufgaben, Herr Jochen Lengemann, und der Thüringer Finanzminister, Herr Dr. Klaus Zeh, mir gegenüber am 23. Januar 1992 schriftlich ihren Rücktritt erklärt haben. Ich bitte Sie, den Landtag entsprechend zu unterrichten.«[194]

Die Unterschrift stammt von Josef Duchač, obwohl an diesem Tag längst feststeht, wer künftig Schreiben des Thüringer Ministerpräsidenten an das Parlament unterzeichnen wird.

Verrat?

»Nein«, sagt Christine Lieberknecht, »es war kein Verrat«. »Ich habe bloß gewusst, dass ich so etwas mit mir nicht machen lassen würde. Ich wollte mich nicht in ein Phantasieministerium zwangsverschicken, nicht deklassieren lassen. Es ging um meine Glaubwürdigkeit, und darum, meine Handlungsfreiheit zu erhalten. Außerdem ging es mit Duchač nicht mehr weiter. Die Stasi-Nummer stimmte zwar nicht, da tat man ihm Unrecht. Doch er stolperte am Ende ja auch nicht darüber. Er scheiterte an seinem schlechten Management.«

Josef Duchač sagt: »Ich habe nicht gedacht, dass eine Person am Stuhl sägt, um sich selbst draufzusetzen. Das habe ich einfach keinem unterstellt. Wir sind zusammen durch dick und dünn gegangen, wir haben dieses Land aus dem Nichts aufgebaut, und wir haben uns gerauft um jede Position. Und ich habe denen nicht zugetraut, dass die hinter meinem Rücken, wenn ich in Berlin auf der ›Grünen Woche‹ bin, den Aufstand planen in Thüringen.«[195] Willibald

Böck: »Das fand ich hinterfotzig, dass die das genau dann machten, als er nicht da war.« Klaus Zeh: »Ich hatte in der Fraktionssitzung, in der Duchač erledigt wurde, ein richtig schlechtes Gewissen. Ich habe mich geschämt.«

Lieberknechts Vertrauter Johann Michael Möller wirbt um Verständnis. »Da waren auch viel Unsicherheit, Unerfahrenheit und Angst dabei. Es ging weniger um Macht als um die Suche nach dem richtigen Weg, um die Bewahrung dessen, was man zuvor erkämpft hatte. Die meisten spielten ein Spiel, das sie nicht beherrschten und dessen Folgen sie nicht übersahen.«

Lehr- und Dienstjahre

Der Sturz von Ducháč erzeugt manchen Kollateralschaden. Der größte ist Christine Lieberknecht selbst. Kein Porträt, das künftig über sie erscheint, kommt ohne einen Verweis auf ihre Rolle bei dem Putsch aus. Jede Bewerbung für ein Amt, jede inhaltliche Initiative, jede parteipolitische Positionierung wird als potenziell subversiver Akt betrachtet. Was, raunt es allenthalben, plane die Frau aus Ramsla bloß diesmal?

»Proditionem amo, sed proditores non laudo«, soll Julius Caesar gesagt haben. »Den Verrat liebe ich, aber die Verräter lobe ich nicht.« So froh man im politischen Erfurt ist, dass die Agonie unter Ducháč vorüber ist, so sehr macht man Lieberknecht für das Chaos verantwortlich, das von Dutzenden Übertragungswagen, die den Landtag zuparken, in die Republik übertragen wird.

Einige vermuten, sie wolle sich zur Ministerpräsidentin hochputschen. »Da gab es keinen Gedanken dran, nicht bei mir und bei anderen, ich war erst 33«, sagt sie. »Ich bin zurückgetreten. Nichts weiter. Ich bin gesprungen, ohne Netz und doppelten Boden.«[196] Johann Michael Möller assistiert: »Das Desaster, das ihrem Rücktritt folgte, muss jeder Verschwörungstheorie begegnen.«

Doch die Rechnung ist einfach. Lengemann, der den Putsch öffentlich als Katharsis bezeichnet, will nichts mehr in Thüringen werden. Zeh nimmt jeder ab, dass er nur Mitläufer ist. Bleibt als Schuldige Lieberknecht, die vergeblich versucht, ihre Rolle klein zu reden. Sie sei, sagt sie, ja bloß zurückgetreten, weil es kein Vertrauensverhältnis mehr mit Ducháč gab. Dass dies »noch andere Folgen« gehabt habe, liege allein »in der Entscheidung der Fraktion« begründet.[197] Falls der neue Ministerpräsident sie benötigte, stünde sie für eine neue Regierung zur Verfügung.

Doch wer wird es sein, der neue Ministerpräsident? Am Freitag, den 24. Januar, tagt das oberste Aufsichtsgremium des Zweiten Deutschen Fernsehens in der Sendezentrale auf dem Mainzer Lerchenberg. Mit im Verwaltungsrat sitzt Bernhard Vogel, den Posten hat er aus seiner Zeit als rheinland-pfälzischer Ministerpräsident behalten. Es ist gegen 15.30 Uhr, als man ihn aus der Sitzung holt. Ein wichtiger Anruf aus Erfurt ... Am Telefon ist Willibald Böck. Er stellt noch einmal die Frage, die er Vogel schon in Dresden stellte, nur diesmal nicht im Konjunktiv. Ob er Thüringen regieren wolle?

Nicht nur Bernhard Vogel bekommt an diesem Tag einen Anruf. Es werden dieselben Kandidaten wie einen Monat zuvor gehandelt: Justizminister Jentsch, Bundesumweltminister Klaus Töpfer, Bundestagsfraktionsvize Heiner Geißler – und der einstige rheinland-pfälzische Innenminister Rudolf Geil, in der CDU »Allzweck-Rudi«[198] genannt.

Mit jedem Tag, jeder Stunde wächst der Druck auf die Regierungspartei. Die SPD plant einen neuen Misstrauensantrag und der Koalitionspartner FDP (»Ohne uns läuft gar nichts«[199]) droht mit Neuwahlen. Der liberale Fraktionschef Andreas Kniepert stellt ein Ultimatum: Bis zur nächsten Landtagssitzung am 5. Februar müsse eine Lösung gefunden werden.

Das Wochenende verläuft hektisch. Obwohl die Fraktion am Samstag eine zehnstündige Dauersitzung absolviert, handelt danach jeder für sich allein. Lieberknecht setzt auf Jentsch, aber der Minister ist einfach nicht zu fassen. Jörg Schwäblein wiederum trifft sich heimlich mit Bundestagspräsidentin Rita Süßmuth in Göttingen. Er überredet sie, das Amt zu übernehmen und Lothar Späth als ihren wirtschaftspolitischen Berater zu engagieren.

Bernhard Vogel

Helmut Kohl, der den Machtverlust in Thüringen fürchtet, reicht es. Er bestellt für Montag alle nach Bonn: den geschäftsführenden Ministerpräsidenten Duchač, Parteichef Böck, den Fraktionsvorsitzenden Schwäblein und sein neues Präsidiumsmitglied Lieberknecht. Noch am selben Abend, so geht der Plan, soll ein neuer Regierungschef in Erfurt vorgestellt werden.

Duchač und Böck fahren am Sonntagabend gemeinsam nach Bonn und treffen Basilius Streithofen. Der Dominikanerpater ist der Beichtvater Kohls und – so wie Gerhard Sammet in Thüringen – die graue Eminenz der Bundespartei. Ob es um Programm oder um Personalien geht: Streithofen kümmert sich um die politische Seelsorge und achtet nebenher auf die Interessen der römisch-katholischen Kirche.

Böck berichtet Streithofen, dass er den Mitkatholiken Vogel kontaktiert hat. Gegen 22 Uhr klingelt in Vogels Haus in Speyer das Telefon. Der Bundeskanzler ist dran, um mit seinem Freund Bernd über Thüringen zu reden. Die beiden kennen sich seit den gemeinsamen Studientagen in Heidelberg in den 1950er Jahren. Gemeinsam stiegen sie in der rheinland-pfälzischen CDU auf. Vogel wurde Kultusminister, während Kohl den Fraktions- und den Parteivorsitz und schließlich das Amt des Ministerpräsidenten übernahm.

In der Beziehung der beiden gilt Vogel als der Adjutant. Doch so einfach ist es nicht. Als Kohl 1976 nach Bonn ging, übernahm Vogel den Regierungs- und Parteivorsitz, obwohl Kohl andere bevorzugte. Auch als 1988 die CDU Vogel aus dem Landesvorsitz drängte, sprang ihm sein Freund aus dem Kanzleramt nicht bei. Der auf dem Parteitag allein gelassene Ministerpräsident begab sich in die Kampfabstimmung, verlor und trat als Regierungschef zurück.

Danach stellte Kohl die alte Abhängigkeit wieder her, indem er Vogel mit dem Vorsitz der Adenauer-Stiftung bedachte. Und dort, so erklärt der Bundeskanzler am Telefon, soll er jetzt bitte auch bleiben. Vogel, den die Aufgabe in Erfurt gleichermaßen reizt wie abschreckt, gibt dem Bundeskanzler Recht. Er reist am nächsten Morgen nach München, um, wie lange geplant, an einer Tagung der CSU-nahen Hanns-Seidel-Stiftung teilzunehmen.

Montag, der 27. Januar. In Bonn versammeln sich am Vormittag Duchač, Böck, Schwäblein und Lieberknecht im Kanzleramt. Was nun geschieht, ist von allen Thüringer Teilnehmern verbürgt. Neben dem Kanzler ist CDU-Generalsekretär Rühe gekommen. Helmut Kohl informiert die Runde, dass Vogel bei der Stiftung unabkömmlich sei. Er schlage Rudi Geil vor, der sei ein guter Mann. Doch die Gäste aus Erfurt sind nicht zufrieden. Es müsse jemand aus der ersten Reihe sein, sagt Schwäblein. Nur jemand mit bundespolitischem Format könne die Situation in Erfurt befrieden.

So geht es hin und her, als Juliane Weber, die Sekretärin Kohls, noch einen Gast ankündigt. Rita Süßmuth, sagt sie, sitze im Vorzimmer. »Wie kommt denn die hierher?«, fragt Kohl. Schwäblein meldet sich. Er habe gedacht … Jetzt wird Kohl sehr deutlich. »Wer sie bestellt hat, schickt sie auch wieder weg.« Der Fraktionschef handelt wie befohlen.

Jetzt weiß der Bundeskanzler nicht mehr weiter. Er sagt: »Kinder, das wird alles nichts, ich rufe den Bernd an.« Der Vorsitzende der Adenauer-Stiftung löffelt gerade aus einer Suppe in einer Gastwirtschaft in der Nymphenburger Straße in München, als eine Kellnerin ruft: »Hoast hia oana Vogl?« »Ja, ich«, antwortet Vogel. Am Telefon ist Kohl. Die Lage habe sich verändert, sagt der Bundeskanzler. Er müsse nach Erfurt fahren. Sofort.

Vogel folgt Kohl auch diesmal und fährt nach Norden, derweil die vier Thüringer aus Bonn gen Osten aufbrechen. Während alle im Auto sitzen, wabern nochmals die Gerüchte. Süßmuth und Lieberknecht sehen sich genötigt, ihre Kandidaturen zu dementieren. Immer noch spekulieren die Sender und Agenturen über Jentsch und Geil. Ab und an fällt der Name von Klaus Zeh.

Schließlich, es ist Abend geworden, wird Vogel von Böck und Schwäblein an der Autobahnabfahrt Erfurt-Ost empfangen. Danach geht es in das Gästehaus der Landesregierung in der Cyriakstraße, wo Vogel mehrere Stunden wartet, während im Landtag Parteivorstand und Fraktion tagen. Auch die FDP muss noch gefragt werden. Gegen Mitternacht wird Vogel zu den Abgeordneten geladen. Er hält eine kurze Rede, dann wird geheim gewählt. Bis auf eine Stimme ist die gesamte CDU-Fraktion für ihn.

Wenige Tage später, am 5. Februar, wird Vogel im Landtag zum neuen Ministerpräsidenten gewählt. Am Wochenende darauf lädt er Minister und Ministerin einzeln zu sich ins Gästehaus. Zwei kommen mit Aktenordnern, mit denen sie nachweisen wollen, dass sie nicht belastet sind. Jeder muss binnen einer Stunde drei Fragen beantworten: Wer sind Sie? Was sind die größten Aufgaben in Ihrem Ressort? Und: Wären Sie bereit, weiter zu machen? Es sind alle bereit.

Vogel befindet sich in einer komplizierten Lage. Er kennt weder Land noch Leute und besitzt keine Ahnung von dem, was sich im letzten Jahr in Erfurt ereignet hat. In dieser Situation macht er einfach das, was sein Vorgänger vorhatte. Er schickt Lengemann nach Hessen zurück, befördert Althaus zum Kultusminister und konstruiert für Lieberknecht ein neues Ressort.

Der neue Ministerpräsident glaubt, die Ministerin disziplinieren zu müssen, zumal ihm jeder ihrer Kollegen erzählt, wie sehr sie das Kultusressort überfordert habe. Aber er ahnt nach den Vorkommnissen der letzten Wochen auch, dass er die Pastorin nicht unterschätzen darf. Außerdem sitzt sie im Bundespräsidium der CDU – und ist eine Frau. Mindestens eine davon muss selbst ein Kabinett in den frühen 1990er Jahren vorzeigen können.

Vogel weiß, dass Lieberknecht keine Frauenministerin werden wollte. Also schneidet er aus dem Ministerium von Jentsch, dessen Name für seinen Geschmack etwas zu häufig in der Nachfolgedebatte fiel, den Europa- und Bundesbereich heraus – und gibt ihn Lieberknecht. Um die FDP einzubinden, entlässt er Staatssekretär Egerter und bringt ihn in einer Kommission unter, die sich um den Umzug von Bundesbehörden in den Osten kümmert. Die Liberalen dürfen als Ersatz den Bad Langensalzaer Tierarzt Volker Gerisch benennen.

Es ist ein Kunstwerk politischer Personalpolitik. Die Rädelsführer geschasst oder gestutzt, der Schulbereich unter neuer Führung, die FDP versorgt – und alle sind es zufrieden. Dieser Befund gilt sogar für Lieberknecht. Sie hat längst erkannt, dass ihr Schlimmeres als eine Degradierung drohte. Obwohl sie jedem mitteilt, wie gerne sie doch einfache Abgeordnete wäre: So soll es nicht für sie enden.

Trotzdem gehört Christine Lieberknecht zu den Verlierern des Putsches, den sie selbst herbeiführte. Sie besitzt kein Schlüsselministerium, kein Vertrauen des Ministerpräsidenten und keine Mehrheit in Partei und Fraktion. Stattdessen ist sie die Königsmörderin.

Bernhard Vogel und Christine Lieberknecht Ende Januar 1992 in Erfurt.
Quelle: Sascha Fromm, Archiv TA

Josef Ducháč wird in der Adenauer-Stiftung untergebracht, deren Vorsitzender Vogel ehrenamtlich bleibt. Der Ministerpräsident a.D. übernimmt die Außenstelle in Lissabon und wechselt später nach Budapest.

Neuanfang

Vogel hat seiner einzigen Ministerin die neue Position gut verkauft. Er wolle, sagt er, die Außendarstellung des Landes mit einer geborenen Thüringerin stärken. Dafür brauche er sie, die junge Reformerin. Sie werde zum Aushängeschild des Landes in Deutschland und Europa. Lieberknecht versucht sich in Autosuggestion. Sie glaubt selbst daran, dass sie ihre neue, »spannende Aufgabe« selbstbestimmt übernimmt und dass die Lösung strategisch »plausibel und nachvollziehbar« ist. Bundesrat, Europa, die große weite Welt: Was kann sich eine beurlaubte Pastorin aus dem Weimarer Land Schöneres wünschen. Der Rest ist protestantisches Pflichtethos: »Stehe mit Mut und mit Demut, wo Gott dich hinstellt im Leben.«[200]

Und so beginnt Lieberknecht neu – und sehr klein. Sie bezieht das inzwischen verwaiste Büro von Jochen Lengemann, das Vogel gerade in eine Bibliothek umfunktionieren lässt. Die ersten Bücherschränke sind schon da, dazwischen steht der Schreibtisch der Ministerin für Bundes- und Europaangelegenheiten des Landes Thüringen.

In diesen Tagen spielt sich eine Szene ab, die Lieberknecht besonders gerne erzählt. Der neue Büroleiter von Vogel ruft an und will ein Buch bestellen. Die Ministerin geht ans Telefon und sagt: »Lieberknecht, womit kann ich dienen?« Der Beamte: »Aber, ich wollte doch die Bibliothek …« Die Ministerin: »Da sind Sie schon ganz richtig.«

Der Büroleiter heißt Gereon Lamers. Er ist der Sohn des bekannten CDU-Außenpolitikers Karl Lamers und hat die Erfurter Außenstelle der Adenauer-Stiftung aufgebaut. Er ist nicht der einzige, den Vogel aus der Stiftung mitbringt. Auch Regierungssprecher Hans Kaiser und der neue Staatskanzlei-Minister Franz Schuster kommen von dort.

Nach der Episode in der Bibliothek erhält Lieberknecht eilig eine andere provisorische Bleibe zugewiesen, in einem alten, verlassenen Pumpenwerk, einen knappen Kilometer vom Landtag entfernt. Ihre Mitarbeiter, es sind insgesamt drei, holen sich die Schreibtische aus einer verfallenen Etikettenfabrik in der Nachbarschaft.

Ihr neuer Grundsatzreferent muss von daheim seinen Computer mitbringen. Karl-Eckhard Hahn ist mit Anfang 30 zwei Jahre jünger als Lieberknecht.

Das erste Kabinett Vogel. Erste Reihe von links: Umweltminister Hartmut Sieckmann, Europaministerin Christine Lieberknecht, Ministerpräsident Bernhard Vogel, Kultusminister Dieter Althaus, Justizminister Hans-Joachim Jentsch. Zweite Reihe: Staatskanzlei-Minister Franz Schuster, Innenminister Willibald Böck, Agrarminister Volker Sklenar, Finanzminister Klaus Zeh, Wissenschaftsminister Ulrich Fickel, Gesundheitsminister Hans-Henning Axthelm, Wirtschaftsminister Jürgen Bohn.
Quelle: picture alliance/ZB

Er wuchs im hessischen Witzenhausen auf, nur wenige Kilometer von Thüringen entfernt, und hat Geschichte und Öffentliches Recht studiert. Zuletzt arbeitete er bei der »Tagespost«, die inzwischen in der »Thüringischen Landeszeitung« aufgegangen ist.

Hahn kommt aus dem rechten Flügel der sowieso rechtskonservativen hessischen CDU. Die Jugend an der Grenze hat ihn geprägt. Er ist strenggläubiger Protestant und Mitglied der Deutschen Gildenschaft, einer sich zuweilen reaktionär gebärdenden Studentenverbindung, zu deren Gründern Wolfgang Egerter gehört. Fast 20 Jahre, mit nur einer Unterbrechung, wird Hahn Lieberknecht begleiten. Er schreibt nicht nur viele ihrer Pressemitteilungen, Reden und Regierungserklärungen: Er gehört zu den wenigen Menschen, auf die Lieberknecht wirklich hört, wenn es für sie eng wird.

Doch noch steht ihre Zusammenarbeit am Anfang. Im Sommer 1992 zieht das Ministerium für Bundes- und Europaangelegenheiten nochmals kurz in einige Räume des Landtages, bevor es als Amtssitz eine frisch sanierte Villa nahe des Steigerwaldes erhält. Hier befehligt Lieberknecht das zwar mit Abstand kleinste Ressort – das aber die mit Abstand attraktivsten Außenstellen unterhält.

Bonn, Brüssel und die Welt

In Bonn hat Thüringen, nach einem Intermezzo in der Heuss-Allee, seit März 1991 ein vorzeigbares Domizil angemietet. Das Haus in der Simrockstraße 13 ist eine Gründerzeitvilla mit drei Etagen und einem Dachgeschoss voller Stuck und knarzender Dielen. Nachdem zwei erfahrene Hessen – der Bevollmächtigte Jentsch und Vertretungsleiter Egerter – die Aufbauarbeit geleistet haben, übernehmen nun Lieberknecht und Staatssekretär Gerisch.

Die Hauptaufgabe Lieberknechts ist der Bundesrat, wofür sie regelmäßig nach Bonn fährt. Am 14. Februar, gerade einmal drei Tage nach ihrer Vereidigung, sitzt sie neben Vogel auf der Thüringer Bank in der Länderkammer. Sie wird vom Präsidenten, dem mecklenburgisch-vorpommerschen Regierungschef Alfred Gomolka (CDU), eigens als neue Bevollmächtigte beim Bund begrüßt.

Als Ausgleich dafür, dass Lieberknecht in Erfurt nur noch Nebendarstellerin ist, darf sie die bundespolitische Bühne betreten. Gleich in ihrer ersten Sitzung sind fast alle Ministerpräsidenten da, ob nun die Christdemokraten Kurt Biedenkopf (Sachsen), Eberhard Diepgen (Berlin), Werner Münch (Sachsen-Anhalt) oder die Sozialdemokraten Johannes Rau (Nordrhein-Westfalen), Gerhard Schröder (Niedersachsen) oder Oskar Lafontaine (Saarland). Außerdem ist die halbe Bundesregierung erschienen, von Finanzminister Theo Waigel (CSU) über Arbeitsminister Norbert Blüm bis zu Umweltminister Klaus Töpfer (beide CDU).

Lieberknecht tritt auch im Bundestag auf. Im März 1992 redet sie erstmals in ihrer neuen Funktion im Bonner Wasserwerk. »Meine Damen und Herren, jetzt spricht« die Kultusministerin des Landes Thüringen, Frau Lieberknecht«, kündigt sie der Vizepräsident des Parlaments, Dieter-Julius Cronenberg, an.[201] Sie: »Herr Präsident, nicht mehr für Kultus, sondern für Bundes- und Europaangelegenheiten.« Cronenberg: »Entschuldigen Sie, Frau Ministerin, das ist bei uns hier etwas schwierig. Wir sind noch nicht auf dem neuesten Stand …« Lieberknecht: »Dann wissen Sie es jetzt: seit dem 11. Februar.«

Nach diesem Geplänkel spricht die Ministerin zur Änderung des Bundesbankgesetzes – und gegen die Formung eines Landesverbandes Hessen-Thüringen. Es falle ihr »schon schwer, den Menschen in Thüringen zu erklären, dass wir der bereits vorhandenen Zentralbank eines anderen Landes angegliedert werden, ohne auch nur ein einziges Wort der Mitsprache über Sitz, Einzugsbereich und Vorstand der zukünftig gemeinsamen Landesbank zu tun haben«.[202]

Lieberknecht leitet ihr kleines Ressort so, wie sie zuvor das größere Ministerium führte: impulsiv, emotional und zuweilen erratisch. Sachzwänge oder Kosten ignoriert sie gelegentlich. Einem Beamten erteilt sie Hausverbot, um ihn später direkt in ihrem Umfeld wieder anzustellen. Einen anderen versetzt sie zurück nach Erfurt, weil er ein Faltblatt in den falschen Farben anfertigt.

In Brüssel trifft die Ministerin mehrere EU-Kommissare und vertritt, soweit es denn geht, die thüringischen Interessen. Sie kümmert sich darum, dass die Landesvertretung, die nur ein paar Zimmer in der vormaligen DDR-Botschaft belegt, ein eigenes Domizil bekommt. Im Jahr 1993 kauft das Land für 1,8 Millionen Mark ein schönes Eckhaus in der Rue Frédéric Pelletier.

Lieberknecht kommt viel herum, vor allem im vormaligen Ostblock. Oft ist die Ministerin in Polen, wo sich Wolfgang Egerter, den Vogel als Berater beschäftigt, um eine Kooperation mit der Region Krakau bemüht. 1993 fährt Lieberknecht ins französische Amiens und bereitet die Partnerschaft mit der Picardie vor, die im Jahr darauf offiziell beginnt. Nebenher führen sie Tagungen der Nordatlantischen Versammlung nach Brügge, Oslo, Budapest oder Turin.

Mit Vogel kommt die Ministerin aus ihrer Sicht gut zurecht. »Er war hochprofessionell und ich habe versucht, alle Wünsche zu erfüllen und sehr auf ihn zentriert gearbeitet«, sagt sie. Vogel gibt sich gewohnt konziliant. »Sie machte es gut so, wie sie es machte, war willig, fleißig, emsig, verbreitete Charme und sorgte für ein gutes Klima.« So haben wohl im frühen 20. Jahrhundert Männer über ihre Hausmädchen geredet.

Althaus statt Lieberknecht

Vogel, von den Vorgängen in Rheinland-Pfalz traumatisiert, traut der Putschistin nicht. Doch das ist nicht die einzige Erklärung für seine Distanz zu ihr. Er gehört wie sein Freund Kohl zu einer Generation, in der Politikerinnen zierendes Beiwerk sind oder bestenfalls eine quotenbedingte Ministerin für Irgendetwas. Hinzu kommt das Alter Lieberknechts, die 1992 gerade 34 wird, und ihre Art, die oft etwas naiv erscheint.

Und so nimmt der Alte, wie der Ministerpräsident bald genannt wird, seine einzige Ministerin nur eingeschränkt ernst. Wenn sie nicht dabei ist, wird sie in der Staatskanzlei »Christinchen« genannt. Vogel sorgt dafür, dass Lieberknecht stets dort bleibt, wo sie ist: in einem Miniaturministerium unter seiner Oberaufsicht. Als die Ministerin in ihrer ersten Pressekonferenz ihre europa- und bundespolitischen Vorstellungen ausbreitet, reicht ihr Vogel die dazu gehörende Agenturmeldung und sagt: »So, Frau Lieberknecht, war es aber nicht gemeint.« Dazu passt die Degradierung in der Partei, die Lieberknecht schrittweise erfährt. Den ersten Schritt vollzieht Vogel auf dem Suhler Landesparteitag im Juni 1992. Der Ministerpräsident ist der neue, starke Mann in der CDU, die nur noch offiziell von Willibald Böck geführt wird. Der Grund: Im Mai hat der »Spiegel« die Aussagen des Pfarrers Hans-Werner Kohlmann veröffentlicht. Er habe, bezeugt er, Böck Spenden in Höhe von 45.000 D-Mark im Namen der hessischen Unternehmensgruppe Stutz übergeben. Im Gegenzug sollte sich Böck dafür einsetzen, dass Stutz die Konzessionen für die zu bauenden Raststätten an den Thüringer Autobahnen bekommt.[203]

Böck gibt zu, kurz vor seiner Ernennung als Minister im Herbst 1990, 20.000 D-Mark erhalten zu haben, bestreitet ansonsten aber alle Vorwürfe. Die Erfurter Staatsanwaltschaft ermittelt gegen Böck wegen des Verdachts der Vorteilsannahme und gegen Stutz wegen des Verdachts der Bestechung und Vorteilsgewährung. Dass Böck das Geld in einem Leinensäckchen unter einem Kantinentisch überreicht bekommen haben soll, macht die Geschichte noch süffiger.

Kultusminister Althaus, der die Proteste der Lehrer eingedämmt hat und mit seinen gerade erst 34 Jahren immer selbstbewusster auftritt, nennt Böcks Verhalten »problematisch«. Das »Maß des Erträglichen« sei voll. Lieberknecht informiert darüber, dass Bonn einen Schnitt wolle, sich aber davon überzeugen ließ, »bis zum Parteitag zu warten«.[204]

Die öffentliche Diskussion um Böck, erinnert sich Althaus, sei für die Partei »natürlich eine Belastung« gewesen. Vogel habe deshalb vor dem Parteitag die Kreisvorsitzenden und die Mitglieder des Landesvorstandes befragt, die aber nicht wagten, ihre wahre Meinung zu sagen. »Die größte Offenheit und Ehrlichkeit herrschte bei diesen Gesprächen (…) nicht.«[205]

Der Ministerpräsident schätzt deshalb die Stimmung falsch ein und hält an Böck fest. Stattdessen fordert er Lieberknecht auf, ihren Vizeposten zur Verfügung zu stellen, da er die Zahl der bisher fünf Stellvertreter auf zwei verringern will. Die Ministerin folgt der Anweisung, auch mangels Aussichten. Sogar Parteivize Zeh setzt sich erst in einer Kampfkandidatur gegen die Bundestagsabgeordnete Nolte und Gesundheitsminister Axthelm durch – der bei der Wahl des zweiten Stellvertreters neuerlich gegen den Erfurter Oberbürgermeister Manfred Ruge unterliegt.[206]

Böck selbst wird mit gerade einmal 51,3 Prozent wiedergewählt, was unter anderem daran liegt, dass Kultusminister Althaus in einer langen Rede den

Rechts: Als Werbetreibende in eigener Sache.
Unten: Die neue Europaminis-terin Lieberknecht mit Tochter Marie und Mutter Roswitha.
Quelle: Peter Riecke, Sascha Fromm, Archiv TA

Parteivorsitzenden – und damit indirekt den Ministerpräsidenten – frontal angreift. Die Krise der Partei, ruft er, sei hausgemacht.[207] Als die Beisitzer des Landesvorstandes zu wählen sind, bekommt Althaus mit 96 Prozent das mit Abstand beste Ergebnis.

Das Medienecho auf den Parteitag ist eine Katastrophe, die noch Monate nachwirkt. Die mit Abstand größte Partei Thüringens zerlegt sich in aller Öffentlichkeit selbst. Doch Bernhard Vogel hat einiges in Suhl lernen dürfen. Erstens: Mit Böck wird es nichts mehr. Zweitens: Aus Althaus kann noch viel werden. Und drittens: Er muss jetzt durchgreifen.

Düsseldorf

Drei Monate nach Suhl ist es soweit. Böck tritt als Innenminister zurück. Auch Gesundheitsminister Axthelm muss gehen, da er, nachdem er sich in mehrere Affären um Dienstwagen oder Hotel-Verkäufe verstrickt hatte, beim Diebstahl eines Hundeshampoo und eines Sexmagazins erwischt worden war. Statt Böck wird Franz Schuster Innenminister. Das Gesundheitsressort übernimmt Lieberknechts Weimarer Weggefährte Frank-Michael Pietzsch. Der Südthüringer Abgeordnete Andreas Trautvetter ist neuer Minister in der Staatskanzlei.

Ende Oktober versammelt sich die Bundes-CDU zu ihrem 3. gesamtdeutschen Parteitag in Düsseldorf. Diesmal muss sich die gesamte Parteispitze turnusgemäß der Neuwahl stellen, also einschließlich ihres erst im Dezember 1991 nachgerückten Präsidiumsmitglieds Lieberknecht. Unter normalen Umständen müsste die Landesministerin nicht kämpfen. Doch ihr Landesverband, den faktisch längst Bernhard Vogel repräsentiert, steht nur noch formal hinter ihr. Auch Kohl, dessen Rat sie beim Sturz von Duchač ignorierte, scheint sie nicht mehr zu unterstützen.

Aber Lieberknecht kandidiert. Sie, die zehn Monate zuvor mit so viel Aplomb in die Bundesspitze gelangte, will jetzt nicht einfach aufgeben. Also geht sie auf die Bühne und ruft: »Ich darf sagen, dass zu dem in den letzten zwei Jahren zurückgelegten Weg für mich auch die Erfahrung von Glück im harten politischen Alltag gehört. (…) Wichtig ist für mich auch, nach zwei Jahren ungebrochen Visionen zu haben. (…) Aus Thüringen kommend kann das für mich nur heißen: Kulturland Deutschland in Europa. Unseren geistigen Perspektiven müssen praktisches Handeln, Ehrlichkeit und Mut folgen.«

Der Beifall tröpfelt diesmal nur, dann folgen die Wahlen. Es gibt elf Kandidaten für die sieben Präsidiumsplätze. Lieberknecht bekommt mit 468 Stimmen das sechsbeste Ergebnis, verfehlt aber die nötige Mehrheit um vier Stimmen. Knapp dahinter folgen Manfred Kanther (449 Stimmen) und Günther Krause (449 Stimmen) aus dem Osten.

Die drei, so sieht es die Satzung vor, müssen in die Stichwahl für die Plätze sechs und sieben. Da weniger Delegierte abstimmen, braucht man nun nur noch 443 Stimmen für eine Mehrheit. Und, plötzlich, wechselt die Reihenfolge. Während Kanther sich um gut 50 auf 504 Stimmen verbessert und Krause mit einem ähnlichen Resultat wie zuvor geradeso die Mehrheit schafft (444), erhält Lieberknecht mit 388 Voten 80 weniger als zuvor.

Lieberknecht erklärt die Verschiebung damit, dass sich die hessischen Delegierten, die sie im ersten Wahlgang noch unterstützten, nun, da es im Stechen direkt gegen Kanther geht, für den Landsmann entscheiden – und gegen sie stimmen. Doch warum liegt dann auch Krause vor ihr? Dessen Wahl widerspricht klar dem regionalen Proporz. Der Bundesverkehrsminister kommt wie die einzige stellvertretende Parteivorsitzende Angela Merkel aus dem äußerst überschaubaren CDU-Landesverband Mecklenburg-Vorpommern. Der Vorgang kann kein Unfall sein – und schon gar keiner, der jemandem wie Kohl passiert. Lieberknecht, das ist die wahrscheinlichste Erklärung, wird gezielt abgestraft.

Immerhin darf sich die Ministerin – an Stelle von Marion Walsmann – in den Bundesvorstand wählen lassen. Bernhard Vogel übernimmt den Sitz von Böck, der allerdings immer noch Landeschef ist. Um dies zu korrigieren, findet im Januar 1993 ein Sonderparteitag im Jenaer Volkshaus statt, auf dem Böck zum Abschied noch einmal über die »ständigen Personalquerelen« und über Mitglieder klagt, die ihre eigene Vergangenheit verdrängten, aber auf andere mit Steinen würfen.

Die Debatte wird zum Teil erregt und mit gegenseitigen Vorwürfen geführt. Dennoch setzt sich der Ministerpräsident mit allem durch, was er sich vorgenommen hat, was wohl daran liegt, dass Helmut Kohl eigens nach Jena gereist ist – und sich Vogel selbst als Vorsitzender zur Verfügung stellt. Er wird mit 91 Prozent zum Vorsitzenden gewählt. Dieter Althaus, sein neuer, obschon nur zweiter Stellvertreter, erhält sogar 93,4 Prozent.[208] Von Lieberknecht redet in Jena niemand – sie selbst auch nicht. Das Parteitagsprotokoll verzeichnet keinen Redebeitrag von ihr.

Schloss Ettersburg

Die Europaministerin, die in der Landespartei entmachtet ist, steht nun vollständig unter Aufsicht Vogels, ob nun im Kabinett oder im Bundesvorstand der CDU. Sie zieht sich auf ihre Arbeit zurück und forciert ein altes Hobby: Es ist das Schloss – ihr Schloss – nahe Ettersburg. Das Dorf auf dem Ettersberg liegt nur gut drei Kilometer von Ramsla entfernt, die zugehörige Gemeinde wurde von ihrem Mann als Pfarrer betreut.

Wilhelm Ernst von Sachsen-Weimar ließ im 18. Jahrhundert das dreiflügelige Jagdschloss errichten, ergänzte es wenig später durch einen zweiten Bau, das Neue Schloss. Unter der Herrschaft Carl Augusts von Sachsen-Weimar nutzte Herzoginmutter Anna Amalia das Gebäude als Sommersitz und versammelte einen literarisch-musischen Kreis.[209] Ob Johann Wolfgang Goethe, Friedrich Schiller, Johann Gottfried Herder oder Christoph Martin Wieland – all jene, die das klassische Weimar ausmachten, kamen auf den Ettersberg. Schiller beendete hier die Arbeiten an »Maria Stuart«.

Mitte des 19. Jahrhundert erhielt Schloss Ettersburg unter Herzog Carl Alexander einen großen Landschaftspark, der unter der Aufsicht des Fürsten Hermann von Pückler-Muskau vervollständigt wurde. Nach dem Ersten Weltkrieg ging das Schloss in das Eigentum des Landes Thüringen über, diente später, in der DDR, als Schulungs- und Altenheim – und verfiel zusehends.

Lieberknecht besuchte das Schloss schon als Kind und kennt die Wege und Bäume des Parks auswendig. Später umschlossen ihre Pfarreien Ottmannshausen, Stedten und Hottelstedt förmlich das Schloss. 1990 wirkten die Gemäuer teilweise wie eine Ruine, weshalb wendebewegte Bürger den Verein »Kuratorium Schloss Ettersburg« gründeten, um das Haus zu erhalten und zu sanieren.

Lieberknecht ist bald mit dabei und hält, in der Tradition Anna Amalias, intellektuelle Runden ab. Noch als Kultusministerin organisiert sie das erste »Ettersburger Gespräch«, bei dem sich Reformpädagogen über die richtige Form von Schule streiten. Doch erst als Bundes- und Europaministerin macht sie daraus eine Institution, die bis heute Bestand hat.

Über die Jahre kommen die Demoskopin Elisabeth Noelle-Neumann, der Historiker Michael Wolffsohn, der Regisseur und Merkel-Bekannte Michael Schindhelm, der Sozialdemokrat und Gründungsrektor der Erfurter Universität Peter Glotz, der katholische Erfurter Bischof Joachim Wanke oder Otto Graf Lambsdorff. Peter Michael Huber, der noch sehr junge Dekan der Juristischen Fakultät in Jena, wird ebenso eingeladen.

Organisiert wird die Reihe von Karl Eckhard Hahn und Otto Preu, die den Sammelband editieren, den Lieberknecht 1994 herausgibt. Darin skizziert die Ministerin, was ihr im deutschen Verfassungsstaat wichtig ist: Demokratie, Gemeinsinn, Subsidiarität, Solidarität, Kultur und Christentum.[210]

Es wird viele Jahre dauern, bis Schloss Ettersburg saniert ist. 2006 beginnen die Bauarbeiten, nachdem das hessisch-thüringische Bildungswerk der Bauindustrie die Trägerschaft übernommen hat. Neun Millionen Euro werden in das Haus investiert, das seitdem eine Mischung aus Hotel- und Seminarbetrieb anbietet. 2009 zieht die Stiftung Schloss Ettersburg ein, die sich um die »Gestaltung des demografischen Wandels« bemühen soll.

Vorstandschef wird Klaus Töpfer, ihm folgt die vormalige Frankfurter CDU-Oberbürgermeisterin Petra Roth. Beide sind alte Bekannte von Christine Lieberknecht – die den Vorsitz des aufsichtsführenden Kuratoriums übernimmt.

Ministerin für Apolda

Der Landtagswahlkreis, den Lieberknecht seit 1991 statt des aus der Fraktion ausgetretenen Abgeordneten Manfred Spieß betreut, beginnt einige Kilometer östlich von Ettersburg. Im »Weimarer Land II« liegen die Kreisstadt Apolda, in der ihr Vater Determann 1992 als Superintendent in Pension geht, das Kurstädtchen Bad Sulza, die Kleinstadt Buttelstedt und etwa drei Dutzend Dörfer, von Auerstedt über Heichelheim bis Wormstedt.

Es ist eine schöne Landschaft. Zwischen grünen Hügeln, auf denen Wein wächst, finden sich alte Weiler und Mühlen, kleine Kirchen, Fachwerkhäuser und Burgen. In den ersten Werbeprospekten, die gedruckt werden, wird die Gegend »Thüringer Toskana« getauft.

Es ist eine historische Landschaft. Bei Auerstedt wurde Preußen 1806 in einer historischen Doppelschlacht, deren anderer Teil bei Jena stattfand, von Napoleon geschlagen. Darüber hinaus gibt es in Liebstedt eine alte Burg des Deutschen Ordens, in Kromsdorf ein sachsen-weimarisches Lustschloss und in Oßmannstedt das Anwesen von Christoph Martin Wieland.

Und es ist eine arme Landschaft. Die Textilwirtschaft, für die Apolda vor dem Krieg berühmt war und die in der DDR in ein Kombinat gepresst wurde, verliert in atemberaubender Geschwindigkeit ihre Kundschaft. Obwohl die Beschäftigten ihre Komplettabwicklung durch die Treuhand verhindern können, wird aus einer der wichtigsten Industriestädte der Region der Ort mit einer der höchsten Arbeitslosenquoten.

Als Lieberknecht den Wahlkreis übernimmt, ist die Zahl der Textil-Beschäftigten dabei, von 6.000 auf 600 zu schrumpfen. Fortan bezeichnet sich die Abgeordnete als Ministerin für Bundes-, Europa- und Apolda-Angelegenheiten. Sie ist nicht nur bei jeder Firmeneinweihung und jeder Dorfkirmes dabei. Da sie in der Regierung ein Ressort innehat, dessen Aufgabe für die Menschen nur schwer fassbar ist, wird sie zur Adressatin aller Arten von Bekümmernissen.

Auf diese Weise mutiert die Wahlkreisabgeordnete Lieberknecht wieder zu dem, was sie einige Jahre zuvor in Ottmannshausen, Hottelstedt und Stedten war. Auch wenn ihr Sprengel etwas größer geworden ist: Was sie in ihrem Wahlkreis betreibt, ist politische Seelsorge. Wenn etwa die Kirche in Niederroßla vom Schwamm befallen ist und Spenden zu sammeln sind, ist Lieberknecht ganz vorne mit dabei.

Das Weimarer Land ist für die Ministerin ein Teil jener Kulturlandschaft, als die sie Thüringen begreift. Als ein mutiger Winzer bei Bad Sulza ein Weingut gründet, kümmert sich Lieberknecht darum, dass die Stadt als Anteilseigner einsteigt und die Finanzierung funktioniert. Der Wein, der bald eine beachtliche Qualität erlangt, wird ab Mitte der 1990er Jahre in der Staatskanzlei bei Empfängen ausgeschenkt.

In Bad Sulza beginnt Lieberknecht eine Institution, die sie sich bei der CSU in Passau abgeschaut hat. Im Jahr 1993 veranstaltet sie im örtlichen Haus des Gastes den ersten politischen Aschermittwoch. Die Heringe und die Kartoffeln für die 80 Gäste bezahlt Lieberknecht, das Freibier die Vereinsbrauerei Apolda, die ihr Blasorchester für die Veranstaltung abstellt. Zwei Jahre später hat sich die Zahl der Teilnehmer verdoppelt, ab 1997 hält Bernhard Vogel regelmäßig die Hauptrede.

1993 ist auch das Jahr, in dem Mike Mohring, der seit 1990 für das Neue Forum im Apoldaer Kreistag sitzt, in die CDU wechselt. Er wird sofort Mitglied des Kreisvorstandes. Ein Jahr später übernimmt er den Vorsitz des Kreisverbandes der Jungen Union und der Kreistagsfraktion.

Familie, Wandern, Skat

Lieberknecht ist gerne im Wahlkreis unterwegs, weil sie so ihre Familie in Ramsla häufiger sieht und die Eltern in Apolda besuchen kann. Dennoch werden ihre Kinder Marie und Paul vor allem von ihrem Mann großgezogen. »Ob du nun in Brüssel oder in Heichelheim bist, weg ist weg«, sagt Sohn Paul zu ihr, der noch in die Grundschule geht.[211]

Die Arbeitswoche der Ministerin beträgt mindestens 60 Stunden, auch die Wochenenden sind mit Terminen gefüllt. Hinzu kommen die Dienstreisen. Oft verabschiedet sich Lieberknecht in Ramsla mit dem Satz, sie sei zur »Tagesschau« wieder zu Hause. Er habe ja nicht gewusst, sagt Martin Lieberknecht, »dass sie die Spätausgabe meinte«.[212]

Der Pfarrer hat sich, um die Kinder zu betreuen, längst beruflich beschränkt und betreut nur noch die Gemeinde in Schwerstedt auf Basis einer 25-Prozent-Stelle. Immerhin kommt regelmäßig eine Frau aus dem Dorf vorbei, die kocht und sauber macht. Mittags essen Marie und Paul bei Nachbarin Rosi, bei der schon Minister Lengemann unterkam. »Ohne die Geborgenheit im Dorf hätten wir es nicht geschafft«, sagt Martin Lieberknecht.

Nebenher wird noch ein Haus gebaut, am Rande des Dorfes, weil die Kirche der Familie das Pfarrhaus nicht verkaufen will. Ihr neues Heim ist ein bescheidenes Reihenhaus in einem kleinen Neubaugebiet, die Adresse steht mit Telefonnummer bis heute im Telefonbuch.

Das alles zusammen ist für Martin Lieberknecht schon »ein bisschen schwierig«. »Sie war immer viel unterwegs, am Anfang auch in Bonn und Brüssel, da war ich mit unseren beiden damals kleinen Kindern weithin alleine«, sagt der Pfarrer. »Ich war in erster Linie für die Kinder da, weil meine Frau manchmal Wochen oder Monate unterwegs war«. Man habe »natürlich über die Jahre hin eine Möglichkeit« entwickelt, »dass man das familiäre und eheliche Verhältnis leben kann, mit Höhen und Tiefen natürlich, und mit Schwierigkeiten, wie das in jeder Ehe ist.« Trotzdem sei es »immer ein harmonisches Miteinander« gewesen. »Wir haben versucht, soviel Normalität wie nur irgend möglich in der Familie zu behalten.«[213]

Die Frau sei das Spielbein, er das Standbein, so sieht es Martin Lieberknecht – und so akzeptiert er es, obwohl er es manchmal durchaus satt hat, seiner Frau die Wäsche zu waschen. Was an Gemeinsamkeit bleibt, sind Weihnachten, gelegentliche Familienfeste und der Urlaub, falls der Vater nicht mal wieder allein mit den Kindern verreisen muss.

Die Lieberknechts verbringen ihre Ferien fast immer in den Alpen, wo sie meist im Ulrich-Haus absteigen. Es ist der Zufluchtsort der Familie, mit allem, was sie braucht: geräumige Wohnungen, ein See, ein Ruderboot, etliche klapprige Fahrräder und viel Ruhe. Später, als die Kinder groß sind, zieht es die Lieberknechts zur »Thüringer Hütte« oberhalb des Habachtales in Österreich, die seit 2002 wieder von den thüringischen Sektionen des Alpenvereins betrieben wird.

Das Wandern betont das Tümelnde, Folkloristische, das Christine Lieberknecht immer wieder herausstellt – und das sie lebt. Seit Mitte der 1990er Jahre amtiert sie als Präsidentin des Landesverbandes Thüringen im Verband Deutscher Gebirgs- und Wandervereine. Beim Wandern, sagt sie, könne sie den »Alltag einfach fallen« lassen.[214]

Lieberknecht modisch 1993.
Quelle: Roland Obst,
Archiv TA

Und sonst? Sie kocht gerne, doch für mehr als die alljährliche Weihnachts-
gans reicht kaum die Zeit. Zum Stricken, Häkeln und Sticken und zu ihren
Bauernmalereien, mit denen sie als junge Pfarrerin Schränke oder Truhen ver-
zierte, kommt sie nicht mehr. Dasselbe gilt für die geliebte Gartenarbeit und
das Fotografieren, das sie sich vom Vater abschaute. Selbst die Grippe oder
die Erkältung, von denen sie gelegentlich heimgesucht wird, müssen sich dem
Terminplan unterordnen. Christine Lieberknecht kann sich an keinen Fehltag
wegen Krankheit erinnern.

Ihre musikalischen Vorlieben erscheinen übersichtlich, obwohl sie einst Kla-
vier lernte und auch etwas Gitarre spielte. Bach, Vivaldi und vor allem Wiener
Kaffeehausmusik höre sie am liebsten, sagt sie. Gelegentlich, wenn die Zeit
reiche.

Fast alles, was andere Menschen in ihrer Freizeit tun, absolviert sie als
dienstliche Pflicht. Wenn sie die neueste Premiere im Nationaltheater besucht,
dann tut sie dies als Ministerin, Vorsitzende oder Präsidentin. Wenn sie ins
Kino geht, dann handelt es sich meist um eine Produktion, die irgendetwas mit

EU-Ministerin Lieberknecht.
Quelle: Sascha Fromm,
Archiv TA

dem Land zu tun hat oder um ein Festival, dessen Schirmherrin sie ist. Wenn sie Skat spielt, wie es ihr der Vater beibrachte, tut sie dies zu Turnieren, zu denen sie eingeladen wurde oder die sie selbst erfunden hat. Und selbst, wenn sie in die Kirche geht, geht sie nur selten als Privatperson. Meist ist es irgendein Anlass, zu dem sie als Amtsperson verpflichtet wurde.

Aber so ist es eben bei ihr. Das Dienstliche ist privat und das Private ist dienstlich. Ihre Familie mag dies anders empfinden. Doch sie selbst unterscheidet nicht zwischen Arbeit und Freizeit. Für sie ist es einfach ihr Leben.

Staatskanzlei

Im Mai des Jahres 1994, wenige Monate vor der Landtagswahl, veranstaltet die Ministerin für Bundes- und Europaangelegenheiten eine Konferenz in Erfurt. »Transformationsprobleme – lösbar?!«, lautet der Titel des Symposiums, mit dem die Ministerin eine Bilanz des thüringischen Aufbaus ziehen will. In ihrer

Eröffnungsrede beschreibt sie die »verrückte Situation«, in der »der Aufbruch« mit der Verwaltung kollidiert sei. »Wie Mehltau zogen sich Verordnungen, Richtlinien, Gesetzestexte über das Land. Lähmende Tragik eines Neubeginns, von dem viele meinten, man müsse nur die vorwärtsdrängenden Kräfte der Menschen freisetzen.«[215]

Lieberknecht will es immer so sehen. Ihre Ideen, ihre Kreativität, ihre Engagement werden von Regeln und Beamten ständig aufgehalten. Sie habe, sagt sie, »die Hoffnung nicht aufgegeben, dass sich viele Abläufe, Entwicklungen, Prozesse optimaler gestalten lassen.«

Die Rede wird zusammen mit allen Referaten und Thesenpapieren in einem Tagungsband veröffentlicht, den ihr Ministerium herausgibt. Als Lieberknecht das schwere Buch mit mehr als 700 Seiten dem Ministerpräsidenten in der Kabinettssitzung vorlegt, schaut er es nicht einmal an. Er schiebt das Werk zu Dieter Althaus hinüber und sagt: »Für das Lesen ist ja hier der Kultusminister zuständig …«

Unter Bernhard Vogel, das ist klar, wird Christine Lieberknecht nie echte Gestaltungsmacht erhalten. Da kann sie bei der Landtagswahl im Sommer 1994 in ihrem Wahlkreis 46,8 der Erst- und Zweitstimmen erhalten und damit deutlich über dem Landesdurchschnitt der CDU mit 42,6 Prozent liegen: Es nützt ihr nichts. Die nächste Degradierung wartet schon.

Denn die Union ist zwar wieder die mit Abstand stärkste Partei, doch kommt ihr der Koalitionspartner FDP abhanden, der wie die Grünen an der 5-Prozent-Hürde scheitert. Die SPD (30,5 Prozent) könnte theoretisch mit der PDS (16,5 Prozent) eine Regierung bilden und die CDU in die Opposition schicken. Doch praktisch geht es das nicht: Die Sozialdemokraten mögen die SED-Nachfolgepartei 1994 nicht einmal als Juniorpartner akzeptieren und verhandeln lieber mit der CDU – ein Muster, das sich 15 Jahre später in abgewandelter Form wiederholen wird.

Trotzdem gestalten sich die Koalitionsverhandlungen mit den Sozialdemokraten schwierig. Der bisherige Oppositionsführer Gerd Schuchardt will für sich das Hochschul- und Kulturministerium, für die Landtagsabgeordnete Irene Ellenberger das Sozialressort und für den aus dem Saarland herbeigeholten Innenstaatssekretär Richard Dewes das Innenministerium. Darüber hinaus verlangt er das Justizressort für den Erfurter Oberstaatsanwalt Otto Kretschmer – und zwar einschließlich der Zuständigkeit für Europa.

Das geht auf Kosten von Lieberknecht. Sie muss den EU-Bereich abgeben und behält nur das Amt als Bevollmächtigte in Bonn. Parallel löst sie als Ministerin in der Staatskanzlei Andreas Trautvetter ab, der von Klaus Zeh das Amt des Finanzministers übernimmt. Der offizielle Anlass für Vogel, den früheren

DA-Mann nicht mehr zu berücksichtigen, ist eine kleinere Affäre. Zeh gehörten Anteile einer Software-Firma, die vom Land Aufträge erhalten hatte. Der inoffizielle Grund: Vogel hält den Minister für überfordert.

Die anderen gewesenen CDU-Minister kommen irgendwie unter. Justizminister Jentsch, der seinen Abschied schon vor der Wahl verkündet hat, geht zurück nach Wiesbaden und wird ab 1996 Bundesverfassungsrichter. Sozialminister Pietzsch übernimmt das Parlamentspräsidium von Gottfried Müller, der aus dem Landtag ausscheidet.

Eine Personalie allerdings misslingt Vogel – und sie hat ausgerechnet mit Dieter Althaus zu tun. Lange schon will der Ministerpräsident Fraktionschef Schwäblein loswerden, der ihn mit seinen Eigenarten zunehmend nervt. Den Posten soll Althaus übernehmen – der aber lieber Kultusminister bleiben will. Er und Schwäblein, die sonst nicht als Freunde gelten, schließen sich zusammen. Beide teilen Vogel mit, dass sie das bleiben wollen, was sie sind.

So kommt es, dass Althaus seinem Mentor Vogel eine der schmerzhaftesten Niederlagen zufügt. Doch so sehr den Ministerpräsidenten das Verhalten des Ministers empört, so sehr steigt sein Respekt vor dem Mann, der sich nicht einfach herumschieben lassen will. Außerdem wird Vogel mit etwas Verzögerung seinen Willen bekommen. 1995 lässt er Schwäblein nach einer Kampfabstimmung durch den vormaligen Pfarrer Christian Köckert ersetzen. Schließlich, nach der Landtagswahl im Jahr 1999, beugt sich Althaus und übernimmt die Fraktion.

Bis dahin verbringt Christine Lieberknecht die Jahre der schwarz-roten Koalition mit einer stark reduzierten Mitarbeiterzahl in der Staatskanzlei. Die Ministerin versucht ihr Möglichstes, ihre Befugnisse auszuweiten. Als das neue Organigramm der Staatskanzlei anzufertigen ist, schiebt sie sich zwischen Vogel und Krapp, womit der Staatssekretär auch ihr unterstehen würde. Doch der Chef der Staatskanzlei verhindert dies in Absprache mit dem Ministerpräsidenten. Lieberknecht wird, wie ihre Vorgänger, als Ministerin in der Staatskanzlei direkt Vogel zugeordnet. Seither gilt das Verhältnis zwischen Lieberknecht und Krapp als kompliziert.

Immerhin sitzt sie nun in der Regierungszentrale, die 1995 aus dem realsozialistischen Hochhaus im Erfurter Süden ins Stadtzentrum zieht, in einen beeindruckenden Barockbau mit einer mindestens ebenso beeindruckenden Geschichte. Im 18. Jahrhundert diente das Haus als Statthalterei, die im Auftrag des Fürsterzbischofs von Mainz dessen Erfurter Besitztümer verwaltete. Mit der Säkularisierung Anfang des 19. Jahrhunderts übernahm der preußische Regierungspräsident das Gebäude. Im 20. Jahrhundert tagten hier die Arbeiter- und Soldatenräte, folterte die Geheime Staatspolizei der Nationalsozialisten, administrierten das amerikanische Militär und die sowjetische Kommandantur und saß schließlich die Verwaltung des Kreises Erfurt-Land.

Die Zeit, die Lieberknecht besonders anspricht, ist aber jene zwischen 1806 und 1813. Nach der Schlacht von Auerstedt machte Napoleon Erfurt zu seinem eigenen kleinen Fürstentum und die Statthalterei zu seinem temporären Palast. Im Herbst 1808 verbrachte der französische Kaiser hier gleich mehrere Wochen, während er den Fürstenkongress mit dem russischen Zaren Alexander sowie 34 deutschen Königen und Herzögen abhielt und Goethe traf.[216]

In dieses großgeistig umwehte Gemäuer zieht also die geschichtsbewusste Weimarerin Lieberknecht ein – was sie wenigstens etwas für die neuerliche Degradierung entschädigt.

Kulturbeauftragte

Und dennoch: Die Ministerin langweilt sich. Sie arbeitet Vogel zu, vertritt ihn auf Terminen, zu denen er nicht kann oder will und reist regelmäßig nach Bonn zum Bundesrat. Aber sonst? Nach etwas Suchen findet Lieberknecht Beschäftigung in der Heimat. Weimar soll im Jahr 1999 europäische Kulturhauptstadt werden, im zehnten Jahr des Mauerfalls, im 250. Jahr von Goethes Geburtstag – und 80 Jahre nach Gründung des Bauhauses. Etwa 1.000 Veranstaltungen mit 5.000 Künstlern aus 100 Ländern sind geplant. Bund und Land investieren umgerechnet eine Milliarde Euro für die erwarteten fünf Millionen Besucher.

Dass sie als Staatskanzleiministerin eher unzuständig ist, stört Lieberknecht nicht. Es geht um ihr Weimar und es geht um Kultur: Wer außer der Enkelin eines Bauhaus-Künstlers wäre da besser geeignet? Also gründet sie einen Beirat und engagiert ihren alten Freund Johannes Michael Möller und dessen Frau Anne. Gemeinsam entwickeln sie mit dem Deutschen Historischen Museum die Ausstellung »Wege nach Weimar«, in der es um die gleichermaßen glückliche wie unglückliche Verquickung von Geist und Politik in der Stadt geht, um die Republik und ihren Untergang, um Nietzsche und die Nazis, um Goethe und die DDR.

Lieberknecht will die »häufig falsch verstandenen, idealistisch überhöhten und politisch missbrauchten bürgerlichen Bildungsideale« beleuchten und die »politische Verweigerung des Bürgertums.«[217] Doch ihren Kollegen ist das zu verquast. Erst steht das Geld für die Ausstellung nicht im Haushalt, dann wird es von den Koalitionsfraktionen gesperrt. Schließlich kann die Ausstellung doch im Gauforum eröffnet werden, jenem monströsen Bau, der auf Fritz Sauckel zurückgeht.

Der Gauleiter war es auch, der 1933 in Berlin ein »Thüringen-Haus« an der Ecke von Mohren- und Mauerstraße errichten ließ, das 1945 von Bomben zerstört wurde. Das nicht wiederbebaute Grundstück im Stadtbezirk Mitte befindet sich seit der Wende wieder im Besitz Thüringens, weshalb nun der Bevollmächtigten Lieberknecht die delikate Aufgabe zufällt, an jener Stelle die neue Landesvertretung Thüringens zu planen. Mehr als 24 Millionen D-Mark werden investiert. Mitte 1999 wird das Haus als zweite Ländervertretung nach Bayern eröffnet, natürlich einschließlich Gaststätte, in der es Rostbratwurst und Klöße gibt.

Vogel lässt sich über das, was seine Ministerin tut, ab und an berichten und sie ansonsten machen. Er hat sie als potenziellen Unsicherheitsfaktor ausgeschaltet und von der Macht isoliert. Zu seinem engeren Kreis gehören nur Männer: Andreas Trautvetter, Christian Köckert und natürlich Dieter Althaus. Der Kultusminister weiß als einziger, dass ihn der Ministerpräsident zu seinem Nachfolger ausersehen hat. Öffentlich gefällt sich Vogel darin, von seinen drei Kronprinzen zu reden.

Der Ministerpräsident bleibt vorsichtig, denn noch läuft nicht immer alles so, wie er es will. Auf dem Parteitag im November 1994 kandidiert überraschend die neue ostthüringische Landtagsabgeordnete Birgit Diezel gegen den amtierenden Stellvertreter Manfred Ruge und gewinnt mit 62 Prozent.[218] Hinter der kleinen Revolution der Frauen, die sich gegen die bisher rein männliche Parteispitze richtet, steht neben Claudia Nolte und Johanna Arenhövel auch Christine Lieberknecht.

Nolte ist 28 und zu diesem Zeitpunkt gerade Bundesministerin für Familie, Senioren, Frauen und Jugend geworden. Als jüngstes Mitglied eines Kabinetts in der Geschichte der Bundesrepublik hat sie das frühere Angela-Merkel-Ressort und ein paar zusätzliche Kompetenzen erhalten. Zwei Jahre später zieht sie nach Vogels Vermittlung ins Bundespräsidium der CDU ein. Spätestens damit ist Lieberknecht nicht mehr die wichtigste Politikerin in Thüringen.

Absolute Mehrheit

Zudem ist da ja noch Birgit Diezel, die demselben Jahrgang wie Lieberknecht und Althaus angehört. An ihr zeigt sich, dass der Ministerpräsident in langen Linien denkt. Vogel fördert sie – und bindet sie bei nächster Gelegenheit ein. Diese Gelegenheit ergibt sich im Herbst 1999, nach der Landtagswahl. Die CDU erringt alle Direktmandate und noch ein paar Sitze darüber hinaus. 51 Prozent aller Zweitstimmen: Es ist ein Triumph für die CDU, das beste

Ergebnis aller Zeiten, die absolute Mehrheit. Lieberknecht erreicht in ihrem Wahlkreis sogar 55,2 Prozent der Erststimmen. Grüne und FDP gelangen auch diesmal nicht über die Fünf-Prozent-Hürde, wobei sich die Liberalen derart zerstritten haben, dass sie bei 1,1 Prozent landen. Sie werden für Jahre als politische Kraft in Thüringen komplett ausfallen.

In jenem September passt für die Union einfach alles: ein stabiler, beliebter Ministerpräsident, den 58 Prozent der Wähler behalten wollen,[219] eine ordentliche Wirtschaftslage und eine dilettierende rot-grüne Regierung in Berlin. Hinzu kommt: SPD-Spitzenkandidat Richard Dewes hatte gegen den Widerstand seines Vorgängers Gerd Schuchardt auf ein rot-rotes Bündnis gesetzt und damit den Landesverband gespalten. Die Sozialdemokraten stürzen auf 18,5 Prozent ab und werden erstmals von der PDS (21,3 Prozent) überholt. Dewes muss von allen Ämtern zurücktreten, auch Schuchardt zieht sich zurück. Neuer Parteivorsitzender wird der 38-jährige Bundestagsabgeordnete Christoph Matschie. Zum Fraktionschef wird Heiko Gentzel aus Eisenach gewählt.

Gleichzeitig deutet sich in der PDS ein Wechsel an. Neben Spitzenkandidatin Gabi Zimmer wird Bodo Ramelow in den Landtag gewählt, der, aus Hessen kommend, seit 1990 die Gewerkschaften in Thüringen aufbaute. Er amtiert vorerst als Fraktionsvize und übernimmt 2001, als Zimmer zur Bundesvorsitzenden der PDS gewählt wird, die Führung der Abgeordneten.

Im Parlament

Bernhard Vogel ist auf dem Höhepunkt seiner Macht. Alles fügt sich seinem Willen. Kultusminister Althaus, die Staatskanzlei fest im Blick, lässt sich an die Spitze der Fraktion wählen. Amtsinhaber Christian Köckert wird dafür Innenminister. Michael Krapp wechselt aus der Staatskanzlei für Althaus ins Kultusministerium.

Neuer Chef der Regierungszentrale und Bundes- und Europaminister wird Jürgen Gnauck. Der Rheinland-Pfälzer hat seit 1990 den Thüringer Gemeinde- und Städtebund als Geschäftsführer aufgebaut. Zu Gnaucks Staatssekretär befördert Vogel seinen bisherigen Regierungssprecher Hans Kaiser.

Die Ilmenauer Hochschul-Rektorin Dagmar Schipanski, die Vogel zur Bundespräsidenten-Wahl im Frühjahr 1999 als Unions-Kandidatin gegen den Sozialdemokraten Johannes Rau durchgesetzt hatte, belohnt er nach ihrer erwartungsgemäßen Niederlage mit dem Wissenschaftsministerium. Sie ist von nun an die neue Quotenfrau im Kabinett.

Und Lieberknecht? Natürlich hat Vogel bei der Rotation an sie gedacht: Sie darf von Pietzsch, der wieder Gesundheitsminister wird, das Parlamentspräsidium übernehmen. Am Ende bleiben nur drei Minister auf ihrer Position: Finanzminister Andreas Trautvetter, Wirtschaftsminister Franz Schuster und der ewige Landwirtschaftsminister Volker Sklenar, der seit 1994 das Umweltressort mitverwaltet.

Rein formal ist es für Lieberknecht die erste Beförderung seit 1992. Das Amt, das sie nun antritt, ist auf dem Papier sogar das größte, das sie bisher innehatte. Sie ist protokollarisch mindestens die Nummer 2 im Land, oder je nach Sichtweise sogar die Nummer 1, da sie zuerst vom Parlament gewählt wird und dem Ministerpräsidenten den Eid abnimmt.

Sie hat eine größere Verwaltung unter sich, beaufsichtigt die Plenardebatten, kontrolliert die Fraktionen und verschiedene Beauftragte. Und sie sitzt in der 9. Etage des Landtagshochhauses, ein Stockwerk über dem Büro, von dem einst Josef Duchač die Regierungsgeschäfte führte. Praktisch aber ist Lieberknecht nahezu machtlos. Sie regiert nicht, sie repräsentiert. Doch das macht ihr diesmal wenig aus. Sie zelebriert ihre neue Funktion als Hochamt der Demokratie. Endlich, so scheint es, ist die Pastorin aus Ramsla bei sich angekommen. Endlich kann sie vermitteln, ausgleichen, befrieden.

Lieberknechts Wahl am 1. Oktober 1999 führt Bernhard Vogel durch, er ist schon das zweite Mal Alterspräsident des Parlaments. Sie wird mit 68 der 88 Stimmen gewählt; das sind 19 mehr, als die CDU besitzt. Ihre erste Rede setzt den Ton ihrer fünfjährigen Amtszeit. Alle Schlüsselwörter kommen vor. Die »politische Kultur im Kulturland Thüringen«, ruft sie, »sollte eine der vornehmsten Aufgaben dieses Hauses sein.«[220] »Wir wollen auch solche Debatten führen, die einen Eindruck davon vermitteln, dass Politik auch Freude macht und dass wir dankbar sind, freie Abgeordnete dieses frei gewählten Thüringer Landtags zu sein.«[221] Die Rede ist gespickt von Zitaten von Hermann Lübbe, Max Weber, Heiner Geißler, die vor allem Karl-Eckhard Hahn eingefügt hat. Er wird Pressesprecher des Thüringer Landtags.

Von Vogel zu Althaus

Wie sehr die Thüringer CDU mit ihrem Wahltermin im September 1999 Glück hatte, zeigt sich zwei Monate später. Das größte Beben, das die Partei je erlebte, beginnt mit den Ermittlungen gegen Schatzmeister Walter Leisler Kiep. Bald darauf räumt Heiner Geißler ein, dass in seiner Zeit als Generalsekretär schwarze Konten existierten. Schließlich muss Helmut Kohl, der nach seiner Abwahl im Jahr zuvor noch Ehrenvorsitzender der CDU ist, zugeben, dass er persönlich 2,1 Millionen D-Mark an illegalen Spenden akzeptierte. Die Namen der Spender will er nicht nennen, die Staatsanwaltschaft ermittelt gegen ihn.

Der Skandal löst eine Kette von Ereignissen aus, die Angela Merkel an die Spitze der Partei bringt. Sie, inzwischen Generalsekretärin der CDU, löst sich öffentlich von Kohl, stellt seinen Ehrenvorsitz in Frage – und ist damit die oberste Reformerin. »Die Partei muss also laufen lernen«, schreibt Merkel im Dezember 1999 in der »Frankfurter Allgemeinen Zeitung«. »Sie muss sich wie jemand in der Pubertät von zu Hause lösen, eigene Wege gehen.«[222]

Der Artikel, der nicht mit Parteichef Wolfgang Schäuble abgesprochen ist, führt zur endgültigen Zerrüttung zwischen ihm und Kohl – und zu seinem eigenen Rücktritt wenige Wochen später. Merkel weiß, dass Schäuble eine illegale Spende in Höhe von 100.000 Euro akzeptiert hat. In der FAZ setzt sie also bewusst Maßstäbe, an denen ihr Vorsitzender scheitern muss.

Es ist eine Aktion, die Christine Lieberknecht würdig wäre: effizient, skrupellos und notwendig. Die Partei, die sich nach 16-jähriger Regierungszeit in der Opposition befindet, muss aus ihrer schwersten Krise finden und sich neu aufstellen. Sentimentalitäten sind nicht angebracht, weshalb auch die Thüringer Landtagspräsidentin öffentlich die Fehler von Kohl und dessen Schweigen kritisiert.[223] Als Schäubles Spende bekannt wird, fordert Lieberknecht den Parteichef indirekt zum Rücktritt auf, was Vogel zum Einschreiten nötigt. Sie besitze eben »ein Gespür dafür, wann eine Ära zu Ende geht«, wird ein namentlich ungenannter CDU-Landtagsabgeordneter in der Zeitung zitiert.[224]

Am 10. April 2000 wählt die CDU Angela Merkel auf dem Bundesparteitag in Essen zur neuen Bundesvorsitzenden – während Lieberknecht zu Gunsten von Dieter Althaus erstmals nicht mehr für die Parteispitze kandidiert. Sie wolle sich, sagt sie, »künftig auf die Arbeit in Thüringen konzentrieren«.[225] Nichtsdestotrotz applaudiert sie, wie die »Thüringische Landeszeitung« schreibt, in der Essener Grugahalle »mit glühenden Wangen« der neuen Vorsitzenden zu. »Die Politik in Deutschland«, sagt sie, »wird wieder spannend.«[226]

Während Althaus neben Vogel in den Bundesvorstand einzieht, wird Dagmar Schipanski statt Claudia Nolte ins Bundespräsidium gewählt. Die Ex-Bundesfamilienministerin ist nur noch einfache Abgeordnete und gilt für Vogel als verzichtbar. Dennoch wird er sich um sie kümmern. Als sie einige Jahre später auch noch ihren Bundestagswahlkreis verliert, macht er sie zur Außenstellenleiterin seiner Adenauer-Stiftung in Belgrad. Vogel kann Nolte versorgen, weil er sich, nachdem er 1995 den Posten abgegeben hatte, im Jahr 2001 wieder zum Vorsitzenden der Stiftung hat wählen lassen.

Die Personalie folgt demselben Plan wie die stetige Beförderung von Althaus. Im November 2000, auf dem Landesparteitag in Zeulenroda, übergibt Vogel an den Fraktionsvorsitzenden den Parteivorsitz. Spätestens zu diesem Zeitpunkt sind Vogel und Althaus über den Machtwechsel einig.[227] Es geht nur noch um den Zeitpunkt der Übergabe.

Schirmpatin

Lieberknecht hingegen ist in der Bundespartei ausgeschaltet. Ihr bleibt nur der stellvertretende Bundesvorsitz im Evangelischen Arbeitskreis der Union, an dem sie hartnäckig festhält. Auch nimmt sie an allen Sitzungen des Thüringer CDU-Präsidiums teil, wozu sie als Landtagspräsidentin berechtigt ist.

Das Landtagsamt liegt Lieberknecht. Sie kann predigen, ausgleichen und Milde stiften. Und sie kann, gleich einer wirklichen Präsidentin, über das Land fahren und dem landesväterlichen Vogel Konkurrenz machen. Sie sammelt Kartoffeln in Heichelheim, besucht den Heimattag in Graitschen und wandert in Wurzbach. Sie sammelt Schirmherr- und Patenschaften, engagiert sich für Vereine, geht zu Erntedank- und Kirmesfesten, erkämpft sich den 76. Platz beim ersten Parlamentarischen Preisskat, feiert alljährlich mit ihren Vizepräsidentinnen Weiberfastnacht und findet Mittel und Wege, wenn die Heimatkirche in Leutenthal einen neuen Anstrich benötigt. Oder sie schaut bei über 100-Jährigen vorbei, so wie bei ihrer Großmutter Anna Meißner in Apolda, die es bis zum 105. schafft.

Nebenher knüpft Lieberknecht als erstes führendes Mitglied der CDU Kontakte zur PDS, mit der sich ihre Partei im Plenarsaal immer noch erbitterte Debatten über die Vergangenheit liefert. Mit Inbrunst beschimpft man sich gegenseitig als SED-Nachfolgepartei oder Blockflöte. Doch Lieberknecht braucht nur ein Jahr, um das Klima zu klären. Mit Fraktionschefin Zimmer kommt sie gut zurecht, und noch besser versteht sie sich mit Ramelow, den sie schon als gewerkschaftliches Gegenüber aus ihren Ministertagen kennt und mit dem sie der gemeinsame protestantische Glaube verbindet. Ihren Höhepunkt findet die Annäherungspolitik im Sommer 2002, als Lieberknecht gemeinsam mit Zimmer und SPD-Landeschef Matschie an der Hochzeit Ramelows in der Erfurter Augustinerkirche teilnimmt.

Dies alles hat Auswirkungen. So werden im Jahr 2001 nur drei Ordnungsrufe gezählt, so wenige wie noch nie zuvor.[228] Dennoch ist die Präsidentin nicht zufrieden, die immer wieder mehr »Respekt, Stil und Kultur« in der Politik

*Lieberknecht im Jahr 2000 mit Bern-
hard Vogel beim Wandern im Thüringer Wald und (unten) 2002 beim Tag
der Offenen Tür des Landtages.
Quelle: Sascha Fromm, Roland Obst,
Archiv TA*

anmahnt. Der Umgang befinde sich auf »niedrigem Niveau, das so auf Dauer nicht gut sein« könne.[229]

Ansonsten hält die Präsidentin nachdenkliche Reden und Ansprachen, nach dem Anschlag auf die Erfurter Synagoge im April 2000, nach dem 11. September 2001 und nach dem 26. April 2002, dem Amoklauf im Erfurter Gutenberg-Gymnasium. Natürlich gibt es strittige Themen, den teuren Parlamentsneubau etwa, die Zusatzdiäten für funktionstragende Abgeordnete oder die Stasi-Überprüfungen. Doch in allem, findet Ramelow, bemüht sich Lieberknecht um einen »fairen Ausgleich«.

Parlaments- und Bürgerrechte

Ihre 60-Stunden-Woche hat Lieberknecht somit gesichert. Was fehlt, ist ein übergreifendes Thema, etwas, das später mit der 3. Wahlperiode, mit der Legislatur der Präsidentin aus Ramsla verbunden werden könnte. Doch sie muss nicht lange suchen, schließlich hat sie selbst in ihrer Antrittsrede die anstehende Reform des Föderalismus thematisiert, also die Neuordnung des komplexen Beziehungssystems zwischen Bund und Ländern. »Wir sollten«, hatte sie gesagt, »mehr als nur ein Auge darauf haben, dass die Landtage zu den Gewinnern dieser Reformen gehören.«[230]

Im Jahr 2001 übernimmt Lieberknecht den Vorsitz der Landtagspräsidentenkonferenz, einer Vereinigung aller 16 Landtagchefs. Mitte 2002 tagt die Vereinigung in Eisenach und beschließt einen Konvent aller Parlaments- und Fraktionschefs, der im folgenden Jahr in Lübeck stattfindet. Dort soll eine »gemeinsame Position der deutschen Landesparlamente« formuliert werden, um sie »in den laufenden Prozess zur Modernisierung der bundesstaatlichen Ordnung einzubringen.«[231]

Das Ziel Lieberknechts ist klar: Die »Kompetenzen an die Länder zurück zu führen«, wofür das gesamte Beziehungsgeflecht mit seinen überbordenden Gemeinschaftsaufgaben und Finanzvereinbarungen reformiert werden müsse. Die EU, sagt sie, dürfe sich nicht auf »kaltem Weg Kompetenzen erschleichen«.[232]

Während Lieberknecht den Konvent vorbereitet, hält sie Kontakt zum schleswig-holsteinischen Landtagspräsidenten Heinz-Werner Arens, der nach ihr den Vorsitz der Konferenz übernimmt. Sie spricht auch viel mit Jürgen Schöning, dem Landtagsdirektor in Kiel. Der parteilose Jurist ist schon seit 1988 in der Position tätig.

Am engsten aber wird Lieberknecht in diesen Fragen vom eigenen Landtagsdirektor Linck und ihrem Sprecher Hahn beraten. In den sogenannten

Morgenrunden sitzen sie regelmäßig zusammen. Karl-Eckhard Hahn fällt dabei wieder auf, wie seine Chefin »von unten nach oben« denkt und wie »dialogisch« sie führt. Dies, mutmaßt er, habe sie wohl im Pfarrhaus gelernt. »Konflikte versucht sie zu vermeiden, wenn nicht zwingende Gründe dafür sprechen.«

Diese Eigenschaft erklärt das Missbehagen, das Lieberknecht die Rolle bereitet, die ihr Vogel und Althaus beim ersten Volksbegehren in der Thüringer Geschichte zugewiesen haben. Die Initiative, an der sich neben Vereinen und Gewerkschaften die Opposition beteiligt, streitet gegen die hohen Hürden, mit denen in Thüringen die direkte Bürgermitbestimmung faktisch verhindert wird.

Im Februar 2000 erklärt die Präsidentin, die für die formale Prüfung der Initiative zuständig ist, dass die 9.000 gesammelten Unterschriften nicht den rechtlichen Kriterien entsprächen. Die Gründe klingen vorgeschoben. So wird bemängelt, dass die Unterschriften nicht unten, sondern oben auf den Sammelbögen stehen. Ralf-Uwe Beck, der Sprecher des Bündnisses »Mehr Demokratie«, nennt die Ablehnung »unfassbar und haarsträubend«[233].

Wenig später wird er von einem hohen Beamten der Parlamentsverwaltung kontaktiert. Er empfielt Beck, Lieberknecht einmal persönlich anzusprechen, »mit der Frau könne man reden.« Der Beamte, der diesen Rat gibt, heißt Holger Poppenhäger, ein Sozialdemokrat, der selbst gut mit der Präsidentin zurechtkommt. Beck folgt dem Hinweis und trifft sich mit Lieberknecht zu einem mehrstündigen Gespräch in ihrem Büro. Obwohl sich der Bündnissprecher politisch links verortet: so ist er doch Pfarrer und gehört derselben Landeskirche wie die Präsidentin an. Das verbindet.

Danach geht alles sehr schnell. Das Bündnis formuliert den Antrag neu, wobei sich die rechtlichen Hinweise Lincks, die insgeheim bei Beck per Fax eintreffen, als hilfreich erweisen. Im Frühjahr werden fast 20.000 Unterschriften gesammelt und eingereicht. Jetzt lässt Lieberknecht das Volksbegehren zu, das nach dem Sommer beginnt. SPD, Linke und Grüne, die dem Demokratiebündnis angehören, stellen ihre Infrastruktur und Mitglieder bereit.

Bis November werden 387.000 Unterschriften gesammelt, das sind etwa 18 Prozent der Stimmberechtigten, vier Prozent mehr als benötigt. Wieder prüft die Parlamentspräsidentin die Formalien – und wieder befindet sie alles für ordnungsgemäß. Die Initiative zeige, sagt sie, dass sich »Bürgerfrust über Bürokratie« angesammelt habe. Die Volkspartei CDU sollte das Volksbegehren als Chance nutzen, um für die Bevölkerung »politisch-moralische Integrationsmöglichkeiten« zu schaffen. Das gebiete die absolute Mehrheit, mit der man regiere.[234]

Doch damit steht Lieberknecht in ihrer Partei ziemlich allein da. Die Landesregierung klagt gegen das Begehren vor dem Verfassungsgericht. Das öffentliche Echo fällt verheerend aus, zumal Beck bei der Verhandlung vor dem Verfassungsgerichtshof in Weimar durch einen eloquenten Prozessbevollmächtigten vertreten wird. Peter Michael Huber, ein bayerischer Eliteabsolvent, der seit Mitte der 1990er Jahre als jüngster Dekan Deutschlands die Juristische Fakultät Jena leitet, lässt das Justizministerium in der Verhandlung schlecht aussehen.

Die Präsidentin und der Professor kennen sich von den »Ettersburger Gesprächen« und über Parlamentsdirektor Joachim Linck. Die beiden besuchen sich gelegentlich gegenseitig privat in Ramsla und Jena, sogar eine gemeinsame Paddeltour wird mit Linck unternommen.

In Weimar verliert Huber. Im September 2001 erklärt die von der CDU besetzte Mehrheit des Verfassungsgerichtshofes das Volksbegehren für verfassungswidrig. Die CDU lässt das Thema trotzdem nicht los. SPD und PDS bringen das Begehren als Gesetzentwurf im Landtag ein; parallel zu den Debatten demonstrieren Tausende vor dem Parlament.

Im Hintergrund spricht Lieberknecht mit der Opposition, hält Kontakt zu Beck – und redet auf Althaus ein. Mitte 2002 beginnt die Mehrheitsfraktion offiziell mit den beiden anderen Fraktionen zu verhandeln. Althaus will das Thema aus den 2004 anstehenden Landtagswahlen heraus halten, zumal er weiß, dass Vogel ihm vorher den Regierungsvorsitz übergeben wird.

Im Mai 2003 steht der Kompromiss. Die Hürde für Volksbegehren wird von 14 auf 10 Prozent abgesenkt, dazu gibt es noch andere, kleine Erleichterungen.

Ministerpräsident Althaus

Es ist die letzte größere Amtshandlung des Fraktionsvorsitzenden. Am 24. Mai 2003, auf dem Landesparteitag im Geraer Kongresszentrum, erklärt Bernhard Vogel, dass das Land »rechtzeitig vor der Wahl erfahren« müsse, »dass mein Nachfolger es kann«[235]. Natürlich heißt der Nachfolger Dieter Althaus. Er weiß, im Unterschied zum Rest der überrumpelten Partei, seit Jahresbeginn von dem Termin, auf den er zum Schluss drängen musste.[236]

Der Alte hätte gerne noch bis zum Jahreswechsel weitergemacht, um zum historischen dritten Mal Bundesratspräsident zu werden. Doch Vogel muss auf Althaus Rücksicht nehmen. Er besitzt, selbst wenn er anders wollte, keine personellen Alternativen. Christian Köckert, einer der sogenannten Kronprinzen, ist im November 2002 nach einer ganzen Abfolge von Verfassungsschutzskandalen als Innenminister abgetreten. Auch Andreas Trautvetter, der von Köckert das Innenressort übernommen hat – und damit seiner Staatssekretärin Diezel die Beförderung zur Finanzministerin verschafft – beginnt in seinem neuen Amt zu stolpern. Wissenschaftsministerin Dagmar Schipanski, die ab und an als Nachfolgerin gehandelt wird, hat sich mit der gesamten Kulturbranche zerstritten und ist in eine Honorar-Affäre verstrickt.

Und Christine Lieberknecht? Auf diese Idee käme Vogel nie.

Also Althaus. Verheiratet, zwei Kinder, seit 1985 in der CDU, katholisch, Lehrer für Mathematik und Physik, wendebewegter Kreisschulrat, Landtagsabgeordneter, Kultusminister, Landtagsfraktionschef, CDU-Landesvorsitzender – und nun, mit knapp 45 Jahren, Ministerpräsident von Thüringen. Am 5. Juni wird er von der CDU-Mehrheit im Parlament gewählt.

Das erste Kabinett Althaus ähnelt noch sehr dem letzten Kabinett Vogel. Er wechselt nur Minister Gnauck aus und befördert Vogel-Freund Hans Kaiser zum Minister für Bundes- und Europaangelegenheiten. Dafür muss der Altministerpräsident verkraften, dass Wirtschaftsminister Franz Schuster durch Jürgen Reinholz ersetzt wird, der bei der Landesentwicklungsgesellschaft Karriere gemacht hat.

Der wichtigste Neue ist jedoch Staatssekretär Gerold Wucherpfennig. Der bisherige Büroleiter von Althaus stammt aus dem niedersächsischen Eichsfeld, ist katholisch und mit seinem fast gleich alten Vorgesetzten privat befreundet. Nun wird er Chef der Staatskanzlei. Und noch ein alter Freund von Althaus darf aufsteigen: Klaus Zeh kommt zurück ins Kabinett und übernimmt das Sozialressort von Frank-Michael Pietzsch, der für den Rest der Legislatur den Fraktionsvorsitzenden gibt. Ansonsten bleibt vorerst alles, wie es ist, auch für Parlamentspräsidentin Lieberknecht. Doch bis zu den Wahlen, die im Juni 2004 stattfinden, ist es nur noch ein Jahr.

Wahlen in Zeiten der Rezession

Der neue Ministerpräsident wirkt wie befreit. Nachdem er als Kultusminister überzeugt hatte, wirkte er im Fraktionsvorsitz blass und zunehmend mürrisch, agierte als parlamentarischer Verwalter der Regierungsmacht. Doch nun ist er endlich Regierungschef, ja sogar Bundesratspräsident. Nur wenige Monate nach seiner Wahl übernimmt er das protokollarisch drittwichtigste Amt in der Bundesrepublik, reist nach Paris und fliegt mit dem Airbus der Bundesregierung in die USA.

Der neue Ministerpräsident Dieter Althaus und Parlamentspräsidentin Lieberknecht bei der Eröffnung des neuen Plenarsaales November 1993.
Quelle: Sascha Fromm, Archiv TA

Inhaltlich passiert nicht mehr viel im Rest der Legislatur. Althaus muss seinen Bekanntheitsgrad erhöhen und Wahlkampf machen, zumal vor der Abstimmung über den Landtag noch Kommunal- und Europawahlen anstehen. Eigentlich ist seine Ausgangssituation gar nicht schlecht. Vogel hat eine stabile Partei hinterlassen und ein hübsch renoviertes Land. Doch es gibt ein Problem: Das Geld ist alle. Das Land hat 13 Milliarden Euro an Krediten aufgenommen, die Pro-Kopf-Verschuldung liegt etwa doppelt so hoch wie in Sachsen. Rund 660 Millionen Euro an Zinsen muss das Land jährlich zahlen, das sind gut sieben Prozent des Haushalts.

Und ausgerechnet jetzt rutscht Deutschland erstmals seit zehn Jahren in die Rezession. Die Arbeitslosigkeit steigt wieder, der Abstand zu den alten Ländern wächst. Der beschlossene Haushalt ist Makulatur. Noch im Sommer muss das Kabinett einen Nachtragsetat für das aktuelle Jahr beschließen, der die Schuldenaufnahme auf 710 Millionen Euro verdoppelt.

Das Ziel, 2006 einen ausgeglichenen Haushalt aufzustellen, kassiert Althaus ein.[237] Stattdessen kürzt er bei Investitionen, der Arbeitsmarktförderung, im Denkmalschutz, der Forschung und den freien Schulen. Ein Wahlprogramm sieht anders aus.

Als schließlich auch noch die Menschen auf die Straße gehen, da die Anschlussbeiträge für die Wasser- und Abwasserleitungen absurde Höhen erreichen, verliert der Ministerpräsident die Nerven. Er löst das Problem so, wie es sein Vorgänger tat: mit Geld. Sechs Wochen vor der Landtagswahl erklärt er, dass er die Wasserbeiträge abschaffen und die Abwasserbeiträge kappen wolle und ruft ein Abgabenmoratorium aus.

Den Plan hat Althaus in der Staatskanzlei entwickeln lassen, vorbei am Landtag, den zuständigen Kommunen und Innenminister Trautvetter. Eine Arbeitsgruppe, der sein Grundsatzreferent Hermann Binkert angehört, hat die Lösung ersonnen, die angeblich, so sagt es der Ministerpräsident, nichts kosten wird. Trautvetter ist entsetzt, hält sich aber öffentlich zurück, derweil Willibald Böck, der kurz vor dem Abschied aus dem Landtag steht, das ausspricht, was alle Fachkundigen wissen: 20 Millionen Euro, sagt er, werde das Ganze pro Jahr kosten. Mindestens.

Doch Althaus hört längst auf andere, vor allem auf Binkert. Der Beamte aus dem katholischen Südbaden hat schon Claudia Nolte als Bundesministerin beraten und mit dafür gesorgt, dass sie ultrakonservative Positionen zum Beispiel bei der Abtreibung vertrat, die zu einer Frau, die in der DDR Technik studiert hatte, kaum passen wollten.

Das Wasserwahlgeschenk rettet die CDU am Wahltag. Obwohl die Partei ein Viertel ihrer Stimmen verliert, erreicht sie dank der historisch niedrigen Wahlbeteiligung von 53,8 Prozent noch 43 Prozent der Stimmen. Da FDP und Grüne knapp an der Fünf-Prozent-Hürde scheitern, reicht dieses Ergebnis der Union für 45 der 88 Sitze im Parlament – und die knappmöglichste absolute Mehrheit.

Die SPD, die sich infolge der Hartz-Reformgesetze in einer schweren Krise befindet, verliert unter Spitzenkandidat Christoph Matschie vier Prozent und stürzt auf nie da gewesene 14,5 Prozent ab, während sich die PDS unter Ramelow auf 26 Prozent verbessert.

Wie schon nach der 1999er Wahl beginnen bei den Sozialdemokraten interne Kämpfe unter Beteiligung des früheren Parteichefs Richard Dewes, in denen sich Matschie nur unter großen Schwierigkeiten durchsetzt. Er gibt sein Mandat im Bundestag ab und wird mit einem knappen Ergebnis zum Fraktionsvorsitzenden im Landtag gewählt.

In der Arena

Das Erstaunlichste aber ist: Auch Lieberknecht wird Fraktionschefin, entgegen ihrem Wunsch – und entgegen den Erwartungen ihrer Partei und der Öffentlichkeit. Die Entscheidung von Althaus steht am Ende einer regelrechten Rotation, deren innere Logik schwer zu durchschauen ist. Die Verlierer sind die, von denen Althaus glaubt, er müsse keine Rücksichten mehr auf sie nehmen: die Vogel-Männer Hans Kaiser (Europa und Bund) und Michael Krapp (Kultus). Gesundheitsminister Pietzsch geht freiwillig in Pension. Für Innenminister Andreas Trautvetter, der als Parteivize aus Südthüringen nicht demontiert werden kann, schafft Althaus ein neues Ministerium für Bau und Verkehr. Dagmar Schipanski, die der Ministerpräsident geradezu verachtet, aber als Präsidiumsmitglied der CDU schlecht ignorieren kann, schiebt er in das Amt der Landtagspräsidentin ab.

Die Gewinner sind die Freunde von Althaus. Wucherpfennig, ein gutes Jahr zuvor noch einfacher Beamter, bekommt neben dem Chefposten in der Staatskanzlei noch die Zuständigkeit für Bundes- und Europaangelegenheiten hinzu. Das Kultusressort, das mit dem bisher von Schipanski geleiteten Wissenschaftsressort fusioniert wird, erhält der Abgeordnete Jens Goebel, ein Schmalkaldener FH-Professor. Zeh bleibt Sozialminister und Reinholz Chef des Wirtschafts-Ressorts.

Nur das schwierige Innenministerium traut der Ministerpräsident niemandem aus seinem Bekanntenkreis zu. Das Ressort muss Karl Heinz Gasser übernehmen, den Vogel 2002 als Justizminister reaktiviert hat. Justizminister wird der Erfurter Bundesarbeitsrichter Heinrich Schliemann. Nebenher lässt Althaus die Staatssekretäre durchrotieren. Fast keiner bleibt in seinem angestammten Ressort, was nicht nur den Ex-Regierungschef Vogel merklich irritiert.

Finanzministerin Birgit Diezel ist jetzt die einzige Frau im Kabinett. Sie wird, so wie in der Landespartei, Stellvertreterin von Althaus in der Regierung. So bekommt Thüringen erstmals eine Vize-Ministerpräsidentin. Für Althaus ist das zu diesem Zeitpunkt nur ein Symbol, mehr nicht. Dass zuvor Andreas Trautvetter unter ihm und Vogel stellvertretend die Regierung leitete, hat die Öffentlichkeit kaum mitbekommen.

Lieberknecht bekommt von Althaus den Fraktionsvorsitz angeboten. Falls sie das nicht wolle, sagt er ihr, müsse es Klaus Zeh machen. Dann bliebe für sie das Sozialressort. Lieberknecht ziert sich, aber es endet, wie es bei ihr meist endet. Je länger sie darüber nachdenkt, umso mehr gefällt ihr die Lösung. Es ist eines der wichtigsten Ämter, die Althaus vergeben kann, selbst wenn es mit der knappen Mehrheit schwierig wird. Sie kennt das Parlament, hat ihre Kontakte in die Fraktion gepflegt. Zudem kann sie qua Amt an den Sitzungen des Präsidiums der Landes-CDU und des Kabinetts teilnehmen.

Althaus glaubt, Lieberknecht genauso kontrollieren zu können, wie es zuvor Vogel mit ihm tat. Er hat das Amt des Fraktionschefs als bloßes Ausführungsorgan des Ministerpräsidenten erlebt. Und so wird aus der überparteilichen Repräsentantin des Freistaats die parteipolitische Frontkämpferin der Regierung, die eine knappe Fraktionsmehrheit gegen die rot-rote Opposition verteidigen muss.

Schon in ihren ersten Auftritten greift die neue CDU-Fraktionschefin PDS-Fraktionschef Ramelow so hart an, als sei er nicht ihr alter Bekannter, sondern Mitglied des SED-Politbüros. Den SPD-Vorsitzenden behandelt sie öffentlich herablassend, bezeichnet Matschie als unerfahren und unwissend.

Lieberknecht beherrscht den Angriff, doch sie fühlt sich unwohl dabei. Der Ausweg, den sie sucht, klingt abwegig – und passt doch zu ihr. Lieberknecht ruft beim evangelischen Landesbischof Christoph Kähler an, und bittet ihn, zwischen ihr und den beiden Fraktionschefs der Opposition zu vermitteln. Matschie, der studierte Theologe, und Ramelow, der bekennende Protestant, sollten mit ihr, der beurlaubten Pastorin, einen christlichen Gesprächskreis gründen.

Kähler stimmt zu, weil er, wie er sagt, den »konsensualen Stil« Lieberknechts als Landtagspräsidentin schätzen gelernt habe. Doch das Treffen kommt nur einmal zu Stande, und dies auch nur halb. Ramelow sagt kurzfristig wegen Terminschwierigkeiten ab, Matschie und Lieberknecht reden ein wenig mit Kähler in dessen Eisenacher Privatwohnung.

Es bleibt bei diesem einen Versuch, jenseits der politischen Kampfarena Friedensverhandlungen zu führen, zumal Ramelow nach den Bundestags-Neuwahlen im Jahr 2005 nach Berlin geht. Dort organisiert er die Fusion der PDS mit der SPD-Abspaltung WASG zur neuen Linkspartei und wird Fraktionsvize im Bundestag. Und mit Matschie allein versteht sich Lieberknecht auch ohne Kähler. Wenn niemand dabei ist, duzen sich die beiden. Der Sozialdemokrat sagt sogar offiziell, dass er »ein gutes Verhältnis« zu Lieberknecht pflege.[238]

Geldnöte

Im September 2004 hält Althaus im Landtag eine Regierungserklärung, in der er ankündigt, alle Verwaltungsstrukturen »auf den Prüfstand« zu stellen.[239] Was folgt, ist eine Aufzählung, die es so noch nicht im Thüringer Parlament gegeben hat. Nach 14 Jahren rastlosen Aufbaus beginnt nun der Abbau. 27 der 35 Katasterämter sollen aufgelöst werden, vier der elf Landwirtschaftsämter, 18 der 46 Forstämter, fünf der 30 Amtsgerichte, eins der vier Landgerichte, eine der vier Staatsanwaltschaften.

Die Regierung will das Landessozialamt auflösen, die Landesämter für Denkmalpflege und Archäologie werden zusammengelegt, Arbeitsschutz- Umwelt- und Versorgungsämter an die Kommunen abgegeben oder privatisiert. Darüber hinaus will Althaus die Verwaltungsausbildung im Bildungszentrum Gotha konzentrieren: Die Weimarer Verwaltungsschule und die Agrarschule Schwarzburg sollen schließen. Knapp 150 Ämter und Dienstposten werden geschlossen oder verlegt, um 7.400 Stellen einzusparen. Es ist die größte Strukturreform, die Thüringen je gesehen hat, und sie soll in großen Teilen mit dem sogenannten Reformhaushalt 2005 umgesetzt werden.

Der Grund: Das Land ist pleite. Es klaffe, sagt der Ministerpräsident, eine Lücke von rund zwei Milliarden Euro im Haushalt, die je zur Hälfte durch Einsparungen und durch neue Schulden geschlossen werden müsse. Allein 200 Millionen Euro sollen die Kommunen beitragen.

Gleichzeitig bleibt der Ministerpräsident aber dabei, dass die Hausbesitzer bei den Wasser- und Abwasserbeiträgen entlastet werden, was nun doch etwa 30 Millionen pro Jahr kostet – und das für mindestens 30 Jahre. Das Wahlversprechen, an einem Maitag in Apolda gegeben, summiert sich auf etwa eine Milliarde Euro.

In den Spardebatten profiliert sich insbesondere Mike Mohring, der seit seinem Einzug in den Landtag im Jahr 1999 als haushaltspolitischer Sprecher der Fraktion amtiert. Er ist, obwohl gerade erst Mitte 30, zu einer der wichtigsten Stimmen in der CDU herangewachsen: Althaus hat ihm den reaktivierten Posten des Generalsekretärs anvertraut.

Dies ist die Ausgangssituation für die Fraktionsvorsitzende Lieberknecht, die von nun an die vorgegebene Strategie wie ihre eigene vertritt. Sie erklärt, dass es sich um eine »Zäsur in der Geschichte des Freistaats Thüringen« handele, eine neue Politik, »voll Mut und voll Kraft«.[240] In Hintergrundgesprächen macht sie Vogel Vorwürfe. Thüringen, sagt sie, habe viel zu lange über seine Verhältnisse gelebt. Die Zeit der Wohltaten sei vorbei.

Doch nun muss sie liefern. Althaus verlangt von Lieberknecht, dass sie die knappe Mehrheit zusammenhält, gemeinsam mit ihren Stellvertretern, von denen einer Christian Köckert heißt. Der Abgeordnete, der seit seinem Rücktritt Ende 2002 offen mit der Regierung und seiner Partei hadert, soll so eingebunden werden.

Aber der Abgeordnete erweist sich als unberechenbar. Als es im Februar 2005 zur Abstimmung über den Haushalt kommt, droht Köckert mit einem Nein, zu einem Patt im Landtag führen und das gesamte Gesetz verhindern würde. Als alle Überredungsversuche nichts nützen, geht Lieberknecht an die Öffentlichkeit. Die Mehrheit, sagt sie, sei nicht sicher. Falls der Etat scheitere, seien »ernsthafte Diskussionen« nötig.[241]

Tagelang wird mit Köckert verhandelt. Lieberknecht reist eigens zu dem Abgeordneten nach Eisenach, der sie dort im »Thüringer Hof« empfängt und immer neue Bedingungen stellt. Am Ende lässt er sich nur überzeugen, nachdem er mehrere Millionen für seine Heimatstadt heraus gehandelt und einen bemerkenswerten Auftritt im Parlament absolviert hat. Es sei eben nicht immer richtig, was der »große Häuptling« verkünde, sagt Köckert. Lieberknecht erwidert: »Die Helden von heute werden nicht unbedingt die Helden von morgen sein.«[242]

Familienoffensive

Nachdem der Haushalt abgehakt ist, beginnt Althaus mit dem zentralen Vorhaben seiner Legislatur, das er »Familienoffensive« nennt. Das Gesetzespaket hat sein Grundsatzreferent Binkert entwickelt. Kernstück ist eine Reform des Landeserziehungsgeldes, das, zum ersten Mal in Deutschland, in ein Betreuungsgeld umfunktioniert werden soll. Das heißt, es fließt nur noch an Eltern, die ihre Kinder zu Hause erziehen. Die erwarteten Mehrkosten von 50 Millionen Euro soll Bildungsminister Goebel bei den Kindergärten sparen, von denen es plötzlich heißt, dass sie übersubventioniert seien.

Das Thema schlägt ein – allerdings nicht so, wie Althaus erwartet hat. Nicht nur Opposition, Gewerkschaften und alles, was sich links verortet, kämpfen gegen die Reform an. Auch Eltern und Erzieher positionieren sich mehrheitlich dagegen. Selbst die Sozialpolitiker in der CDU-Fraktion begehren auf. Doch Lieberknecht verhindert die drohende Revolte. Sie verteidigt erbittert und, wie sie sagt, aus »vollster Überzeugung« die Reform, obwohl sie sogar bei Familienfesten von Verwandten persönlich angegriffen wird.

Die Althausianer sind von Lieberknecht überrascht. Sie, die einst eine große Nähe zur SPD und PDS pflegte und die in der Partei als verkappte Sozialdemokratin gilt, gibt nun die christliche Vorkämpferin für die heimerziehende Mutter. Doch wer sie kennt, sieht keinen Widerspruch. Sie streitet für ein Rollenmodell, das ihre wichtigsten weiblichen Vorbilder wählten: Großmutter Käthi und Mutter Rosemarie. Ihr Instinkt, der ihr sagt, dass sie damit an der Mehrheit der Bevölkerung vorbei regiert, ordnet sich dem unter.

Mit dem Beschluss der Gesetze wird eine Familienstiftung gegründet, in die stufenweise 34 Millionen Euro fließen. Aus den Kapitalerlösen speisen sich die

Familienleistungen. Das Parlament, das das Hoheitsrecht über den Haushalt besitzt, hat von nun an damit nichts mehr zu tun.

Doch der Widerstand hat sich längst organisiert. Unterstützt von Linken, SPD und Grünen formiert sich ein neues Volksbegehren. Das Ziel: Abschaffung des Betreuungsgeldes. Zwar wird die Initiative 2007 vom Verfassungsgericht gestoppt, weil es die Haushaltsrechte des Parlamentes verletzt. Aber der nächste Versuch wird sofort gestartet. Diesmal, so das Kalkül der Bürger und der Opposition, will man das Begehren in den Landtagswahlkampf hinein tragen.

Die Familienoffensive gilt als entscheidender Grund dafür, dass die CDU im Mai 2006 bei den Landrats- und Oberbürgermeisterwahlen die größeren Städte verliert. In den Stichwahlen vereinen sich die Wähler von Linken und SPD und wählen die sozialdemokratischen Kandidaten, wie in Jena den Lieberknecht-Bekannten Albrecht Schröter. Der Union fällt nichts Besseres ein, als daraufhin das Kommunalwahlgesetz zu ändern: Die Stichwahlen werden abgeschafft.

Polizeireform

Vieles von dem, was Althaus plant und Lieberknecht durchexerzieren soll, will nicht funktionieren. Die Schließung des Landgerichts Mühlhausen wird revidiert und die Privatisierung des Arbeitsschutzes abgesagt, derweil die Umwelt- und Versorgungsämter nach der Kommunalisierung mehr statt weniger Personal benötigen.

Und da ist noch das andere große Vorhaben, das Althaus in seiner Regierungserklärung nur vorsichtig angekündigt hat: Eine Polizeireform soll die Zahl der Beamten merklich reduzieren. 2005 präsentiert Innenminister Gasser seinen Vorschlag. Vier der sieben Polizeidirektionen sollen geschlossen werden. 430 Stellen will er damit einsparen. Erwartungsgemäß erheben sich dagegen die Proteste der Gewerkschaften und der Opposition. Aber auch in der CDU-Fraktion regt sich Widerstand, vor allem bei den Abgeordneten, deren Wahlkreise betroffen sind. Besonders laut tönt Wolfgang Fiedler, der innenpolitische Sprecher.

Dennoch wird die Reform Mitte 2006 im Kabinett beschlossen. Der Innenminister ist der Meinung, dass er den Landtag gar nicht fragen muss, da eine Verordnung ausreichen würde. Fiedler und seine Mitstreiter pochen dagegen darauf, dass für die Reform das Polizeiorganisationsgesetz geändert werden muss – und dafür bräuchte der Minister die Zustimmung des Parlaments.

Um die ungeliebte Reform zu verhindern, blockiert Fiedler die Änderung des Gesetzes, indem er es im zuständigen Innenausschuss nicht bearbeiten lässt.

Eineinhalb Jahre zieht sich der Streit zwischen Fiedler und Gasser, in dem es längst nicht mehr nur um Direktionen oder Polizisten geht. Die beiden Männer könnten kaum unterschiedlicher sein. Gasser, der ehemalige Richter, betreibt zusammen mit dem hessischen CDU-Innenminister Volker Bouffier eine Anwaltskanzlei in Gießen und ließ sich immer nach Thüringen in Ämter bitten, ob nun als Justiz- oder Wirtschaftsstaatssekretär oder als Justiz- und Innenminister. Auch unter der Woche pendelt der Mann, der die Niederungen der Landespolitik meidet, zurück nach Hessen.

Fiedler wirkt wie der personifizierte Gegenentwurf zu Gasser. Er, der seinen ostthüringischen Wahlkreis wie ein Tribun beherrscht, ist in Erfurt seit 1990 nicht vorangekommen. Vogel und Althaus haben ihn, den ewigen innenpolitischen Sprecher, bei der Postenauswahl ausdauernd ignoriert.

Doch bei einer Ein-Stimmen-Mehrheit geht es um jeden einzelnen Abgeordneten. Das hat Köckert beim Haushalt gezeigt – und das nutzt Fiedler in der Polizeifrage. Er habe, sagt er, schon fünf Innenminister kommen und gehen sehen, »da schaffe ich den sechsten auch noch«.[243]

Der Vorsitzenden Lieberknecht scheint die Fraktion zu entgleiten. Das Nichtraucherschutzgesetz, das Sozialminister Zeh eingebracht hat, wird nur verabschiedet, weil die Nikotin-Gegner aus der Opposition dafür stimmen. Das Landesplanungsgesetz wird derart verändert, dass selbst der zuständige Bauminister Trautvetter nicht dafür stimmt, aber PDS und SPD »ja« sagen.

Kurz vor Weihnachten 2007 eskaliert der Konflikt. In einer Aktuellen Stunde zur Polizeireform spricht Fiedler offen gegen den Innenminister. Lieberknecht springt Gasser nicht bei, worauf dies notgedrungen die Innenausschussvorsitzende Evelin Groß tut. Nach der Debatte ventilieren einige Abgeordnete ihren Frust so laut, dass er sich am nächsten Tag in der Zeitung wiederfindet: Es reiche nicht, das Lieberknecht immer bloß moderiere. Sie müsse führen.[244]

Die Fraktionschefin nimmt die Aufforderung wörtlich, obwohl hinter der Kritik noch nicht einmal Namen stehen. Sie, die vieles mittrug, obwohl sie innerlich dagegen war, führt jetzt – und zwar den Widerstand gegen Gasser. Wie 16 Jahre zuvor bei Josef Duchač ist es für sie eine persönliche Angelegenheit. So wie damals fühlt sie sich in ihrem Stolz verletzt.

»Wer Führung wolle, der soll sie bekommen«, sagt Lieberknecht Vertrauten. Mehrere Wochenenden verbringt sie daheim in Ramsla damit, die Stellenpläne aus dem Innenministerium durchzurechnen. Mehrfach müssen der Innenstaatssekretär und hohe Polizisten in ihrem Büro erscheinen, um ihre

Fragen zu beantworten. Am Ende ist Lieberknecht davon überzeugt, dass Fiedler Recht hat. Oder will sie nur davon überzeugt sein? Althaus lässt die Fraktionschefin gewähren, zumal er selber von Gasser genervt ist. Dennoch will der Ministerpräsident die Reform. Zum einen sind die Polizistenstellen schon im Haushalt gestrichen, zum anderen braucht Althaus nach dem Ärger um Familienoffensive und Strukturreformen endlich eine Erfolgsnachricht.

Doch im Landtag wabern Gerüchte. Lieberknecht, erzählt man in der Union, wolle Althaus zum Rücktritt zwingen, um mit der SPD eine Koalition zu bilden. Die Fraktionsvorsitzende besitze dank ihres Amtes so etwas wie das erste Zugriffsrecht.[245] Als Quelle dieser Spekulationen gilt eine Gruppe Abgeordneter um Generalsekretär Mike Mohring.

Genährt werden die Spekulationen durch eine Begebenheit, von der nur der innerste Kreis der Parteiführung erfährt. An einem Wintertag im Februar 2008 unternehmen Lieberknecht und Fiedler eine Reise ins Eichsfeld, um Dieter Althaus zu Hause zu besuchen. Sie schlagen ihm etwas vor, was wie ein Kompromiss klingt, aber eigentlich eine Nötigung ist. Man werde, sagen sie, im Landtag dem Polizeiorganisationsgesetz zustimmen, wenn Gasser danach die Reform nochmals komplett überarbeite, und zwar unter Beteiligung der Fraktion. Faktisch bedeutet dies das Aus für das Vorhaben – und den Minister.

Althaus fühlt sich erpresst. Doch er stimmt zu, glaubt, nicht anders zu können. Lieberknecht und Fiedler lassen ihn sogar ein Papier unterzeichnen, auf dem er sich zu dem Pakt verpflichtet. Eine Kopie behält er ein, eine andere nehmen die Fraktionschefin und der Abgeordnete nach Erfurt mit. Es ist ein stiller Eklat, die erzwungene Konspiration des Ministerpräsidenten gegen seinen eigenen Innenminister.

Kurz darauf beginnt das Schauspiel, dessen letzter Akt Gasser vorbehalten ist. Das Polizeiorganisationsgesetz wird Ende Februar verabschiedet. »Wir haben den Entwurf gründlich gelesen und jetzt verstanden«, sagt Christine Lieberknecht.[246] Wenige Tage später, auf einer Klausurtagung des CDU-Vorstandes bei Erfurt, teilt sie Gasser mit, dass die Reform so nicht komme. Der Innenminister hält dagegen und bekräftigt öffentlich, dass er die Reform wie geplant umsetze.

Es vergehen zwei, drei Wochen, in denen Gespräche geführt werden, die zu keinem Ergebnis führen. Althaus hält sich heraus. Am Montag, den 7. April, kommt Gasser ein letztes Mal in Lieberknechts Büro im Landtag vorbei. Der Innenminister sagt, er wisse den Ministerpräsidenten an seiner Seite. Lieberknecht erwidert, dass er sich da ganz gewiss irre.

Gasser reicht es. Am nächsten Morgen hat die Kabinettssitzung noch nicht begonnen, als er Althaus um seine Entlassung bittet. Der verdutzte Ministerpräsident stimmt zu, worauf der Innenminister die Staatskanzlei verlässt und die Nachricht über seine Personenschützer sofort verbreiten lässt. Um ganz sicher zu gehen, verschickt er am Mittag noch eine E-Mail, in der er das gesamte Ministerium und die angeschlossenen Behörden von seinem Schritt informiert.

Wer trägt die Schuld? Formal hat Gasser Recht, er ist als Minister für die Umsetzung des Kabinettsbeschlusses zuständig, zudem wurde vom Landtag das zugehörige Gesetz verabschiedet. Althaus aber hat sich nicht auf seine Seite gestellt und stattdessen taktiert. Am Ende ist es Lieberknecht, die eine beherrschbare Lage eskalieren lässt und Fiedler mehr Wichtigkeit verleiht, als er sich sowieso anmaßte. Sie selbst weist alle Verantwortung von sich. Sie habe immer in Absprache mit Althaus gehandelt, sagt sie in der Fraktion. Warum Gasser zurücktrat, verstehe sie nicht.

Kabinettsreform

Althaus verteidigt halböffentlich Lieberknecht, spricht in der Fraktionssitzung davon, dass Gasser nicht habe wahrhaben wollen, dass hier zwei Züge aufeinander zu rasten.[247] Doch für den Ministerpräsidenten ist Lieberknechts Amtszeit als Fraktionschefin mit Gassers Rücktritt vorbei. Er verzeiht ihr nicht, in welche Zwangssituation sie ihn manövrierte – und erneut manövriert hat.

Denn Althaus plant, entgegen aller öffentlichen Dementis, seit einiger Zeit eine Kabinettsreform, mit der er ein Jahr vor den Landtagswahlen die Regierung regenerieren will. Doch nun muss er handeln, nun wirkt er getrieben. Die Schwierigkeiten beginnen schon damit, dass er keinen Nachfolger für Gasser besitzt. Der einzige, der ihm einfällt, ist der frühere Justizminister Manfred Scherer, den er erst nach vielen Mühen und mehreren Anläufen zum Rechnungshofpräsidenten wählen ließ. Die 12-jährige Amtszeit reicht beinahe bis zu dessen Pensionierung.

Aber Althaus glaubt, nicht anders zu können. Er überredet Scherer, den neuen, komfortablen Posten zu verlassen. Da der Prüfbehörde auch der Vizepräsident fehlt, ist sie von nun an ohne Führung. Die knappe Zwei-Drittel-Mehrheit von CDU und SPD, die für eine Nachbesetzung notwendig wäre, hält in keiner der geheimen Abstimmungen mehr. Mit der zur Linken mutierten PDS redet Althaus gar nicht erst.

Doch nicht nur wegen Scherer gerät die Kabinettsreform am Ende zum Desaster. Bildungsminister Goebel wird von Althaus animiert, aus »persönlichen Gründen« zu gehen. Nachfolger soll der Weimarer CDU-Kreischef Peter Krause werden. Dass der Landtagsabgeordnete in der Vergangenheit für mehrere rechtskonservative Blätter schrieb, deren Autoren teilweise braun angefärbt sind, scheint Althaus nicht zu wissen.

Als die Zeitungen darüber berichten, mit dem Zusatz, dass Krause als Bildungsminister für die NS-Gedenkstätten wie Buchenwald verantwortlich sein werde, existiert keine Strategie, um damit umzugehen. Binnen weniger Tage wächst sich eine unüberlegte Personalie zu einem nationalen Skandal aus, der den Menschen Krause beschädigt und ihn als Politiker vernichtet. Althaus muss sich korrigieren. Er ernennt den Bundestagsabgeordneten Bernward Müller zum Minister. Der einstige Lehrer und Schulamtsleiter ist ein alter Freund aus Kultusminister-Tagen.

Auch Trautvetter tritt freiwillig ab. Sein Ressort braucht Althaus wiederum für eine seiner berüchtigten Rotationen. Sie funktioniert diesmal so: Wucherpfennig wechselt aus der Staatskanzlei ins Bauministerium, ihm folgt Zeh aus dem Sozialressort – das wiederum Christine Lieberknecht bekommt.

Damit ist Lieberknecht wie gewünscht abgestraft. Doch der tiefere Sinn der Operation ist ein anderer: Mohring wird Fraktionschef. Er, der seit vier Jahren als Generalsekretär diente, wird nun systematisch für die Nachfolge von Althaus aufgebaut.

Der Ministerpräsident will in einigen Jahren nach Berlin wechseln. Nicht umsonst hat sich Althaus durch besondere Treue zu Angela Merkel hervor getan, saß in allen nationalen Talkshows und beantwortete jede Interview-Anfrage. Nicht umsonst verdrängte er Dagmar Schipanski aus dem Bundespräsidium der CDU und initiierte mit einer von Binkert ersonnenen Grundeinkommensvariante eine Sozialreform-Debatte in der Union.

Diese Interpretation kolportiert jedenfalls sein Umfeld, genauso wie die Geschichte, dass Mohring nach der nächsten Landtagswahl 2009 den Parteivorsitz übernehmen werde, um rechtzeitig vor 2014 die Staatskanzlei zu erben. Dann wäre er Anfang 40, also etwa so alt wie sein Vorgänger bei dessen Amtsantritt. Es wäre die Althaus-Mohring-Variation des Vogel-Althaus-Modells.

Natürlich erklärt Althaus Lieberknecht den Wechsel als strategische Notwendigkeit. Der Generalsekretär und der Geschäftsführer der Partei verstünden sich einfach nicht, sagt er, dabei brauche er doch vor der Landtagswahl Ruhe in der Partei. Allein darum müsse Mohring Fraktionschef werden. Ein paar Tage lässt der Ministerpräsident Lieberknecht sogar im Glauben, dass er sie zur Chefin der Staatskanzlei mache. Doch dann nimmt er Klaus Zeh in die Regierungszentrale – und lässt die Fraktionschefin ins Sozialressort rotieren.

Sozialministerin

Am 7. Mai 2008 wird Christine Lieberknecht 50 Jahre alt. Die Fraktion trägt ihr, der Wanderpräsidentin, in einem Nebensaal des Parlaments das Rennsteiglied vor und übereignet ihr ein Walnussbäumchen. Der Vorgang lässt den ausnahmsweise anwesenden Martin Lieberknecht anmerken, dass die Aufzucht der Pflanze wohl wieder einmal bei ihm hängenbleiben werde.

Es sind alle da, die Lieberknechts politische Karriere begleiteten. Vogel streut paternalistische Milde, Althaus umarmt die Noch-Fraktionschefin, ihr Fast-Nachfolger Mohring gratuliert artig. Die CDU zelebriert Harmonie; insbesondere die Minister Krause, Goebel und Trautvetter geben sich gut gelaunt. Lieberknecht dankt für die »vier spannendsten Jahre« ihrer bisherigen politischen Karriere. Sie habe ja, sagt sie erstmals öffentlich, dieses Amt gar nicht gewollt.

Am Nachmittag wird dann richtig gefeiert, daheim, im Weimarer Land. Hunderte Menschen kommen ins Festzelt nach Kösnitz, darunter wieder Vogel und Politiker aller Parteien. Die Gäste sind aufgefordert, keine Blumen mitzubringen, sondern für die Sanierung der Wasserburg in Niederroßla zu spenden.

Am nächsten Morgen wird Lieberknecht zur Sozialministerin ernannt – und geht sofort im neuen Amt auf. Es wirkt so, als habe es die gleichnamige Parteipolitikerin nie gegeben. Das Blindengeld, das unter ihr als Fraktionschefin erst abgeschafft und dann gekürzt wieder eingeführt wurde, soll nun baldmöglichst aufgestockt werden. Mit den Wohlfahrtsverbänden konzipiert sie Programme gegen Armut.

Nur einer fehlt ihr: Karl-Eckhard Hahn, der sie seit 1992 begleitet, ist als Sprecher in der Fraktion geblieben. Dies hat, zum einen, menschliche Gründe, weil Hahn den aktuellen Ministeriumssprecher nicht verdrängen will. Zum anderen hat er sich an die Position gewöhnt. Lieberknecht wiederum ist es recht, einen Vertrauten in Mohrings Nähe zu wissen.

Ein anderes Problem ist ihre neue Staatssekretärin Renate Meier, die von der Staatskanzlei in ihr Ministerium gewechselt ist. Lieberknecht hält fachlich nichts von der Frau, zumal ihr Menschen, die in der DDR verfolgt wurden, die Jenaer Dissertation von Meier aus dem Jahr 1975 zuspielen. In der Arbeit geht es um die Frage, wie die privaten Freund- und Liebschaften von Jugendlichen »in den einheitlichen Prozess sozialistischer Menschenbildung« einzuordnen seien.[248]

Lieberknecht 2009 in Ramsla. Quelle: Sascha Fromm, Archiv TA

Die Ministerin fürchtet den Eklat – und schon findet Meiers Promotions-
arbeit den Weg in die Öffentlichkeit. Die Staatssekretärin meldet sich prompt
krank und wird nach einigem unappetitlichem Hin und Her in den Einstweiligen Ruhestand versetzt. Ihr Nachfolger wird Lieberknechts Zentralab-
teilungsleiter.

Der Vorgang erinnert an das Schicksal des ersten Staatssekretärs Schu-
ler im Kultusministerium. Aber es ist eben in jeder Hinsicht eine Rückkehr:
Lieberknecht ist das erste Mal seit 1992 wieder Fachpolitikerin und ihr neues
Ministerium liegt nahe der alten Polizeikaserne, in der sie 16 Jahre zuvor die
Schulreform anleitete.

Nachdem die Episode mit Meier abgeschlossen ist, kann Lieberknecht wieder beginnen, ihre pastorale Art zu pflegen, dialogisch, überparteilich, vermit-
telnd. Kein anderes Ressort eignete sich besser dafür. Ihre Regierungserklärung,
die sie im September als Ministerin hält, beginnt sie mit dem Freiherrn von
Stein, dem »Neudietendorfer Fabrikanten Lilienthal, der eine Renten- und
Witwenkasse einrichtete« und dem Kindergarten-Erfinder Fröbel.[249] Natürlich
fehlt auch die Heilige Elisabeth nicht.

Es ist eine typische Lieberknecht-Rede, von Geschichte durchweht, voller
Lob für alles und jeden und voller Wir-schaffen-das-Sätzen. In kürzester Zeit

hat sie ihr Image wieder weichgespült und die Kontakte zu SPD und Linken repariert. Es ist so, also hole Lieberknecht mit 50 noch einmal tief Luft. Es wirkt, als habe sie noch etwas vor.

Kapitel 5

Kapitel 6

Nach oben

»Die Frage, was wäre geschehn, wenn das und das nicht eingetreten wäre, wird fast einstimmig abgelehnt – und doch ist sie gerade die kardinale Frage, wodurch alles zu einem ironischen Dinge wird. Man sehe nur sein Leben an.«[250] So sagt es Friedrich Nietzsche.

Am 1. Januar des Jahres 2009 fährt Dieter Althaus Ski in der österreichischen Steiermark. Er hat die Nacht zuvor ins neue Jahr hinein gefeiert, doch in seinem Blut befindet sich kein Alkohol. Es ist Nachmittag auf der Riesner-Alm, das Wetter stabil, die Piste leer. Ein Gutachten der Staatsanwaltschaft Leoben rekonstruiert später das Geschehen. Um 14.43 Uhr biegt Althaus mit 40 Kilometern pro Stunde von der Piste »Die Sonnige« in die »Panorama«-Abfahrt ein, umkurvt ein Absperrnetz und fährt bergauf. Dort kollidiert er mit Beata Christandl, die mit etwa zehn Kilometern pro Stunde die Abfahrt herunter fährt. Die 41-jährige Sportlehrerin stirbt auf dem Weg ins Krankenhaus. Althaus, der im Unterschied zu der Frau einen Skihelm trug, erleidet ein schweres Schädel-Hirn-Trauma und eine Hirnblutung. Die Ärzte versetzen ihn in ein künstliches Koma.

Die stellvertretende Ministerpräsidentin von Thüringen, Birgit Diezel, erhält die Nachricht am späten Nachmittag, am Kaffeetisch in ihrem Bauernhof in Ostthüringen. Sie ist, von diesem Moment an, die kommissarische CDU-Vorsitzende und geschäftsführende Regierungschefin. Am nächsten Morgen steht sie übernächtigt vor der Staatskanzlei, redet von Bestürzung und Anteilnahme und davon, dass sie dem Mann der Verstorbenen kondoliert habe. Ansonsten, sagt sie, sei die Regierung handlungsfähig.

In Regierung und CDU herrscht Ausnahmezustand. Niemand weiß, wann Althaus zurückkommt – und vor allem: wie. Der Ministerpräsident liegt im Krankenhaus von Schwarzach und wird am 3. Januar aus dem Koma geholt. Bauminister Gerold Wucherpfennig, der in der Nähe Urlaub machte, besucht ihn als erster Politiker. Auch Fraktionschef Mohring reist an.

Birgit Diezel, die an der Trauerfeier für das Unfallopfer teilnimmt und im Anschluss nach Schwarzach fährt, wird nicht zu dem Patienten vorgelassen. Die Ärzte verweigern ihr den Zutritt »aus medizinischen Gründen«. Die amtierende Ministerpräsidentin erfährt nur, dass Althaus sitze, esse und trinke. Er werde wohl keine bleibenden Schäden davontragen.

Parallel ermittelt die Staatsanwaltschaft in Leoben gegen Althaus wegen fahrlässiger Tötung. Der Beschuldigte lässt mitteilen, dass er keine Erinnerung an den Unfall besitze. Am 9. Januar wird er per Hubschrauber ins Jenaer Universitätsklinikum verlegt. Am selben Tag fliegt auch Angela Merkel nach Thüringen – allerdings nach Erfurt, zur Neujahrsklausur des Bundesvorstandes. Beim Empfang im Kaisersaal drückt sie ihr Mitgefühl aus und geht danach zur Tagesordnung über. Es ist Bundestagswahljahr.

Sowieso läuft alles weiter, irgendwie. Das Kabinett berät das aktuelle Konjunkturpaket, mit dem die Finanz- und Wirtschaftskrise eingedämmt werden soll. Der Landtag debattiert den Neubau einer Fachklinik in Eisenach und die steigende Anzahl von Klagen gegen die Sozialreform Hartz IV. Zu Beginn der Sitzung Ende Januar wünscht Parlamentspräsidentin Dagmar Schipanski aus der Ferne Althaus, »dass er bald wieder mit voller Leistungskraft die Geschicke des Freistaats lenken« werde.[251]

A, B oder C?

Zu all dem ist von Christine Lieberknecht öffentlich wenig zu vernehmen. Natürlich, sie teilt ihre Betroffenheit mit. Natürlich, sie spricht mit Diezel und allen, die in Partei und Regierung wichtig sind. Und natürlich: Sie telefoniert mit SPD-Chef Matschie und dem Linken-Fraktionsvorsitzenden Dieter Hausold.

Längst haben die Spekulationen begonnen. Je länger Althaus im Krankenhaus liegt und je deutlicher wird, dass ein Strafprozess unvermeidlich ist, umso mehr wird über die mögliche Nachfolge des verunglückten Ministerpräsidenten geredet. Wenn es nicht mit Plan A, also Althaus, klappt, kommt dann Plan B wie Birgit Diezel? Oder Plan C, wie Christine Lieberknecht?

Auch über Fraktionschef Mike Mohring redet man auf den Fluren der Ministerien und des Landtags, und darüber, wie wenig er sich mit der Sozialministerin in letzter Zeit vertrage. Sogar Bernhard Vogel wird wieder gehandelt.

Diezel dementiert, so deutlich es nur geht. Priorität, sagt sie, habe die Gesundung von Althaus, das Nachdenken über andere Optionen verbiete sich. Auch Christine Lieberknecht verneint jedwedes Interesse. Eine Nachfolgedebatte sei überflüssig, sagt sie. Wenn es nach ihr gehe, bleibe sie nach der Wahl Sozialministerin.[252] Vogel erklärt, dass er mit seinen 77 Jahren für ein Amt »nicht zur Verfügung« stehe. Er rechne fest mit der Rückkehr des Regierungschefs.[253]

Lieberknecht gibt sich geschäftig. Sie streitet für die Angleichung der Zahnarzt-Honorare ans Westniveau, bemängelt die Gesundheitsreform der Großen Koalition in Berlin und beklagt den Ärztemangel. Ansonsten sind da noch der Kinderschutz, ein seniorenpolitisches Konzept, das neue Pflegegesetz, das Amtsjubiläum des Bürgermeisters in Bad Sulza und das neue Faltblatt »So schlafen Kleinkinder richtig«.

Doch die Debatte über Althaus lässt nicht nach. Das Drama um den thüringischen Ministerpräsidenten, der sich inzwischen in einer Rehabilitationsklinik in Allensbach befindet, bleibt ein mediales Großereignis. Dass es weder Bilder noch echte Nachrichten vom Bodensee gibt, lässt das Interesse des Boulevards bloß wachsen.

In der Öffentlichkeit ist das Vorurteil gefällt. Althaus, heißt es auf der Straße und in Internetforen, habe die Mutter eines einjährigen Kindes totgefahren. Punkt. Für manche ist der Ministerpräsident schlicht ein Mörder. Dass ihm selbst ein großes Unglück widerfahren ist, dass es sich, bei aller mutmaßlichen Fahrlässigkeit, um einen tragischen Unfall handelt, wollen wenige sehen.

Nur als Anfang Februar der Vater von Althaus stirbt, und der Patient vom Bodensee zur Trauerfeier nach Heiligenstadt fährt, entsteht so etwas wie öffentliches Mitleid. Die Medienmaschinerie dreht voll auf. Leibwächter schützen den Ministerpräsidenten mit schwarzen Schirmen vor Blicken und Kameras. Althaus sitzt in der ersten Reihe der Kirche, blass, krank, kaum ansprechbar.

Es ist die Heimkehr eines Mannes, der noch wenige Monate zuvor unverwundbar schien. Hier, in der katholischen Kirche St. Gerhard, wurde er gefirmt, hier war er Messdiener, hier legt er die Beichte ab. Nun, sieben Wochen nach dem tödlichen Unfall in der Steiermark, spielen sie das Requiem für seinen Vater Heinz.

Doch plötzlich, am nächsten Tag, als Dieter Althaus das frische Grab besucht, steht er dort als gesunder Mann. So jedenfalls wirkt es auf dem Foto, das die »Bild«-Zeitung exklusiv veröffentlicht. Kurz zuvor hat das Blatt noch Paparazzi-Bilder abgedruckt, die einen gebrechlichen Dieter Althaus an der Hand seiner Frau beim Spaziergang in Konstanz zeigten. Diesem Eindruck will Althaus offenbar mit einer neuen Medienstrategie begegnen.

Das ist nicht einfach. Ausgerechnet Althaus' Bruder Bernd-Uwe spricht im Fernsehen aus, was viele in der Partei denken: Der Ministerpräsident sei »definitiv nicht der Alte«. Er rate ihm nicht zu einer Rückkehr ins Politikgeschäft.[254] Auch seine Gegner melden sich. Die frühere CDU-Bundestagsabgeordnete Vera Lengsfeld sagt: »Ich glaube nicht, dass Dieter Althaus Thüringen für die CDU erneut gewinnen kann.« Christine Lieberknecht sei »diejenige mit den rundum allerbesten Chancen und Voraussetzungen, um sicherzustellen, dass

Thüringen nicht in die Hände von Herrn Ramelow und seiner Linkspartei fällt.«[255]

Die Zeit drängt, bis zur Landtagswahl bleibt nur ein halbes Jahr. Spätestens Ostern, sagt der Eichsfelder CDU-Bundestagsabgeordnete Manfred Grund, müssten die CDU und Althaus entscheiden, wie es weitergehe. Obwohl Parteigeschäftsführer Andreas Minschke darauf mit der Bemerkung reagiert, es gebe »keine Deadline«,[256] geht nun alles sehr schnell. Am 2. März erhebt die Staatsanwaltschaft Leoben Anklage wegen fahrlässiger Tötung. Althaus verzichtet auf eine persönliche Vernehmung und erklärt schriftlich, dass er, obwohl er sich nicht erinnere, die Verantwortung für den Tod von Beata Christandl übernehme.

Bereits am nächsten Tag verurteilt das Bezirksgericht in Irdning den Ministerpräsidenten zu einer Geldstrafe von 33.300 Euro. Dies entspricht 180 Tagessätzen á 185 Euro, liegt also gerade noch unter dem Strafmaß, ab dem man in Österreich als vorbestraft gilt. Zusätzlich muss Althaus 5.000 Euro Schmerzensgeld an den Witwer zahlen. Wieder äußert sich der Regierungschef nur schriftlich: »Ich stehe zu meiner Verantwortung, die sich aus der Rekonstruktion des Unfallhergangs ergibt, auch wenn ich mich an den Skiunfall am Neujahrstag nicht erinnern kann. Wichtig ist mir, dass sich zumindest der materielle Ausgleich gegenüber den Hinterbliebenen von Beata Christandl nicht verzögert.«[257]

Es wird viereinhalb Jahre dauern, bis alle Versicherungsfragen geklärt sind. Anfang August 2013 teilt der Salzburger Rechtsanwalt Alexander Rehrl mit, dass die Angelegenheit »vollständig abgeschlossen« sei.[258]

PR-Kampf

Am 5. März 2009, zwei Tage nach dem Blitzurteil, gibt Althaus die nächste Erklärung ab. Er stelle sich der Wiederwahl und kandiere auf dem CDU-Landesparteitag am 14. März in Waltershausen für Platz 1 der Landesliste. Wieder teilt sich der Ministerpräsident nur durch eine schriftliche Erklärung mit. Es gibt keine öffentliche Äußerung und keine Bilder von ihm. Selbst zum Parteitag kann Althaus nicht erscheinen, weshalb die Nominierung in seiner Abwesenheit durchgezogen werden soll.

Am Wochenende vor dem Parteitag fahren Birgit Diezel und Klaus Zeh in die Klinik nach Allensbach. Es geht um die Wahlliste; Althaus will mitbestimmen, wer wo steht. Dagmar Schipanski, die er nicht mehr im künftigen Landtag sehen möchte, schiebt er nach hinten auf Platz 14. Althaus wirkt auf seine Besucher geistig klar und entschlossen. Dennoch merken sie, wie sehr es ihn anstrengt, länger aufmerksam zu sein und zu sprechen. Aber niemand wagt, ihn darauf anzusprechen. Das Wort des Vorsitzenden gilt, ohne Widerrede.

Die Liste wird so, wie sie Althaus genehmigt hat, in Erfurt von Präsidium, Vorstand und den Kreischefs beschlossen. Lieberknecht lässt alle anderen Termine absagen, um an den Treffen teilzunehmen. Die Sozialministerin wird auf Listenplatz 4 gesetzt, hinter Althaus, Diezel und Mohring.

Parallel dazu setzt Althaus die PR-Offensive in der »Bild«-Zeitung fort. »Mein Mann ist geistig wieder voll da, wir machen täglich Sport. Joggen, Schwimmen«, wird Katharina Althaus zitiert. Der Tod von Beata Christandl habe ihren Mann »zutiefst erschüttert«. Deshalb halte die Familie jetzt erst recht zusammen. »Wir beten täglich.«[259]

Am 14. März versammelt sich die Landespartei in Waltershausen. Diezel hält eine wackelige Rede und verliest eine Erklärung von Althaus, in der er mitteilt, dass er bereit sei, »dem Freistaat weiter zu dienen«. Die Situation in dem Saal, aus dem alle nationalen Medien berichten, ist bizarr. Althaus wird mit 94,6 Prozent als Spitzenkandidat nominiert. In einer SMS, die verlesen wird, bezeichnet er das Resultat als »Ansporn und Verpflichtung«. Diezel wird dagegen mit 84 Prozent abgestraft, dasselbe gilt für Mohring, der 72,4 Prozent erhält. Nur Marion Walsmann schneidet auf den ersten 30 Plätzen ebenso schlecht ab.

Lieberknecht wählen dagegen 87,1 Prozent der Delegierten, sie gehört damit zu den fünf Kandidaten mit den besten Ergebnissen. Mario Voigt, der Chef der Jungen Union, sagt: »Es ist richtig, dass die Partei auch in menschlich schweren Zeiten auf (Dieter Althaus) als klare Nummer eins setzt. Dennoch haben wir eine gute Mannschaft, wo zum Beispiel die stellvertretende Ministerpräsidentin Birgit Diezel eine nachhaltige, generationengerechte Finanzpolitik vertritt oder Christine Lieberknecht glaubwürdige, engagierte Sozialpolitik macht.«[260]

Den Namen Mohrings erwähnt Voigt nicht. Die beiden gelten als verfeindet. Ihre Konkurrenz erscheint wie der Wettbewerb zweier unterschiedlicher Lebensentwürfe. Während Mohring nach dem Abbruch des Jura-Studiums seine Karriere im Landtag aufbaute, promovierte der fünf Jahre jüngere Voigt nach Abschluss seines Politikwissenschaft- und Rechtsstudiums. Nebenher amtierte er als Bundesvorsitzender im RCDS, dem Ring Christlich-Demokratischer Studenten, wo er sich mit dem gleichaltrigen Christian Carius anfreundete, der 1999 zusammen mit Mohring in den Landtag einzog.

Voigt denkt strategisch. Er hat in den USA studiert und als Wahlbeobachter für die Adenauer-Stiftung gearbeitet. Er weiß um die Gefahr einer Niederlage bei der Landtagswahl. Und er weiß, dass dann Diezel oder Lieberknecht mit der SPD verhandeln sollten. Unter einem Parteichef namens Mohring könnten er oder Carius die gemeinsam verabredete Karriere getrost vergessen.

Doch jetzt ist erst einmal Wahlkampf – und der Start misslingt gründlich. Am Morgen nach dem Parteitag erscheint in der »Bild am Sonntag« der Vorbericht zu einer Interview-Serie der »Bild« mit Althaus. Chefredakteur Kai Diekmann war dafür an den Bodensee gereist und beschreibt nun einen nachdenklichen Ministerpräsidenten: »Dieter Althaus dreht an einem schmalen silbernen Ring am kleinen Finger seiner linken Hand. Diesen Ring habe ihm seine Mutter geschenkt. Ein Rosenkranzring, um zu beten.«[261]

Ab Montag erscheint in der »Bild« die Fortsetzung. »Ich glaube, Schuld ist nicht die richtige Kategorie, um solch ein tragisches Unglück zu bewerten«, wird Althaus zitiert. »Ich fühle mich aber verantwortlich.«[262] Schuld ist nicht die richtige Kategorie? Das, was als Klarstellung, als Beleg der Empathie gedacht ist, verkehrt sich ins Gegenteil. Nicht nur die regionalen Medien reagieren empört. Auch in der mit einer SMS abgefertigten Landespartei beginnt es zu rumoren.

Diezel und Lieberknecht sind entgeistert. Sie schätzen die Situation wie Angela Merkel als gefährlich ein. Die Kanzlerin hatte noch kurz vor der Veröffentlichung in Thüringen angerufen, um die Parteifreundinnen vor der Veröffentlichung zu warnen. Aus dem Umfeld von Althaus heißt es entschuldigend, dass es nur zu dem Interview kam, weil die »Bild«-Zeitung noch andere, »verheerende Fotos« des Patienten vom Bodensee besitze. Darum habe er sich für die Kampagne hergeben müssen.

Doch Andeutungen, dass die Zeitung den kranken Mann zum Gespräch nötigte, passen nicht dazu, dass Althaus schon im Jahr 2008 versucht hatte, Gerüchte über ein uneheliches Kind mit einem Interview in der »Bild« zu bekämpfen. Und sie passen nicht dazu, dass Althaus' Chefberater Hermann Binkert, inzwischen Staatssekretär in der Staatskanzlei, hervorragende Kontakte zum Springer-Verlag unterhält.

Mit dem Interview ist der Ton für den Wahlkampf gesetzt. Er vermisse ein »klares Bekenntnis zur Schuld«, sagt SPD-Landeschef Christoph Matschie. Althaus habe das »Erbe von Vogel verspielt«[263]. Das Bekenntnis des neuerlichen Linken-Spitzenkandidaten Bodo Ramelow, dass der Unfall »kein Wahlkampfthema«[264] sei, wird weidlich ignoriert.

Matschie und Ramelow kommt die Krise der CDU ganz recht, um von ihrem eigenen Dilemma abzulenken. Die SPD hat auf Druck ihres Landeschefs beschlossen, keinen linken Ministerpräsidenten zu wählen. Sie will Rot-Rot nur unter sozialdemokratischer Führung akzeptieren. Dies bedeutet im Umkehrschluss, dass die Partei sich in eine Koalition mit der CDU begeben dürfte. Denn die SPD ist seit zwei Landtagswahlen schwächer als die Linkspartei, auch dieses Mal deuten die Wahlumfragen auf ein ähnliches Ergebnis hin. Die Sozialministerin verrichtet dagegen ihre Arbeit, als gebe es keine »Bild«-Zeitung, keine SPD und keine Parteikrise. In Geisa überreicht sie den Point-Alpha-Preis an die Bürgerrechtsbewegung der DDR (und ein bisschen an sich selbst), spricht beim Jahresempfang der Christlich-Demokratischen Arbeitnehmer, besucht Behinderten-Werkstätten, übergibt Fördermittelbescheide und Lottogelder, spricht auf dem Bundesdrogenkongress.

Sie arbeitet so viel, dass sie unter der Woche oft im Ministerium übernachtet, in einer kleinen Kemenate neben ihrem Büro. Sie kümmert sich um Impfkosten und Schweinegrippe, warnt vor Zeckenbissen, erfindet eine Kinderrabattkarte für Familien und leitet die Konferenz der Gesundheitsminister. Ab und an trifft sie sich mit Birgit Diezel zum Essen. Die beiden, die nicht immer miteinander konnten, sind sich in einem einig: Wenn es darauf ankommen sollte, werden sie sich nicht auseinander dividieren lassen.

Rückblickend erscheint es so, als führte Christine Lieberknecht einen Parallelwahlkampf zu der Kampagne von Dieter Althaus. Der Ministerpräsident kehrt Anfang April ins heimische Eichsfeld zurück und absolviert am 20. April in Erfurt seine erste Pressekonferenz, 110 Tage nach dem Unfall und dem Tod von Beata Christandl. Die Anmeldungen der Medien sind derart zahlreich, dass Althaus im großen Barocksaal der Staatskanzlei auftritt. Dort erklärt er, dass er nie an seiner Rückkehr gezweifelt habe. Jetzt gehe es um die Rettung von Opel in Eisenach, die Wirtschaftskrise, den Mittelstand.

Doch das einzige Thema, das die Journalisten interessiert, ist der Unfall. »Ich habe einen Fehler gemacht und bitte um Vergebung«, sagt Althaus in gezwungenem Ton. Jetzt wolle er zeigen, dass »ich fit bin und wir als CDU die besseren Konzepte haben«.[265] Sein Ziel für die Landtagswahl seien 45 Prozent plus x.

Eine Umfrage, die im Mai erscheint, scheint diesem Optimismus Recht zu geben. Althaus kommt auf 40 Prozent Zustimmung – so wie die CDU. Dies wäre mehr als vor dem Unfall. Die SPD liegt bei 18 und die Linke bei 25 Prozent.[266] Die Erhebung hat das Meinungsforschungsinstitut forsa durchgeführt, dessen Chef Manfred Güllner in engem Kontakt mit Staatssekretär Hermann Binkert steht. Auch in den kommenden Monaten werden forsa-Umfragen die Thüringer CDU bei 40 Prozent sehen, andere Institute verorten die Partei nur bei 36 Prozent und darunter.[267]

Finanziert hat die erste forsa-Umfrage das Internet-Portal »tolles-thueringen.de«, das von einem ehemaligen »Bild«-Redakteur gesteuert wird, hinter dem anonyme Investoren und Binkert stehen. Zwei Wochen vor der Landtagswahl erscheint ein Heft unter der Überschrift »Tolles Thüringen«. In dem Blatt wird in einer Auflage von einer Million für Althaus und die CDU geworben. Im Zentrum steht ein Interview mit Katharina Althaus, in dem sie sich zu dem Unfall, den Folgen und ihrer Anteilnahme für die Angehörigen des Opfers äußert.

Doch der Coup ist zu durchsichtig, zumal sich der Witwer von Beata Christandl dagegen wehrt. Über seinen Anwalt spricht er von »Vertrauensbruch« und bezeichnet die Äußerungen als »pietätlos«. Die SPD-Landtagsfraktion erstattet Strafanzeige, weil die staatliche Lotto-Gesellschaft – die inzwischen Jörg Schwäblein führt – eine Anzeige in dem Werbeheft geschaltet hat. Die Linke vermutet illegale Wahlkampffinanzierung, was jedoch die zuständige Bundestagsverwaltung nach einer Prüfung nicht bestätigt.

Zehn Tage vor der Wahl darf die CDU laut infratest dimap nur noch mit 34 Prozent rechnen. Die Linke liegt mit 24 Prozent deutlich vor der SPD (19 Prozent). FDP und Grüne können sich sicher im Landtag fühlen. Alles spricht für eine schwarz-rote Koalition – und zwar unter einer Ministerpräsidentin Christine Lieberknecht und einem CDU-Chef Mohring. So sagt es einen Tag vor der Wahl die »Thüringer Allgemeine« voraus. Althaus, schreibt die Zeitung, sei für die SPD-Basis nicht vermittelbar. Rot-Rot erscheine auf Grund des Neins der SPD zu einem linken Regierungschef ausgeschlossen.

In diesen Tagen trifft Bernhard Vogel seinen Nachfolger bei einer Veranstaltung in Weimar. Die beiden fahren zusammen in der Dienstlimousine des Ministerpräsidenten nach Erfurt. »Bist du dir bewusst, dass das ein sehr schlechtes Wahlergebnis wird?«, fragt der Alte den Jüngeren. »Wie nützt du die nächste Woche, um dich darauf vorzubereiten?« Doch Althaus will das nicht hören. Die Stimmung auf den Plätzen im Land sei ganz anders als in den Umfragen, antwortet er, die absolute Mehrheit erreichbar. Vogel widerspricht, dringt aber nicht mehr durch. Der Ministerpräsident befindet sich in einem Tunnel. Er ist dort ganz allein.

Wahltag

Die Medien wittern, dass die Geschichte um den verunglückten und wieder-
gekehrten Ministerpräsidenten einem dramatischen Finale entgegen steuert.
Außer in Thüringen wird am 30. August 2009 in Sachsen und dem Saarland
neu gewählt, doch die Fernsehanstalten erwählen den Landtag in Erfurt zu
ihrer Sendezentrale.

Tausende Meter Kabel sind am letzten Augustsonntag durch die Gebäude
im Erfurter Süden verlegt, vor dem Parlament stauen sich die Übertragungswagen, der Plenarsaal und mehrere Sitzungsräume sind zu Studios umgebaut. Auf
dem Programm steht die neueste Folge einer Reality-Serie, die Deutschland
seit acht Monaten beschäftigt.

Als die Prognose auf den Fernsehschirmen im Landtag und im Büro des
Ministerpräsidenten erscheint, haben sich die Zahlen schon herum gesprochen.
Doch die Gewissheit entwickelt ihre eigene Wucht. In Raum 001 des Parla-
ments, in dem sich die Union zusammengefunden hat, herrscht Schockstarre.
Die CDU liegt bei 31 Prozent, die FDP bleibt einstellig – und die Mehrheit
für Rot-Rot-Grün ist da. Das Einzige, was für den Machterhalt spricht, ist das
Versprechen der SPD, nicht unter Führung der Linken zu regieren, die mit gut
26 Prozent acht Prozent vor den Sozialdemokraten landet.

Marion Walsmann und Christine Lieberknecht im September 2009.
Quelle: Sascha Fromm, Archiv TA

Die CDU verliert seit langer Zeit Direktmandate an die SPD und erstmals an die Linken. Birgit Diezel in Gera und Marion Walsmann in Erfurt scheitern, während das Weimarer Land steht. Lieberknecht gewinnt ihren Wahlkreis mit 37,2 Prozent, Mohring den seinen mit 34,9 Prozent.

Es ist die schwerste Niederlage in der Geschichte der Thüringer CDU. Sie ist das Ergebnis des Skiunfalls und der verunglückten Medienkampagne. Aber sie ist auch die Quittung für die Familienoffensive, die Kabinettsreform und andere Peinlichkeiten. Nicht Althaus allein hat verloren, sondern die gesamte Regierung und die sie tragende Union.

Doch das politische Spiel funktioniert anders, grausamer. Als Althaus vor dem Landtag vorfährt, wird er eingehüllt von einem Schwarm Kameras, durch den seine Leibwächter mühsam den Weg zum Fernsehstudio bahnen, wo SPD-Chef Christoph Matschie und Linken-Spitzenkandidat Bodo Ramelow auf ihn warten.

Althaus gesteht Verluste ein, schließt aber einen Rücktritt aus und bietet der SPD Gespräche an. Matschie erklärt »das System Althaus« für beendet – sagt aber, dass es dabei bleibe, dass ein Linker nicht Ministerpräsident werden könne. Ramelow besteht darauf, als zweitgrößte Fraktion den Auftrag zur Regierungsbildung zu haben. Rot-Rot beginnt sich gegenseitig zu blockieren. Die erwartete Option ist da: Schwarz-Rot – aber ohne Althaus. Dies ist die Basis für das, was nun geschieht.

Es ist schon dunkel, als der Ministerpräsident im Erfurter Gasthaus »Hopfenberg« eintrifft, wo die CDU ihren Frust ertränkt. Zu seiner Linken läuft ein Leibwächter, zur Rechten Fraktionschef Mohring. Der Ministerpräsident lässt sich von jedem, der mag, umarmen, auch von Christine Lieberknecht, die in ihrem roten Kostüm auffällig gefasst erscheint.

Die Sozialministerin befindet sich in der erwartet komplizierten Situation. Sie ist die sozialdemokratische Wunschkandidatin, insbesondere von Christoph Matschie, der sich öffentlich für sie ausspricht – und dessen Ablehnung von Althaus an Feindschaft grenzt. »Ihre Bilanz ist ein politisches Trauerspiel, Herr Althaus: verpasst, vergeigt, vergeudet«, hatte der SPD-Fraktionschef im Juni im Landtag gerufen, während auf der Regierungsbank der Ministerpräsident saß und mit den Kiefern mahlte. Wenn man wiederum Althaus auf Matschie ansprach, fragte er giftig: »Wer ist das?«

Vor dem »Hopfenberg« wiederholt Althaus, dass er vom Ergebnis enttäuscht sei und zu Gesprächen einladen werde, »um eine stabile Regierung zu bilden«. Aber was, wird er gefragt, bedeute das Ergebnis für ihn? »Gar nichts.«

Mohring ist sichtlich nervös. Er weiß, dass er mit seinen 37 Jahren noch nicht nach der ganzen Macht greifen kann. Aber er will sich in Stellung bringen und neben dem Vorsitz in der Fraktion Parteichef werden. Althaus könnte dies als letzte Amtshandlung durchsetzen. Als Gegenleistung würde Diezel oder Lieberknecht Ministerpräsidentin, falls es zu einer Koalition mit der SPD käme.

Absetzbewegungen

Am Montag nach der Wahl fahren die Thüringer Parteivorsteher nach Berlin, um sich bei der Bundespartei die obligatorischen Blumensträuße abzuholen. In der Landes-CDU werden Gerüchte gestreut, dass sich Althaus und Matschie in der Hauptstadt zum Frühstück verabredet hätten. In Wirklichkeit sitzt der SPD-Chef in seinem Dienstwagen, als ihn der Ministerpräsident auf dem Handy anruft. Althaus musste sich über das Büro von Matschie verbinden lassen, die direkten Anrufe hatte Matschie ignoriert. Der CDU-Chef bittet um ein Privatgespräch. Matschie antwortet, dass er lieber die Sondierungsverhandlungen abwarte. Dann legt er auf.

In der CDU beginnen die Absetzversuche. Nachdem Dagmar Schipanski Althaus schon am Wahlabend aufforderte, »im Team« zu spielen, verlangt nun JU-Chef Voigt eine »offene Fehleranalyse«, bei der es auch um Personen gehen müsse. Ex-Innenminister Köckert führt das »verheerende Resultat« in den größeren Städten auf »schwere Versäumnisse« der CDU zurück.

Mohring bekräftigt dagegen, es gebe »kein Aufbegehren«. Ein Rücktritt des Regierungschefs komme nicht in Frage. Althaus selbst sagt, es gebe den »eindeutigen Auftrag« an ihn, eine Regierung zu bilden und sie zu führen – und zwar für fünf Jahre.

Montagmittag tritt Christine Lieberknecht in der Kantine des Regierungsviertels ans Mikrofon und spricht von Wehmut. Die Sozialministerin meint die Pensionierung ihres Staatssekretärs, die sie gewohnt empathisch zelebriert. Danach will sie nichts zur Lage mitteilen, außer, dass die CDU der SPD »auf Augenhöhe« begegnen müsse. »Niemand«, sagt sie, solle sich »der Illusion hingeben, dass das mit den Sozialdemokraten einfach wird«.

Am Nachmittag tritt die CDU-Spitze in Erfurt zusammen. Lieberknecht sitzt dabei, so wie sie immer dabei sitzt, obwohl sie nicht dem Vorstand angehört und seit ihrer Absetzung als Fraktionschefin kein Besuchsrecht mehr besitzt. Doch niemand verwehrt ihr den Zutritt. Man will keinen Eklat. Der Druck, der auf der CDU lastet, ist in dem kleinen Sitzungssaal der CDU-Geschäftsstelle zu spüren.

Althaus redet davon, dass das Wahlergebnis »unbefriedigend« sei. Die Partei habe wohl auf einige falsche Themen gesetzt und andere nicht kommunizieren können. Damit ist die Analyse beendet. Bernhard Vogel, der als Ehrenvorsitzender dabei sitzt, sagt, dass die Partei jetzt alles dafür tun müsse, um mit der SPD eine Regierung zu bilden. Der Mann, der Thüringen mehr als elf Jahre regierte, will nicht, dass sein Lebenswerk zerstört wird. Er hat Althaus zum Ministerpräsidenten gemacht, aber er weiß, dass sein Nachfolger den Machterhalt gefährdet.

Auch öffentlich lässt Vogel sich mit Sätzen zitieren, die Althaus als Affront begreifen muss. »Zunächst einmal«, sagt er etwa, sei »nicht die Stunde, um Personaldebatten zu führen.« Zunächst einmal. Doch welche Rolle sieht Vogel für sich? Rat geben ja, Amt übernehmen nein, das wiederholt er seit dem Unfall von Althaus immerfort. Aber er weiß auch, dass er demnächst auf Drängen der Kanzlerin mit dem Vorsitz der Adenauer-Stiftung sein letztes Amt aufgibt.

So spielt jeder sein Spiel. Alles hängt an Althaus, der vom Vorstand einstimmig beauftragt wird, mit der SPD die Sondierungsgespräche zu führen. Mit in der vierköpfigen Verhandlungskommission der CDU sitzen: Mohring, Zeh und Althaus' erste Stellvertreterin Birgit Diezel.

Geheimtreffen

Dienstag, 1. September. Jetzt wird es ungemütlich in der Regierungspartei, die vielleicht bald keine mehr ist. »Die CDU muss jetzt zeigen, dass es ihr um die Zukunft Thüringens und nicht um eine Personalie geht«, sagt die Thüringer Ex-Bundestagsabgeordnete Vera Lengsfeld. Michael Brychcy, Präsident des Gemeinde- und Städtebundes und CDU-Bürgermeister, fordert den Rücktritt von Dieter Althaus: »Wenn man den Neuanfang will, dann geht es nicht anders.« Der Landtagsabgeordnete Günter Grüner schlägt vor, wer nachfolgen solle: Lieberknecht oder Mohring.

Bernhard Vogel ist es, der Althaus das Unvermeidliche mitteilt. Er rät ihm, die Verhandlungen mit der SPD zu führen, aber gleichzeitig seinen Verzicht zu erklären. Damit stärke er seine Position, könne seine Nachfolge regeln und zwinge die Sozialdemokraten dazu, ihr Aber-nicht-mit-Althaus-Spiel zu beenden. Doch der Ministerpräsident hört längst nicht mehr auf seinen früheren Mentor.

Am Abend kommt es zu einer der ersten informellen SPD-CDU-Begegnungen. Mohring trifft sich mit Carsten Schneider, dem SPD-Bundestagsabgeordneten und Thüringer Spitzenkandidaten im sich gerade erhitzenden Bundeswahlkampf. Die beiden sind nur ein paar Jahre auseinander, Mohring ist 37, der Sozialdemokrat 33. Man duzt sich.

Nun sitzen sie in einer Kneipe in der Erfurter Michaelisstraße. Schneider bestätigt Mohring, dass eine gemeinsame Regierung unter Althaus undenkbar sei, die Stimmung an der Basis tendiere eher zu Rot-Rot-Grün. Mohring hält dagegen, aus Loyalität, aber auch, weil er Althaus noch braucht, um sich den Parteivorsitz zu sichern.

Am selben Abend findet noch ein Treffen statt. Christine Lieberknecht ist nach Jena gefahren. Sie lässt ihre Dienstlimousine nahe des Universitätshauptgebäudes parken und läuft hinüber zur Stadtverwaltung, wo sich das Büro von Albrecht Schröter befindet. Der Sozialdemokrat ist seit drei Jahren Oberbürgermeister – und seit 25 Jahren mit Lieberknecht befreundet. 1984 empfingen die beiden in der Georgenkirche zu Eisenach gemeinsam die Pfarrersweihe.

Althaus ist über das Treffen nicht informiert – dafür aber Matschie. Schröter hat vom SPD-Chef den Auftrag, auszuloten, ob Lieberknecht zur Führung einer schwarz-roten Koalition bereit sei. Die Sozialministerin, die weiß, wie gefährlich diese Situation für sie ist, hält sich bedeckt, trotz des teuren französischen Rotweins, den Schröter serviert. Sie verteidigt Althaus, sagt, dass er immer noch der richtige Mann sei. Doch so oder so: Der Kontakt ist hergestellt, am CDU-Chef vorbei. Das allein zählt.

Mittwoch, 2. September. Am Vormittag tagt die um ein Drittel geschrumpfte CDU-Landtagsfraktion, die alten Abgeordneten sind ein letztes Mal eingeladen. Zwar wagt niemand, Althaus direkt anzugreifen. Aber es sagt auch niemand, »Dieter, wir halten zu Dir, egal was kommt«. Mohring hält sich bedeckt. Er zitiert nur den alten Satz von Bernhard Vogel: »Erst das Land, dann die Partei, dann die Person.«

Am Rande der Sitzung drängen einzelne Abgeordnete Diezel und Lieberknecht, eine Entscheidung herbeizuführen. Offiziell spricht sich die Fraktion dafür aus, Althaus mit der Führung der Sondierungsgespräche zu beauftragen. Das Votum ist einstimmig.

Dennoch hat der Ministerpräsident verstanden. Er fühlt sich verraten. Den engsten Freunden im Eichsfeld gegenüber klagt er: Wie habe er sich durch die Rehabilitation gequält, das Urteil akzeptiert, den Strapazen des Wahlkampfes unterworfen. Und nun diese Undankbarkeit? Aber er habe es ja gewusst.

Althaus verlässt die Sitzung als erster, er rennt fast aus der Tür des Fraktionssaals im Landtag. Die Journalisten, die vor der Tür warten, ignoriert er. Auch die Ministerinnen für Soziales und Finanzen haben es eilig. Sie fahren zu einem mexikanischen Restaurant am Rande der Stadt, an der Bundesstraße nach Weimar. Dort reden Lieberknecht und Diezel darüber, dass etwas geschehen muss – und sie sind sich einig, dass eine Entscheidung nötig ist. Doch noch zögern sie.

Um 14 Uhr, in der Staatskanzlei, sitzt das Kabinett in einem Salon neben dem Barocksaal zusammen. Althaus scheint sich gefangen zu haben, er wirkt merkwürdig aufgekratzt, als er mit seinen Ministern die Programme von SPD und CDU durchgeht. Man kommt auf 70 Prozent Übereinstimmung; dies, finden alle Beteiligten, sei doch ein Anfang.

Am Abend jedoch, als Klaus Zeh zu Althaus ins Büro kommt, hat sich die Stimmung endgültig gedreht. Der Ministerpräsident reagiert mürrisch, fast abweisend. Er will nicht reden. Wenig später lässt er sich in seine kleine Wohnung am Fischersand fahren, die nur wenige hundert Meter von der Staatskanzlei entfernt liegt. Er geht die steinerne Treppe mit dem roten Geländer hinauf und tritt in das kleine Wohnzimmer mit der beige-gemusterten Couch und der Schrankwand, in der ein Fernseher steht. Er ist jetzt ganz mit sich allein. Später, in der Nacht, telefoniert er mit seiner Frau und seiner Mutter in Heiligenstadt. Der Wetterbericht hat für den nächsten Tag Regen vorhergesagt.

Flucht

Donnerstag, 3. September. Die SPD hat – als drittgrößte Partei – zuerst die Linke zu Sondierungsgesprächen eingeladen. Am Samstag will sie mit der CDU sprechen. Der »Deutschlandfunk« sendet kurz vor sieben Uhr ein Interview mit dem Fraktionschef der CDU im Thüringer Landtag. Frage: »Warum zieht sich Herr Althaus nicht einfach zurück?« Antwort von Mike Mohring: »Man gewinnt gemeinsam und man verliert gemeinsam, und deshalb führt Dieter Althaus jetzt auch die Sondierungsgespräche an. Und unser Ziel ist es, dass er auch dann Ministerpräsident einer schwarz-roten Koalition ist.«

Kurz nach neun Uhr parken zwei BMW mit Eichsfelder Kennzeichen an dem rot getünchten Haus am Erfurter Fischersand. Ein Mann im grauen Anzug steigt ein, die Autos fahren über das Pflaster der Altstadt hinüber in die Regierungsstraße, zur Staatskanzlei, durch das Eisentor auf den Kies des Innenhofs, zum Südflügel des Gebäudes. Dort gibt es eine Tür zu einer schmalen Treppe, die direkt in den zweiten Stock führt, in das Büro des Ministerpräsidenten.

Um halb zehn kommt Staatskanzleiminister Zeh herunter, er hat sein Büro direkt über dem Zimmer des Regierungschefs. Althaus sitzt am Tisch und schreibt. Er blickt auf und sagt, dass er sofort zurücktrete, als Ministerpräsident und als Vorsitzender der CDU. Sein Entschluss stehe fest. Zeh versucht, ihn umzustimmen. Doch vergebens.

Der Ministerpräsident schreibt mehrere Briefe, der Text füllt jeweils nur eine halbe A4-Seite. Die Adressaten sind Mike Mohring, Bernhard Vogel,

Angela Merkel und Birgit Diezel. Die Sekretärinnen senden die Schreiben per Fax. Um 10.55 Uhr schickt die Staatskanzlei eine E-Mail an die Medien. Sie besteht aus einem einzigen Satz: »Mit sofortiger Wirkung trete ich als Ministerpräsident des Freistaats Thüringen und als Landesvorsitzender der CDU Thüringen zurück. Dieter Althaus, 03. September 2009.« Dann geht der gewesene Ministerpräsident die Treppe hinab zum Hof, steigt in das Auto und lässt sich nach Norden fahren, heim, ins fast zwei Autostunden entfernte Eichsfeld. Dort verschließt er sein Haus vor den Kameraleuten, die sich schon auf dem Weg nach Heiligenstadt befinden.

Birgit Diezel erhält den Anruf in ihrem Wahlkreisbüro in Gera. Staatskanzleiminister Zeh teilt ihr mit, dass sie ab sofort amtierende CDU-Chefin sei und die Regierungsgeschäfte wieder übernehmen müsse. Als um elf Uhr der MDR den Rücktritt vermeldet, hat die Limousine der Sozialministerin gerade die Autobahn 4 an der Abfahrt Eisenach-Ost verlassen und befindet sich auf dem Weg zur Jubiläumsfeier einer Ordensschwester. Christine Lieberknecht lässt den Wagen wenden. Die Ministerin weiß, was dieser Moment für sie bedeuten kann. Als erstes kappt sie ihre Verbindung zu Althaus. Der Ministerpräsident handle »autistisch«, sagt sie ihren engsten Beratern. Von nun an wird sie keine Rücksichten mehr nehmen.

Das politische Erfurt steht unter Schock. Kurz nach 12 Uhr lässt der Umweltstaatssekretär in der Staatskanzlei nachfragen, was denn nun sei. Dürfe sein Minister noch die Post öffnen? Oder sollte er lieber nach Hause fahren? Immerhin trete doch laut Verfassung mit dem Ministerpräsidenten automatisch das Kabinett zurück. Aus dem Landtag lässt Präsidentin Schipanski anrufen, wann sie das Rücktrittsschreiben bekomme.

Um 12.48 Uhr verschickt Zeh eine lange SMS an alle Kabinettsmitglieder: »Liebe Kolleginnen und Kollegen, wie ihr sicher bereits schon erfahren habt, ist Dieter heute von seinen Ämtern als Ministerpräsident und Parteivorsitzender zurückgetreten. Ein entsprechendes Schreiben ist an die LT-Präsidentin gesandt worden. Nach Verfassung führt Dieter die Amtsgeschäfte bis zur Wahl eines neuen MP weiter. Mit dem Rücktritt des MP endet die Amtsführung aller Regierungsmitglieder. Dieter wird die Kabinettmitglieder nach Art. 75 Thür. Verf. ersuchen, ihre Amtsgeschäfte bis zur Neuwahl einer LR fortzuführen. Die Schreiben dazu werden gerade gefertigt und euch zeitnah zugesandt. Er wird Birgit bitten, die Abwesenheitsvertretung zu übernehmen. Klaus.«

Übersetzt heißt dies: Alles läuft nun gemäß Artikel 75 der Landesverfassung: Die Präsidentin des Landtags (LT) bekommt das Rücktrittsschreiben des Ministerpräsidenten (MP) – der aber automatisch so lange im Amt bleibt, bis ein Nachfolger vereidigt ist. Zudem fordert Althaus die Minister seiner

Landesregierung (LR) auf, ihre Arbeit bis dahin fortzuführen. Dies alles teilt die Staatskanzlei nicht der Öffentlichkeit mit. Man nimmt an, dass jeder die Verfassung auswendig kennt.

Das ist natürlich ein Irrtum. In Erfurt bahnt sich somit die übliche PR-Katastrophe an. Der Ministerpräsident ist auf der Flucht, die Regierung sprachlos, die CDU in Auflösung. Diezel lässt immer wieder in der Staatskanzlei anrufen, weil Dieter Althaus nicht ans Handy geht, wenn er ihre Nummer sieht. Die Ministerin will endlich das offizielle Schreiben, das sie zur amtierenden Regierungschefin macht.

Die Staatskanzlei quält sich durch das Prozedere. Sie setzt ein für alle Kabinettsmitglieder gleichlautendes Schreiben auf, laut dem sie die Amtsgeschäfte vorerst weiterführen sollen. Das Exemplar für Diezel bekommt zusätzlich den Vermerk mit der Bitte um Vertretung. Mit den Papieren fährt der persönliche Referent von Althaus ins Eichsfeld. Der Ministerpräsident muss ja noch unterschreiben. Die tägliche Post der Staatskanzlei, darunter vor allem Glückwunschschreiben an Jubilare, wird da schon an Diezel weitergeleitet.

Althaus sitzt in seinem Haus in Heiligenstadt, vor dem die ersten Kameras postiert sind. Er führt Telefonate, mit Mohring, Wucherpfennig, Reinholz. Er sagt, dass er keinen Rückhalt mehr verspürte und dass er einer Koalition mit der SPD nicht im Wege stehen wolle. Am späten Nachmittag ist sein Referent da, Althaus unterschreibt die Formulare.

Um 18 Uhr versammelt sich die Fraktion im Landtag, die Stimmung ist niedergeschlagen. Für alle, die ihre Karriere Althaus verdanken, kann dieser Tag das Aus bedeuten. Danach beginnt die nächste Sondersitzung in der Geschäftsstelle der CDU. Das Präsidium tagt. Die amtierende Partiechefin Diezel teilt mit, dass sie Christine Lieberknecht für Althaus in die Sondierungskommission entsende.

Parteigeschäftsführer Andreas Minschke hält dagegen: Nur Bernhard Vogel besitze die nötige Erfahrung. Auch CDU-Schatzmeister Michael Schneider, ein alter Althaus-Freund, ist dafür. Der Raum gefriert. Der Alte, heißt es, befinde sich in der Stadt, er könne jeden Moment hinzukommen. Dass der Ex-Ministerpräsident Termine hat und gerade im Zug von Leipzig nach Berlin sitzt, um beim Fernsehsender »Phoenix« aufzutreten, weiß offenbar niemand.

Fraktionsvize Christian Carius widerspricht Minschke. Eine Delegierung Vogels, sagt er, sende das völlig falsche Signal. Lieberknecht sei die einzig richtige Wahl. Jetzt werben auch andere für die Sozialministerin, die still dabei sitzt. Mohring schweigt. Damit endet die Debatte so schnell, wie sie begonnen hat: Lieberknecht wird vom Präsidium für das Verhandlungsteam nominiert.

Machtwechsel

Am Ende der ersten Septemberwoche kehrt der Sommer zurück. Im Garten des noch geschäftsführenden, aber doch irgendwie im Urlaub befindlichen Ministerpräsidenten wird ein blaues Pavillonzelt aufgebaut, das mit einem blau-weiß gestreiften Sichtschutz verhängt wird. Althaus fährt seine Schubkarre hin und her. Er trägt eine Jeans zum blau-weiß gestreiften Pullover, und immer wieder schaut er missmutig zu den Fotografen, die hinter dem Zaun am Kirschweg stehen. Die Familie will am Abend den Geburtstag von Ehefrau Katharina feiern.

Jetzt, da Althaus weg ist, erhöht sich die Flexibilität des Linken-Spitzenkandidaten Bodo Ramelow enorm. Er stelle »keine Vorbedingungen«, sagt er, dies schließe das Ministerpräsidentenamt ein. Parallel dazu wird kolportiert, dass Ramelow den Eisenacher Pfarrer Ralf-Uwe Beck als parteilosen Regierungschef einer rot-rot-grünen Koalition präferiert. Matschie habe jedoch abgelehnt.

In der CDU übernehmen die Frauen. Am Samstag treffen sie die SPD-Delegation zum ersten Sondierungsgespräch. Die Sozialdemokraten bestimmen Zeit und Ort. »Wir müssen erst einmal alles aus dem Weg räumen, was unser Verhältnis in den vergangenen Jahren belastet hat«, sagt Lieberknecht. »Auch für die CDU gibt es kein ›weiter so‹«, sekundiert Diezel.

Obwohl Diezel für die Union die Gespräche leitet, setzt sich Lieberknecht dem SPD-Vorsitzenden Matschie gegenüber. Als die Ministerin davon redet, dass man sich erst einmal auf eine Vision für die nächsten fünf Jahre einigen müsse, ist Matschie sogleich einverstanden. Auf einige im Raum wirkt der Dialog abgesprochen.

Offiziell bleibt nach dem Treffen alles offen. Matschie darf nicht einmal eine Präferenz für die CDU andeuten. Lieberknecht und Diezel sind dagegen bereit, alles zu opfern, um die Union – und sich – an der Macht zu halten. Immer mehr Parteifunktionäre und einfache Leute kommen auf sie zu, fordern sie zum Handeln auf. Eine Nachfolgeentscheidung müsse her.

Lieberknecht schreibt eine SMS an Diezel: Sie müsse den Regierungsvorsitz übernehmen, als Finanzministerin sei sie in Zeiten von Finanzkrisen nun mal am besten geeignet. Diezel antwortet mit einer Gegenaufforderung: Lieberknecht besitze die besten Kontakte zur SPD.

Lieberknecht muss ahnen, dass die andere nicht will. Zwar hat Diezel in den Monaten von Althaus' Abwesenheit durchaus Spaß an der Regierungsspitze gefunden. Aber sie stieß auch an ihre Grenzen. Jeder Öffentlichkeitstermin wurde zu einer neuen Prüfung, nicht jede davon bestand sie. Außerdem ist da noch die Familie. Ihr Mann ist kein Martin Lieberknecht, er will nicht die achtjährige Tochter allein großziehen.

Mohring arbeitet mit allen und gleichzeitig gegen alle, um sich seine Option auf den Parteivorsitz offenzuhalten. Er berichtet Althaus, dass Lieberknecht die Sondierungen mit der SPD faktisch führe. Danach übermittelt er aus dem Eichsfeld die Botschaft, dass Althaus trotz seines Rücktritts das Landtagsmandat annehmen wolle. »Ich wünsche mir das auch«, sagt er.

Montag, 7. September: Wie jede Woche treffen sich die Staatssekretäre aus den Fachministerien mit dem Staatskanzleiminister zur sogenannten Vorkonferenz, um die diensttägliche Kabinettssitzung vorzubereiten. Dort teilt Klaus Zeh mit, dass diese Sitzung Althaus leiten werde. Der Ministerpräsident führe die Amtsgeschäfte wieder, wie es die Verfassung vorsehe.

Schnell dringt die Nachricht aus der Staatskanzlei nach außen. »Rücktritt vom Rücktritt«, berichten die Nachrichtenagenturen. Das ist zwar formal falsch, aber die Flucht von Althaus war so bizarr, schien so endgültig, dass die neue Wendung nicht wie der Vollzug des Verfassungsauftrages wirkt, sondern wie ein Akt der Restauration. Die Staatskanzlei lässt in Diezels Finanzministerium die Althaus-Post wieder abholen.

Christine Lieberknecht befindet sich in Berlin zur Gesundheitsministerkonferenz, deren Vorsitzende sie ist. Es geht um die Schweinegrippe und das Geld für den Impfstoff. Doch ständig vibriert ihr Telefon: Birgit Diezel drängt die Sozialministerin, nach Erfurt zu kommen. Man müsse reden, dringend. Lieberknecht zögert, sie soll auf der Pressekonferenz die Ergebnisse verkünden. Es ist kurz nach 17 Uhr, als die Nerven nicht mehr reichen. Sie müsse jetzt dringend los, zurück nach Erfurt, teilt sie den verblüfften Ministerkollegen mit. »In Thüringen brennt die Luft.«

Einige Journalisten erfahren von dem Auftritt. Die ARD fragt in Thüringen nach, ob ein Treffen der Parteispitze anberaumt sei. Doch niemand weiß etwas davon. Auch bei Lieberknecht, die längst im Auto sitzt, rufen Journalisten an. Doch sie gibt sich unwissend. Mike Mohring fragt bei Diezel nach, die ihm sagt, dass sie bloß mit Lieberknecht zum Essen verabredet sei.

Am Abend verschickt die »Rheinische Post« aus Düsseldorf eine Meldung an die Nachrichtenagenturen. Die Zeitung berichtet »unter Berufung auf CDU-Kreise«, dass »Mitglieder der Landtagsfraktion um den Fraktionsvorsitzenden Mike Mohring erwägen, den früheren Regierungschef Bernhard Vogel als Übergangs-Ministerpräsidenten für eine große Koalition nach Erfurt zu holen«. Lieberknecht und Diezel (CDU) würden als »zu liberal« gelten.[268] Jetzt telefoniert Birgit Diezel mit Angela Merkel. Die Bundeskanzlerin ermutigt die Finanzministerin, eine Entscheidung zu treffen.

Während Lieberknecht im Auto sitzt, fährt Bernhard Vogel Zug. Er ist am Nachmittag in Speyer eingestiegen, um über Mannheim und seinen Geburtsort Göttingen nach Heiligenstadt zu fahren. Am Abend trifft er im Haus von Althaus ein. Die beiden essen im Garten, im blauen Pavillon, Frau Katharina sitzt dabei. Althaus erklärt die Gründe seines Rücktritts: dass er bei der SPD nicht zu vermitteln sei und dass er schlicht nicht mehr könne. Vogel äußert vor allem Verständnis, kritisiert aber, wie schlecht alles kommuniziert wurde. Beide, Vogel wie Althaus, werden später beteuern, dass sie nie über etwas sprachen, das der Meldung der »Rheinischen Post« nahe kommt.

Unterdessen wägt Lieberknecht auf der Fahrt von Berlin nach Erfurt ihre Optionen ab. Sie telefoniert viel und sagt ihren Gesprächspartnern, dass sie Diezel zur Übernahme der Spitzenämter drängen wolle. Auch SPD-Mann Matschie hört von Althaus' Rückkehr, ruft bei Lieberknecht im Auto an. »Du musst da etwas machen«, sagt er. Was er meint: Du musst es machen.

Es ist 20.15 Uhr, als der Wagen der Sozialministerin vor dem Finanzministerium im Osten von Erfurt vorfährt. Bevor sie aussteigt, versichert Lieberknecht ihrem mitgefahrenen Büroleiter Ulrich Grünhage, dass sie jetzt Diezel überreden werde, Partei- und Regierungsvorsitz zu übernehmen. Das Haus ist menschenleer, als sie in den zweiten Stock hinaufgeht. Diezel begrüßt sie, beide reden eine Weile, ohne Zeugen. Die Finanzministerin testet ihre Kabinettskollegin ein letztes Mal: Ob sie, Lieberknecht, denn bereit wäre, wieder Parlamentspräsidentin zu werden, falls sie, Diezel, als Ministerpräsidentin amtiere. Schließlich sei das Amt im Landtag ihr doch das liebste gewesen. Nein, antwortet die andere, keinesfalls.

Aus dieser Antwort schlussfolgert Diezel für sich, dass die andere eigentlich die ganze Macht will, auch wenn sie anderes sagt. Und so entscheidet die amtierende Parteivorsitzende und Ministerpräsidentin, dass Lieberknecht den Vorsitz einer schwarz-roten Regierung übernehmen müsse. Nun gibt die Sozialministerin nach, bedingt sich aber noch ein Telefonat aus. Martin Lieberknecht berichtet es später so: »Da rief sie mich an und sagte, ›Ich setz mir jetzt den Hut auf – oder ich bin an einem Punkt, an dem ich nicht weiß, wie es weitergeht.‹ Ich erinnere mich, dass ich es kommen sah, dass es darauf hinaus läuft.«

Nachdem Ramsla den Segen erteilt hat, lässt Diezel das Essen bringen, das bei einem chinesischen Restaurant bestellt wurde. Kurz vor 22 Uhr schickt die Finanzministerin per Handy die Vollzugsmeldung an die Deutsche Presseagentur. »Es geht um eine pragmatische Entscheidung ohne Eitelkeiten« im Interesse einer »stabilen Regierung«. Zur »Thüringer Allgemeinen« sagt sie am Telefon: »Wir halten eben zusammen.« Lieberknecht setzt noch eine Mitteilung an SPD-Chef Matschie ab. Dann wird eine Weinflasche geöffnet.

Ulrich Grünhage, Lieberknechts Büroleiter, geht zur selben Zeit in die Küche zum Kühlschrank, um sich sein Feierabendbier zu holen. Kurz vorher hat er seiner Frau erzählt, dass es wohl leider mit der neuen Arbeit in der Staatskanzlei nichts werde, die Chefin wolle nicht Ministerpräsidentin werden. Nun ruft die Frau aus dem Wohnzimmer herüber, dass im »heute journal« noch eine neue Meldung aus Thüringen verlesen werde. Der Beamte Grünhage ist verblüfft. »Ich dachte, ich könnte meinen Ohren nicht trauen.«

Konterrevolution?

Es ist dunkel geworden in Heiligenstadt, als Vogel seinen Fahrer kommen lässt, um nach Erfurt zu fahren. Auf der Fahrt hört Vogel im Radio, was die Finanzministerin verlautbart hat: »Die amtierende CDU-Vorsitzende von Thüringen, Birgit Diezel, hat Sozialministerin Christine Lieberknecht für das Amt der Ministerpräsidentin vorgeschlagen.«

Der Mann, dem sie nachfolgen will, erfährt es erst am nächsten Morgen. Er habe in der Nacht kein Radio mehr gehört und sei nicht an das Handy gegangen, sagt Althaus. Für Mario Voigt und Christian Carius gilt das Gegenteil. Sie melden sich bei den Kreisvorsitzenden, um Unterstützung für Lieberknecht zu organisieren. Am Freitagmorgen lässt Carius ein Unterstützungs-Schreiben per Fax kreisen. Zur selben Zeit, kurz nach sechs, geht Lieberknecht im Deutschlandfunk auf Sendung. Sie sagt: »Auf jeden Fall ist die Ära von Althaus mit dem Rücktritt, den er selbst erklärt hat, zu Ende.«

Die Ära Althaus ist zu Ende – dieser Satz geht in die thüringische Geschichte ein, auch weil er so gut passt zu dem Bild, das von Lieberknecht kursiert. Doch Bernhard Vogel ist jetzt ganz Profi. Die Nominierung, sagt er, sei »sehr erfreulich«, er habe »beiden, Birgit Diezel als auch Christine Lieberknecht, das Amt zugetraut«. Nebenher distanziert er sich von Althaus: »Ich hätte mir auch gewünscht, dass er dem einen Satz, in dem er seinen Rücktritt erklärte, auch hinzugefügt hätte, dass er natürlich seinen Amtspflichten als amtierender Ministerpräsident weiter nachkommen werde.«

Birgit Diezel ist am Morgen vor dem Kabinett noch einmal ins Finanzministerium gefahren. Sie ist auf alles gefasst. »Bringen sie mir Pappkisten hoch, für den Fall, dass Althaus mich heute heimschickt«, weist sie die Sekretärinnen an, die tatsächlich beginnen, die Habseligkeiten der Ministerin zu verstauen.

Um 9 Uhr beginnt die Kabinettssitzung, geleitet vom geschäftsführenden Ministerpräsidenten. Alle sind da, Lieberknecht, Diezel, Zeh, Wucherpfennig, Reinholz und Fraktionschef Mohring. Althaus begrüßt alle, als ob es ein normaler Dienstag wäre. Dann arbeitet er die kärgliche Tagesordnung ab. Bundesrat, Arbeitsmarktbericht, eine neue Stasi-Gedenkstätte.

Es ist eine bizarre Situation, die sich um 11 Uhr im Bürgersaal in der Staatskanzlei fortsetzt. Dort drängen sich wieder Scharen von Journalisten, Dutzende Beamte stehen neugierig herum. Die Kameras blitzen nervös, als Althaus durch eine Hintertür an das Rednerpult tritt. Seine Augen blicken starr nach vorne durch die Brille. Das Kabinett, sagt er, habe sich mit dem Bundesrat beschäftigt, mit dem Arbeitsmarkt, dem Stasi-Gefängnis …

Das Auditorium ist konsterniert. »Aus gegebenem Anlass«, sagt der geschäftsführende Ministerpräsident dann doch, wolle er etwas »zu den Entwicklungen der letzten Tage« mitteilen. Mit seinem Rücktritt habe er Verantwortung für das schlechte Wahlergebnis übernommen und den Weg für die Gespräche mit der SPD geebnet. Ansonsten bleibe er natürlich im Amt, das sehe, wie jeder wissen sollte, die Verfassung so vor. Dass er Finanzministerin Diezel schriftlich gebeten habe, im Falle seiner Abwesenheit die Amtsgeschäfte fortzuführen, sei eine reine Formalität. Denn er war ja gar nicht abwesend.

»Wie bitte?«, hallt die Frage einer Journalistin im Saal. Aber ja doch, antwortet Althaus, er sei weder krank, noch im Urlaub, noch anderweitig abwesend gewesen. Er habe gearbeitet, daheim. In Jeans im Garten? Das tue ja wohl nichts zur Sache. Ein Satz zur Nominierung von Christine Lieberknecht? Der Vorschlag, sagt Althaus sei »legitim«. Aber es handele sich um »eine Frage an den Parteivorsitzenden – der ich nicht mehr bin«.

Inzwischen hat Carius bei den CDU-Kreisvorsitzenden zehn Unterschriften für Lieberknecht eingesammelt und eine Presseerklärung verschickt. Kaum ist die E-Mail draußen, ist CDU-Geschäftsführer Andreas Minschke am Apparat. Er wird laut: Er wolle die Unterschriften sehen, das könne ja alles nicht wahr sein. Carius fährt in die Geschäftsstelle und zeigt die Liste vor.

Und noch jemand will Carius sprechen. Mohring ist am Telefon. Sein Problem ist nicht, dass es die Liste gibt. Sein Problem ist, dass er nicht drauf steht. Warum sei er, der Chef von Lieberknechts Kreisverband, nicht gefragt worden? Carius verschickt sofort eine aktualisierte Mitteilung, diesmal mit Unterzeichner Mohring. Ein »Bürofehler«, lautet die offizielle Begründung. Kurz darauf verbreiten die zwölf CDU-Landräte eine Solidaritätsadresse für Lieberknecht.

Mohring reicht das nicht, er will Lieberknecht persönlich sprechen. Bei einem kurzfristig anberaumten Treffen versichert sie ihm, dass die Frage des Parteichefs offen bleibe und sie ihm ihre Unterstützung bei der Verteidigung des Fraktionsvorsitzes anbiete. Mohring misstraut Lieberknecht, nimmt aber das Angebot trotzdem erleichtert an.

Inzwischen hat Althaus die Pressekonferenz hinter sich gebracht und will Diezel sprechen. Die beiden haben sich in einem Eiscafé in der Einkaufsstraße »Anger« nahe der Staatskanzlei verabredet. Sie sitzen draußen in der Sonne, während Diezel ihrem alten Vorgesetzten mitteilt, warum sie so gehandelt hat. Sie sei enttäuscht, sagt sie, dass er sich nach seinem Rücktritt nicht bei ihr gemeldet und mit ihr gesprochen habe. Das könnte sie nicht verstehen, da sie ihn doch nach seinem Unfall viele Monate loyal vertrat.

Nach dem Treffen lässt sich der geschäftsführende Ministerpräsident in den Süden der Stadt fahren. Es ist nach 12 Uhr, als er das Victors-Residenz-

Hotel betritt, nur 200 Meter von der CDU-Landeszentrale entfernt. Parteigeschäftsführer Minschke hat zum Mittagessen geladen. Gekommen sind auch
Vogel, Schatzmeister Michael Schneider und Mohring, der sich wegen seines
Gesprächs mit Lieberknecht verspätet. Er entschuldigt sich – auch dafür, dass
er sich auf die Liste von Carius setzen ließ. Dann wird über die Kandidatin für
das Ministerpräsidentenamt geredet. Sehr viel Gutes ist nicht dabei.

Die Rechnung für den Fisch, das Fleisch, die drei Bier und den Weißwein
lässt Minschke an sein Büro leiten. Doch das Hotel besitzt veraltete Informationen: Minschke ist in seiner früheren Position als Geschäftsführer der CDU-
Landtagsfraktion gelistet und Lieberknecht als Fraktionschefin. Die Quittung
für die Herrenrunde geht an »Frau Lieberknecht«. In der Fraktion wiederum
leitet man den Brief an die Sozialministerin weiter, die zuerst die Rechnung
zurückschicken will. Doch als sie herausfindet, wer da getafelt hat, zahlt sie die
148 Euro privat. So viel ist ihr der Spaß wert. Denn natürlich lässt sie sicher-
stellen, dass die Presse davon erfährt.

Die Parteioberen scharen sich eilig hinter Lieberknecht. Man stehe voll
hinter ihr, verkündet die Gothaer Kreischefin Evelin Groß, genauso wie die
Erfurter Vorsitzende. »Nach vorne blicken: Das geht nur mit Christine Lieberknecht«, sagt Marion Walsmann.[269] Das Eichsfeld reagiert gespalten. Kreischefin Christina Tasch hält die Nominierung zu diesem Zeitpunkt für »völlig
überflüssig«, derweil Minister Gerold Wucherpfennig »im Interesse der Partei
und des Landes« eine »schnelle und möglichst einmütige Entscheidung zu
Gunsten von Frau Lieberknecht« wünscht.

Am Nachmittag nominiert das CDU-Präsidium Christine Lieberknecht
zur Ministerpräsidentin und spricht sich dafür aus, dass Mike Mohring Fraktionschef bleiben soll. Nun ist nur noch die CDU-Führung ungeklärt. Lieberknecht ist überzeugt, dass der Vorsitz in Partei und Regierung zusammenge-
hört, das hat sie von Vogel und Merkel gelernt. Doch sie will Diezel die Partei
überlassen – denn so lautet für sie der Handel. Nach der Präsidiumssitzung
fährt sie in die Redaktion der »Thüringer Allgemeinen« zum Interview. »Werden Sie Parteichefin?« wird sie gefragt. »Nein«, sagt die Ministerpräsidentenkandidatin.

Am nächsten Tag wird Lieberknecht noch deutlicher. Diezel soll den Vorsitz der CDU übernehmen, so habe man es Montagabend abgesprochen. Die
Finanzministerin kokettiert. Es sei zwar schön, dass Lieberknecht dies so sehe,
sagt sie, aber nicht immer seien Doppelspitzen von Erfolg begleitet.

Die Ministerpräsidentenkandidatin teilt im Übrigen mit, was Thüringen
jetzt benötige: eine »neuen Politikstil« und eine Reform der Partei. Lieberknechts alter Gefährte Gottfried Müller schreibt einen Offenen Brief, dies-

mal allerdings aus Jena. Birgit Diezel und Christine Lieberknecht hätten mit ihrem »couragierten und zielführenden Eingreifen« im richtigen Moment das Ruder ergriffen.[270] Der Kirchenrat a.D. hat einmal wieder das Gespür für den richtigen Moment. Der Tag, an dem Müllers Schreiben entsteht, ist der 10. September 2009. Es ist der Tag, an dem sich der »Brief aus Weimar« zum 20. Mal jährt.

Sondierungen

Die Sondierungsgespräche setzen sich fort, allerdings in gemächlichem Tempo. Die SPD will sich vor der Bundestagswahl am 27. September nicht auf eine mögliche Koalition festlegen. Nach vier Jahren großer Koalition herrscht in Berlin Lagerwahlkampf: Rot-Grün gegen Schwarz-Gelb. Verhandlungen über eine schwarz-rote Regierung in Thüringen können da nur stören.

Die Rückkopplungen zwischen Berlin und Erfurt sind deutlich zu spüren. Dennoch spricht alles für eine CDU-SPD-Koalition in Thüringen. Die Linke ist mit 27 Prozent rund neun Prozent stärker als die SPD, soll ihr aber den Regierungsvorsitz überlassen: Dies wäre eine Premiere in der neueren bundesdeutschen Parteiendemokratie. Außerdem besäße Rot-Rot nur 45 der 88 Parlamentssitze. Für eine halbwegs stabile Regierung benötigen sie die sechs Abgeordneten der Grünen. Doch die zieren sich. Nach dem ersten rot-rot-grünen Gespräch befragen die Grünen ihre Gremien. Die grüne Thüringer Bundestagsabgeordnete Katrin Göring-Eckardt, die an der Sondierung teilnimmt, erklärt öffentlich, dass man zur Oppositionsrolle im Landtag tendiere.

Mitte September kommt die Kanzlerin zum Bundestagswahlkampf nach Erfurt. Vor dem Bahnhof ist eine große Bühne aufgebaut. Angela Merkel steht zwischen Lieberknecht und Diezel, die drei Frauen lächeln sich an, während das übliche Programm abgespult wird. Dieter Althaus ist gar nicht erst gekommen. In diesen Tagen stellt sich Mike Mohring in der Landtagsfraktion der Abstimmung. 20 der 29 anwesenden Abgeordneten wählen ihn erneut zum Vorsitzenden. Das sind nur 71 Prozent.

Am 17. September macht es Linken-Spitzenkandidat Ramelow offiziell: Er erklärt, dass er auf seinen Anspruch auf das Ministerpräsidentenamt verzichte. Matschie dürfe es aber auch nicht übernehmen. Stattdessen sollten seine Partei, die SPD und die Grünen gemeinsam einen Kandidaten oder besser eine Kandidatin benennen. Die könne parteilos, links, grün oder sozialdemokratisch sein. Er selbst, so Ramelow, werde Wirtschafts- und Energieminister.

Matschie kann der Vorstoß nicht passen. In einer solchen Konstellation wäre er bestenfalls der dritte Mann, hinter einem unbekannten Ministerpräsidenten und einem Superminister Ramelow. Auffällig ist jedenfalls, wie es von nun an bei Rot-Rot-Grün zu immer neuen Missverständnissen kommt, die auf manche Beteiligte wie Sabotage wirken.

Zuerst lädt Matschie eigenmächtig die Grünen aus, um allein mit der Linken über Ramelows Vorstoß zu sprechen. Die anderen beiden Parteien reagieren empört. Später, als die Linken während der Verhandlungen einen Katalog mit Forderungen vorlegen, lässt der SPD-Chef die Medien per SMS in Echtzeit darüber informieren und produziert damit einen Eklat.

Dagegen lässt es sich die SPD-Verhandlungsgruppe von der CDU so gemütlich wie möglich machen. Lieberknecht lädt ins Dorf Mechelroda im Weimarer Land ein, wo es eine Gaststätte gibt, die für ihre besonders großen und guten Klöße bekannt ist. Parallel zur Speisung bemüht sich Lieberknecht, alle strittigen Themen abzuräumen. Mehr Erzieherinnen, längeres gemeinsames Lernen, ein Zurückfahren der Familienoffensive: Alles ist möglich. Nebenher nimmt die Ministerin an einer Protestdemonstration gegen Neonazis im ostthüringischen Pößneck teil. Sie könne, so lautet dieses Signal, gerne über das von der SPD geforderte Landesprogramm gegen Rechtsextremismus reden.

Dass sich Matschie trotzdem hart gegenüber der CDU gibt, hat vor allem taktische Gründe. Zum einen muss er seiner eher links orientierten Parteibasis glaubhaft vermitteln, dass er eigentlich gar nicht mit den Schwarzen regieren will. Zum anderen kann er die Union besser erpressen, solange die Drohung von Rot-Rot-Grün real erscheint.

Die Situation verkompliziert sich für alle Beteiligten noch dadurch, dass für die SPD in den Gesprächsrunden neben Matschie, seiner Stellvertreterin Heike Taubert und dem Erfurter Kreisparteichef Holger Poppenhäger ein leibhaftiger Ex-Geschäftsführer der Bundespartei sitzt. Matthias Machnig hat für Bundeskanzler Gerhard Schröder 1998 und 2002 die Wahlkampfzentrale namens Kampa geführt. Er kennt alle taktischen Finessen und soll auf Wunsch von Matschie Minister in Thüringen werden.

Der Westfale Machnig gibt sich in den Gesprächen pragmatisch, leutselig und kooperativ. Doch Lieberknecht traut ihm nicht. Sie spürt, dass der Mann ein zweiter Richard Dewes sein kann: intelligent, machtbewusst – und unberechenbar.

Bundestagswahl

Auch in der eigenen Partei hat sich Lieberknecht längst noch nicht durchgesetzt. In der Woche vor der Bundestagswahl am 27. September teilt Birgit Diezel mit, dass sie Landtagspräsidentin werden wolle. Die CDU-Fraktion nominiert sie einstimmig zur Kandidatin.

Mohring hat Diezel zu dieser Entscheidung ermuntert. Der einzige Mensch, der ihm nun noch im Weg zum CDU-Vorsitz steht, ist Christine Lieberknecht. Doch sie denkt gar nicht daran, beiseite zu treten. Ihre Rechnung ist einfach: Würde Mohring neben seinem Amt als Fraktionsvorsitzender noch Parteichef, würde sie als Ministerpräsidentin unter seiner Ägide regieren. Bei jeder wichtigen Entscheidung müsste sie ihn konsultieren.

Voigt und Carius wollen Mohring erst recht als Parteichef verhindern. Sie, die Lieberknecht am treuesten unterstützt haben, brauchen die Ministerpräsidentin an der Spitze der CDU, um Karriere machen zu können.

Am 27. September wird der neue Bundestag gewählt. Die SPD erhält das schlechteste Ergebnis in der Nachkriegsgeschichte und muss in die Opposition. Dagegen kann die Union mit einer doppelt so starken FDP eine gemeinsame Regierung bilden. In Thüringen fallen die Ergebnisse ähnlich aus wie bei der Landtagswahl. Die CDU landet wieder bei etwa 31 Prozent, die SPD schneidet mit 17,6 Prozent noch einen Prozentpunkt schlechter ab, während die Linke fast 29 Prozent erreicht. Die FDP liegt bei fast zehn Prozent, die Grünen bei sechs Prozent.

Sieben der neun Wahlkreise gehen an die CDU, zwei an die Linke. Die SPD darf gerade einmal drei Abgeordnete über die Liste in den Bundestag schicken. Auch das ist Negativrekord. Die Stimmung bei den Sozialdemokraten beginnt endgültig zu kippen – und zwar in Richtung Rot-Rot-Grün. Jetzt, heißt es, könne man in den Ländern gemeinsam mit der Linken gegen Schwarz-Gelb im Bund operieren.

Dienstag, der 29. September. Plötzlich scheint Matschie einzuknicken. Vor dem Sondierungsgespräch verzichtet er auf seinen Anspruch, selbst Ministerpräsident in einer rot-rot-grünen Koalition zu werden und geht damit nach außen hin auf den Vorschlag Ramelows ein. Ein anderer, ungenannter Sozialdemokrat soll es werden.

Für Christine Lieberknecht wird es eng. Der Machtverlust scheint nah. In diesem Fall wäre einem Oppositionsführer Mohring der Parteivorsitz nicht mehr zu nehmen. Die Frage nach der Spitzenkandidatur für die nächste Landtagswahl wäre automatisch mit beantwortet. Lieberknecht, Carius und Voigt reagieren mit einem Zweistufenplan. Stufe 1: Der Verwirrungsangriff. Lieberknecht hat gehört, dass Ex-Bundesbauminister Wolfgang Tiefensee und der bisherige Bundestagspräsident Wolfgang Thierse als Regierungschef gehandelt werden. Beide wären verfügbar und beide besitzen Thüringer Wurzeln: Tiefensee ist in Gera geboren, Thierse wuchs im südthüringischen Eisfeld auf.

Noch am späten Dienstagabend sticht man das Gerücht an die Medien durch und versieht es mit einem besonderen Dreh: Die katholische Kirche, heißt es nun, sehe lieber einen katholischen Sozialdemokraten wie Tiefensee oder Thierse in der Staatskanzlei als eine evangelische Pastorin aus der CDU.

30. September: Tag der Entscheidung

Am Mittwochmorgen steht die Geschichte in der Zeitung[271] und das bischöfliche Büro dementiert heftig. Es gebe keine katholische Verschwörung, alles sei frei erfunden. Doch das ist längst egal. Die Geschichte, ob nun richtig, halb richtig oder falsch, hat ihre Funktion erfüllt. Christian Carius, Marie Voigt und andere sind längst dabei, die Landtagsabgeordneten vor der wöchentlichen Fraktionssitzung abzutelefonieren. In dieser schwierigen Situation, sagen sie ihnen, müsse man ein klares Zeichen Richtung SPD setzen. Dies gehe nur mit der Nominierung Lieberknechts zur Parteichefin. Die SPD müsse genau wissen, wer das Sagen habe.

Nachdem sich die Abgeordneten um 9 Uhr im Fraktionssaal versammelt haben, meldet sich als erster Klaus von der Krone, der sonst eher selten etwas sagt: In Anbetracht der Umstände sei er dafür, Lieberknecht hier und jetzt für den Parteivorsitz vorzuschlagen. Der überraschte Mohring widerspricht. Die Fraktion, sagt er, sei dafür gar nicht zuständig, dies müsse schon die Partei regeln. Doch seine Konkurrenten sind vorbereitet – er nicht. Immer mehr Abgeordnete melden sich und verlangen ein Votum.

Mohring bittet um eine Auszeit, er müsse mit Lieberknecht unter vier Augen reden. Die beiden gehen in sein Fraktionsvorsitzenden-Büro, das einmal ihres war. Dort reden sie eine Weile, ohne Ergebnis. Schließlich steht Lieberknecht auf, geht zur Tür. Eine Hand liegt schon auf der Klinke, als sie sich noch einmal umdreht, und zu Mohring sagt: »Du kannst mich jetzt vorschlagen …« Dann geht sie.

Der Fraktionschef folgt ihr. Im Vorzimmer sieht er auf dem Tisch den Entwurf einer Pressemitteilung liegen. Die Überschrift: »Mohring schlägt Lieberknecht für den Parteivorsitz vor«. Der Text stammt von seinem eigenen Sprecher Karl-Eckhard Hahn, dem langjährigen Lieberknecht-Vertrauten, der jetzt Fakten schaffen will.

Kurz darauf verbreitet Mohring eine Erklärung: »Die Bürgerinnen und Bürger Thüringens sollen wissen, woran sie mit der CDU Thüringen sind. Christine Lieberknecht ist unsere Kandidatin für das Amt des Ministerpräsidenten über den Tag hinaus und sie muss demzufolge auch die Partei repräsentieren.«

Es ist ein klassisches Lieberknecht-Manöver. Wie 1990 bei Böck, wie 1992 bei Duchač und wie wenige Wochen zuvor bei Althaus hat sie das Momentum gespürt und eine Mehrheit organisiert. Der einzige Unterschied: Diesmal zögert und schwankt sie nicht. Diesmal hält sie es so, wie es Angela Merkel mit Wolfgang Schäuble oder Friedrich Merz vorgemacht hat: Sie greift zu.

Während sich Christine Lieberknecht den Parteivorsitz sichert, wickelt Christoph Matschie Rot-Rot-Grün ab. Er trifft sich ein letztes Mal mit Linken und Grünen in einer Waldgaststätte am Erfurter Stadtrand. Die beiden Parteien wollen verbindlich die Ministerpräsidenten-Frage klären und bestehen auf einer paritätisch besetzten Findungskommission, die auch einen Sozialdemokraten nominieren könnte. Doch Matschie besteht darauf, dass nur die SPD den Kandidaten benennen dürfe, den Linke und Grüne zu akzeptieren hätten.

Damit ist eine Koalition undenkbar. Dass die mit Abstand kleinere SPD den Ministerpräsidenten allein aussucht, kann selbst Ramelow nicht akzeptieren. Die Stimmung kippt vollends, als die SPD die Falschbehauptung verbreitet, dass die Linke keinen Sozialdemokraten als Regierungschef akzeptieren werde.

Am Nachmittag trifft sich Matschie mit der Delegation der Union in der Kantine einer Berufsschule für Gastronomie. Die Auszubildenden reichen einen Fruchtcocktail mit der Bezeichnung »Black and Red«, gemixt aus Erdbeeren, Orange und Maracuja und verziert mit einer schwarzen Limone. Die Atmosphäre ist entspannt. Lieberknecht, als designierte CDU-Chefin die Verhandlungsführerin, gibt noch einmal alles – und zwar vier Ministerien. Alle am Tisch sitzenden Sozialdemokraten bekommen ein Ressort ab. Matschie erhält die Zuständigkeit für Bildung, Machnig für Wirtschaft, Heike Taubert für Soziales und Holger Poppenhäger für Justiz.

Der CDU bleiben zwar die mächtigen Ressorts für Finanzen und Inneres. Dennoch stellt die Abgabe der Schul- und Wirtschaftspolitik an die SPD ein bislang unvorstellbares Opfer dar. Die Sozialdemokraten besitzen nun alle Ressorts, mit denen sich gute Nachrichten produzieren lassen. Der CDU bleiben die schlechten: Sie darf auf das Sparen achten und den nächsten Verfassungsschutzskandal warten.

Mit dem Bildungsministerium sind Matschie automatisch die Kindergarten-Reform und die neue Gemeinschaftsschule versprochen, während es Machnig freigestellt ist, gegen Niedriglöhne und für eine gewerkschaftsnahe

Wirtschaftspolitik zu streiten. Taubert darf annehmen, dass sie ihr Landes-programm gegen Rechts bekommt und die Familienoffensive schleifen kann.

Am späten Abend tritt der SPD-Landesvorstand zusammen. Matschie empfiehlt die Aufnahme von Koalitionsverhandlungen mit der CDU. Bis Mitternacht wird geredet, argumentiert, gestritten. Die Parteilinke, angeführt vom Erfurter Oberbürgermeister Andreas Bausewein, will Schwarz-Rot nicht akzeptieren. Doch mit dem Erfurter Kreischef (und designierten Justizminis-ter) Poppenhäger ist ein prominenter Linker auf die andere Seite gewechselt. Das Ergebnis: Drei Viertel des Vorstandes sind für Schwarz-Rot.

Später wird die SPD-Spitze ein Papier veröffentlichen, in dem sie das Schei-tern der Gespräche zu erklären versucht. Schlechte Atmosphäre, viele inhaltli-che Streitpunkte, gebrochenes Vertrauen – für all dies seien Grüne und Linke verantwortlich gewesen. Doch nicht nur Ramelow widerspricht, sondern auch die grüne Chefunterhändlerin Astrid Rothe-Beinlich. Die Sitzungsprotokolle belegten klar, dass sich die SPD »ohne Not« entschlossen habe, in die große Koalition einzutreten, um vier der neun Ministerposten zu besetzen. So viele Ämter, sagt die Grüne, hätte sie in einer Linksregierung nicht bekommen.[272]

Eine Gruppe Politikwissenschaftler der Universität Duisburg-Essen kommt in einer Analyse der Thüringer Koalitionsgespräche zu dem Schluss: Die SPD hätte, wenn sie nach inhaltlichen Kriterien gegangen wäre, Rot-Rot-Grün präferieren müssen. Erst wenn man die Regierungsbildung mittels »Faktoren wie Macht, Einfluss, Gestaltungsmacht, Karrieremöglichkeiten und Ansehen« betrachte, ergebe sich »klar ein Trend« in Richtung Schwarz-Rot. Die SPD habe nur »in dieser Konstellation ein Maximum an Posten für sich gewinnen« können. Nebenbei sei es Lieberknecht gelungen, »einen enormen Karriere-schritt« zu machen.[273]

Koalition

Noch ist die geplante Koalition ein fragiles Konstrukt. In der SPD gibt das linke Lager nicht auf und will neue Verhandlungen mit Grünen und SPD erzwingen. In Erfurt versammeln sich mehrere hundert Sozialdemokraten zu einer Protestveranstaltung und starten eine Unterschriftensammlung für ein Mitgliederbegehren. Doch die Koalitionsverhandlungen, die nun zügig abge-schlossen werden, kann dies nicht mehr aufhalten.

In der CDU sind die Machtverhältnisse vorerst geklärt. Auf einem Son-derparteitag billigt die CDU am 25. Oktober den Koalitionsvertrag in offener Abstimmung mit 100 Prozent. Bei der geheimen Wahl zur Parteivorsitzenden erhält Lieberknecht 83,3 Prozent, was für Unionsverhältnisse ein eher mittelprächtiges Ergebnis darstellt. Ihr neuer Generalsekretär Mario Voigt bekommt 94 Prozent.

Somit haben sich die beiden Theologen in CDU und SPD durchgesetzt. Christine Lieberknecht konnte Althaus fernhalten und Mohring ausbremsen. Nur so besitzt sie Handlungsfähigkeit. Christoph Matschie wiederum hat für eine geschlagene Partei das Maximum herausgeholt, indem er Linke und Grüne gegeneinander ausspielte und am Ende täuschte.

Unterm Strich geben Lieberknecht und Matschie dem Land die Chance auf eine stabile Regierung, die, wie es so oft in der Politik heißt, auf Kontinuität und Erneuerung setzt. »Auf bewährtem Fundament«, formulieren die Parteien im Koalitionsvertrag, wolle man »weiterführende Impulse geben«[274].

Die Arbeitsteilung ist klar. Für die Kontinuität ist die CDU zuständig. Sie rettet Reste der Familienoffensive wie das Betreuungsgeld in die neue Zeit, verhindert einen Beschluss zur umstrittenen Fusion von Landkreisen und bringt Haushalte ohne neue Schulden als »Zielmarke« unter.

Die Impulse im Koalitionsvertrag setzt die SPD. Die Gemeinschaftsschule mit dem gemeinsamen Lernen bis zur 12. Klasse wird als eigenständige Schulart eingeführt. Die vom Volksbegehren verlangte Kindergartenreform soll Eins zu Eins umgesetzt werden. Zudem werden Kürzungen bei Theatern und Orchestern ausgeschlossen. Machnig erhält eine Initiative gegen Niedriglöhne und für den zweiten Arbeitsmarkt, Taubert das Landesprogramm und mehr Geld für die Jugendsozialarbeit. Justizminister Poppenhäger bekommt zusätzlich die Befugnis, im EU-Ausschuss der Regionen zu sitzen.

Lieberknecht nennt noch nicht die Namen ihrer Minister. Sie will erst ihre Wahl zur Ministerpräsidentin abwarten. Damit, meint sie, gibt es keine Enttäuschten, die ihr womöglich das »Ja« verweigern würden. Wie man sich doch irren kann.

Rechts: Althaus gratuliert seiner Nachfolgerin Christine Lieberknecht zur Wahl als Parteivorsitzende, Oktober 2009. Quelle: Marco Schmidt, Archiv TA

Unten: Marion Walsmann, Christine Lieberknecht, Dagmar Schipanski, Angela Merkel und Birgit Diezel im Bundestagswahlkampf in Erfurt, September 2009. Quelle: Sascha Fromm, Archiv TA

Kapitel 7

Ministerpräsidentin

Am Morgen des 30. Oktober steht Christine Lieberknecht in Ramsla in der Kirche St. Johannes Baptista. Hier wurden ihre Kinder getauft, hier hat ihre Tochter Marie geheiratet, hier wird wohl irgendwann ihr Sarg aufgebahrt werden. »Ich sehe in der Politik eigentlich nicht den Machtanspruch, sondern genauso den Dienst, wie ich ihn als Pastorin getan habe«, sagt sie in die Kamera. »So ein Ort, diese Dorfkirche, diese Gemeinde, das gibt einem immer wieder Kraft. Das ist der Boden, auf dem ich mich getragen fühle.«[275]

Zwei Stunden später, im Plenarsaal des Landtages in Erfurt: Lieberknecht trägt eine weiße Bluse zum schwarzen Hosenanzug und sitzt in der ersten

Christine Lieberknecht mit Fraktionschef Mike Mohring (links) und Dieter Althaus bei den Wahlgängen im Landtag. Quelle: Sascha Fromm, Archiv TA

Landtagspräsidentin Birgit Diezel gratuliert Lieberknecht zur Wahl.
Quelle: Sascha Fromm, Archiv TA

Reihe der CDU-Fraktion, zwischen Mike Mohring und Dieter Althaus. Sie benötigt das Ja von mindestens 45 der 88 Abgeordneten. CDU und SPD verfügen gemeinsam über 48 Stimmen. Das sind drei mehr als nötig. Landtagspräsidentin Diezel verliest mit brüchiger Stimme das Ergebnis des ersten Wahlgangs: 87 anwesende Abgeordnete, 87 abgegebene Stimmen, 86 gültig. Mit Ja votierten 44, mit Nein 39 Abgeordnete. Drei enthielten sich.

Eine Stimme fehlt zur Mehrheit, mindestens vier Abgeordnete der Koalition stimmten nicht für Lieberknecht. Sind es enttäuschte Sozialdemokraten? Ausgeschlossen ist dies nicht, doch die Fraktion ist von Matschie handverlesen. Bleibt die CDU: Hier kommen viele in Frage, vorne dran die Eichsfelder Christina Tasch, Gerold Wucherpfennig – oder der Abgeordnete Dieter Althaus. Wer Christine Lieberknecht als Ministerpräsidentin beschädigen oder gar ihre Karriere beenden will: Dies ist die vorerst letzte Gelegenheit.

Der zweite Wahlgang. Das Ergebnis weicht nur unwesentlich vom ersten Versuch ab. 87 abgegebene Stimmen, eine ungültig, 38 Nein, vier Enthaltungen – und wieder nur 44 Ja. Doch nun, im dritten Wahlgang, verändern sich die Regeln. In Artikel 70 der Thüringer Verfassung heißt es: »Der Ministerpräsident wird vom Landtag mit der Mehrheit seiner Mitglieder ohne

Aussprache in geheimer Abstimmung gewählt. Erhält im ersten Wahlgang niemand diese Mehrheit, so findet ein neuer Wahlgang statt. Kommt die Wahl auch im zweiten Wahlgang nicht zustande, so ist gewählt, wer in einem weiteren Wahlgang die meisten Stimmen erhält.« Das heißt: Das Ergebnis der ersten beiden Versuche würde reichen. Ein Drama, wie es sich im Jahr 2005 in Schleswig-Holstein ereignete, als die Wiederwahl der SPD-Ministerpräsidentin Heide Simonis nach vier Wahlgängen scheiterte, gilt als ausgeschlossen.

Das weiß Linke-Fraktionschef Ramelow, weshalb er sich spontan zur Gegenkandidatur entschließt. Damit generiert er Aufmerksamkeit und kann behaupten, Lieberknecht zum Sieg verholfen zu haben. Denn nun schließen sich nicht nur die Reihen der Koalition, auch die sieben FDP-Abgeordneten stimmen nun für die Ministerpräsidentin. 55 Ja-Stimmen: Das entspricht der Summe aller CDU-, SPD- und FDP-Abgeordneten. Damit ist Christine Lieberknecht Ministerpräsidentin, allein das zählt an diesem Tag für sie. Die Art und Weise ihrer Wahl soll sie nicht stören.»Also wissen Sie, das ist mir wirklich egal«, sagt sie in die Kameras und wiederholt es zur Sicherheit noch einmal. »Das ist mir wirklich egal, ich frag' da auch nicht.«

Dann äußert sie sogar Verständnis für den Verrat. »Ich versteh' das aus der Situation heraus. Wenn solche Umbrüche zu organisieren waren (…), dass das nicht jedem leicht fällt, das ist doch selbstverständlich.«[276]

Kabinett Lieberknecht

Es ist, nach vier Regierungs- und zwei Parlamentsposten, das siebte politische Amt von Christine Lieberknecht. Doch erstmals in ihrer Karriere ist sie in ihrem Handeln frei. Niemand steht mehr über ihr in Thüringen. In der Verfassung heißt es: »Der Ministerpräsident führt den Vorsitz in der Landesregierung und leitet deren Geschäfte«, »bestimmt die Richtlinien der Regierungspolitik«, vertritt »das Land nach außen« und »übt das Begnadigungsrecht aus«. Darüber hinaus ernennt und entlässt er die Minister.

In einer Koalition ist diese Macht natürlich nur eine halbe. Vier der neun Ministerposten vergibt die SPD. Auch dass Matschie Vizepremier wird, gehört zu den ungeschriebenen Regeln der gemeinsamen Regierung. Abgesehen davon aber kann Lieberknecht allein entscheiden. Das Kabinett wird im Landtag zwar vereidigt, aber nicht gewählt. Und die nächste geheime Abstimmung über sie steht erst in einem Jahr an, wenn in der CDU turnusgemäß der gesamte Parteivorstand neu gewählt wird.

Die erste Idee bei der Suche nach geeignetem Personal hat sie schon drei Wochen zuvor ins Eichsfeld geführt. Sie weiß, dass es für sie als evangelische Pastorin klug wäre, die einzige katholische Region einzubinden, zumal von hier ihr Amtsvorgänger stammt. Also trifft sie in Bad Heiligenstadt Landrat Werner Henning, um ihm den Posten des Innenministers anzubieten. Der studierte Germanist hatte 1989 mit Althaus die ersten Demonstrationen organisiert und war zusammen mit Böck, Fiedler und den anderen in die Volkskammer gewählt worden. Seit 1990 regiert er das Eichsfeld, auf eine eigenwillige, aber populäre Art, mit der er oft genug die Regierung und die eigene Partei gegen sich aufbringt.

Doch Henning sagt ab. Er ahnt, dass er sich in Erfurt nicht so einfügen könnte, wie er müsste, zumal er kein Landtagsmandat besitzt, das ihn politisch absichern würde. Außerdem bringt er zwar genügend kommunalpolitische Erfahrungen mit, aber er weiß aus langer Beobachtung, welches Minenfeld die Polizei in Thüringen ist.

Also fährt die Ministerpräsidentin eines Herbsttages Richtung Süden. An der Autobahn 9, etwa 20 Kilometer hinter Bayreuth, nimmt sie die Abfahrt Trockau. Dort trifft sie in einer Gaststätte Peter Michael Huber. Lieberknecht hat ihren Duz-Freund, der inzwischen in München Öffentliches Recht und Staatsphilosophie lehrt, schon einige Tage zuvor angerufen und ihm das Amt des Innenministers angeboten. Nun trifft man sich auf halbem Weg in der Fränkischen Schweiz, um die Modalitäten auszuhandeln – und um ein Problem zu besprechen. Denn Huber, der beiden Unionsparteien angehört, steht sowohl bei CDU und CSU auf der Besetzungsliste für das Bundesverfassungsgericht. In einem Jahr wird der erste Unions-Platz in Karlsruhe frei, im Jahr darauf der nächste.

Es ist eine schwierige Entscheidung für beide. Der Professor sagt Lieberknecht, dass er, wenn der Ruf käme, auf jeden Fall Bundesverfassungsrichter werde. Es sei nicht einmal sicher, ob eine Zwischenbeschäftigung als Minister seine Chancen erhöhe oder mindere. Am Ende entscheiden sich aber beide für das Risiko. Lieberknecht nominiert einen Innenminister, den sie mit hoher Wahrscheinlichkeit in der ersten Hälfte der Wahlperiode wieder verliert.

Riskant ist noch eine andere Personalie. Als Staatskanzleichef ernennt die Ministerpräsidentin den parteilosen Ex-Landtagsdirektor Jürgen Schöning aus Kiel, der ein halbes Jahr zuvor 65 Jahre geworden ist. Weil sie einen Pensionär laut Gesetz nicht zum Staatssekretär machen kann, muss sie ihm den Rang eines Ministers geben. Er bekommt das Europa- und Bundesministerium. Ihr Wunschkandidat, der Mainzer Ministerialbeamte Siegfried Jutzi, hatte abgesagt.

Der Rest ist Personalpolitik gemäß klassischer Macht- und Proporzregeln: Die bisherige Justizministerin Marion Walsmann, die den Erfurter CDU-Verband anführt und Lieberknecht zuletzt stark unterstützte, erhält das von Diezel verlassene Finanzministerium. Damit ist die Frauenquote erfüllt, schließlich kann Lieberknecht als erste Ministerpräsidentin in der Geschichte der Union nicht nur Männer berücksichtigen. Dass Walsmann, die im Justizressort anerkannt war, keinerlei fachliche Qualifikation für dieses Amt mitbringt, ignoriert Lieberknecht.

Bleibt das Bauministerium, von dem Gerold Wucherpfennig annimmt, dass er es behalten kann. Immerhin vertritt er das mächtige Eichsfeld, ist eingearbeitet und der engste Freund von Dieter Althaus: Sie werde, heißt es im Landtag und der CDU, es wohl nicht wagen … Doch Lieberknecht wagt es. Statt Wucherpfennig macht sie Christian Carius zum Bauminister. Er ist nicht nur einer ihrer treuesten Unterstützer, sondern mit seiner Biografie (33, aber schon seit 1999 im Parlament) ein natürlicher Konkurrent von Mohring um ihre Nachfolge. Was ihm fehlt, sind Verwaltungskompetenz, Bekanntheit und ein inhaltliches Profil. Dies darf er nun ändern.

Christine Lieberknecht hat sich erkennbar zum Handeln entschlossen. »Ich bin wohl bekannt für einen eher partizipatorischen Leitungsstil«, sagt sie, »aber das heißt auch, dass man an den Stellen, wo Führung gefragt ist, auch Führung übernimmt.«[277] Und so macht sie ein einziges personelles Zugeständnis an ihren Vorgänger: Der frühere Althaus-Freund Jürgen Reinholz, bisher Wirtschaftsminister, erhält das Umwelt- und Agrarressort.

Dennoch fällt in der CDU-Spitze das Wort Säuberung. Ob Klaus Zeh, Gerold Wucherpfennig, Manfred Scherer oder Bernward Müller: Sie alle müssen gehen – als einfache Abgeordnete in die Landtagsfraktion oder, wie im Fall von Müller, in die Arbeitslosigkeit. Mit knapp 60 und als Kultusminister a.D. kann er schlecht wieder als Lehrer anfangen. Auch sein Staatssekretär Kjell Eberhardt, der Althaus seit dem gemeinsamen Studium kennt, wird ohne Anschlussbeschäftigung entlassen.

In der CDU-Fraktion entstehen die erwarteten Turbulenzen. Wolfgang Fiedler, der nun auch von Lieberknecht übergangen wurde, schimpft laut über den zum Innenminister beförderten Professor aus Bayern, der von Polizei und Feuerwehr keine Ahnung habe. Auch über Staatskanzleichef Schöning äußern sich etliche Abgeordnete verwundert: Man sei doch 20 Jahre nach der Wende nicht mehr auf einen parteilosen Pensionär aus dem Westen angewiesen. Irritationen löst zudem der neue Regierungssprecher aus. Peter Zimmermann ist erst wenige Wochen zuvor in Sachsen von Ministerpräsident Stanislaw Tillich (CDU) entlassen worden. Zwar ist der Mann mit seinen 34 Lebensjahren schon einiges gewesen: Reporter beim MDR, Pressesprecher der privaten Sen-

Das erste Kabinett Lieberknecht, November 2011: Umweltminister Jürgen Reinholz, Justizminister Holger Poppenhäger, Sozialministerin Heike Taubert, Staatskanzlei- minister Jürgen Schöning, Lieberknecht, Bauminister Christian Carius, Vize-Minis- terpräsident und Bildungsminister Christoph Matschie, Innenminister Peter Huber, Finanzministerin Marion Walsmann, Wirtschaftsminister Matthias Machnig. (v. l.) Quelle: Sascha Fromm, Archiv TA

dergruppe PSR und Chef des Privatradios »Landeswelle Thüringen«. Einen Berufsabschluss oder ein Studium kann er aber nicht vorweisen.

Was die Irritation noch erhöht: Zimmermann wird als erster Regierungs- sprecher Thüringens im Range eines Staatssekretär eingestellt, mit der Zustän- digkeit für Medien, in der dritthöchsten Besoldungsgruppe B9 und mit eigener Dienstlimousine. Mohring und Vogel sind empört. Doch es hilft ihnen alles nichts: Jetzt regiert Lieberknecht.

Die Kulturpräsidentin

Das Büro der Ministerpräsidentin liegt im zweiten Stock der alten Statthalterei, am äußersten Ende des Ostflügels. Das Zimmer misst etwa 30 Quadratmeter. Durch die Fenster kann sie die Wigberti-Kirche, den Hirschgarten und die Regierungsstraße sehen, vor ihr steht ein großer, fahnenbewehrter Schreibtisch.

Den riesigen Aschenbecher des Zigarillo-Rauchers Vogel, den Althaus da ließ, stellt die Nachfolgerin in den Schrank. Ansonsten bleibt alles beim Alten. Am Tag nach ihrer Wahl als Ministerpräsidentin holt Christine Lieberknecht ein Bild aus der Werkstatt, in der sie es rahmen ließ. Das Ölgemälde ihres Großvaters Walter Determann zeigt Karl, den ältesten Bruder ihres Vaters, der 1944 in der Ukraine fiel. Sie hängt es über die Sitzgruppe aus schwarzem Leder, schräg gegenüber vom Schreibtisch. Das Porträt des siebenjährigen Jungen stellt mehr als eine Sentimentalität dar. Es ist ein Symbol: »Was hätte er wohl dafür gegeben, nur ein bisschen von meinem Glück zu haben.«

Alles scheint sich in ihrem neuen Amt zu fügen: Herkunft, Familie, Erfahrungen, Erfolge, Niederlagen. Das einzige, was fehlt, ist eine Idee, was sie mit der neuen Aufgabe anstellen soll. Lieberknecht versucht es mit dem, was sie als Kind im Ettersburger Park erfuhr, als junge Pfarrerin praktizierte und in der Politik immer wieder verfolgte: mit der Vision eines Kulturlandes Thüringen. Am 19. November hält die Ministerpräsidentin ihre erste Regierungserklärung unter dem pastoral klingenden Titel »Gemeinsam mehr erreichen«. Wie beim Vereinigungsparteitag in Hamburg 19 Jahre zuvor übt sie sich im Pathos: »Wahrheit, Gerechtigkeit, Freiheit – das ist die Basis meines politischen Handelns.«[278]

Dann ist sie schon beim Thema. »Wir haben«, sagt sie, »eine unerschöpfliche Quelle: unseren kulturellen Reichtum. Der Geist ist unsere Macht, unsere Zukunftsmacht. Innovationen, die das Denken verändern, das sind die wichtigsten.« Als da wären: die Reform der Stiftung Weimarer Klassik, das Konzept für das Schloss Friedenstein in Gotha, ein neues Kultur-Leitbild, der Bestandsschutz für Theater und Orchester, die jüdischen Wurzeln in Erfurt, das Gedenken in Buchenwald ... »Ganz Thüringen« sei »eine einzigartige Kulturlandschaft. Kultur, verstanden als die Gesamtheit all dessen, was der Mensch kreativ-gestaltend schafft.«

Es folgt der bekannte Kanon Lieberknechtscher Dialektik: Freiheit und Eigenverantwortung, Solidarität und Subsidiarität, Bildung und Kultur, Weltoffenheit und Heimatliebe, Kirche und Staat. Und natürlich: »Wir vergessen nicht, dass die Friedliche Revolution mit Kerzen in der Hand und mit Gebeten im Herzen von den Kirchen ausgegangen ist.« Wer wissen möchte, was diese Ministerpräsidentin antreibt, muss den Anfang ihrer ersten Regierungserklärung lesen, deren Rest eine bloße Aufzählung der im Koalitionsvertrag festgelegten Ziele ist. Sie endet mit einem Zitat von Marie von Ebner-Eschenbach. »Vertrauen ist Mut«, ruft die Ministerpräsidentin. »Vertrauen wir den Menschen!«

Dass gerade eine schwere Finanz- und Wirtschaftskrise die Welt, Deutschland und das von ihr regierte Thüringen erfasst hat, streift Christine Lieberknecht bloß. Zu dem Problem, dass für das aktuelle und das kommende Jahr 1,4 Milliarden Euro an Einnahmen im Etat fehlen, sagt sie: »Der Ruf nach mehr Geld muss zum Ruf nach mehr Geist werden.«

Krise

Doch die Krise holt die Ministerpräsidentin mit voller Wucht ein. Vier Tage nach ihrem Amtsantritt droht die Schließung des Eisenacher Opelwerkes. Die Niederlassung ist von höchster Symbolik. Sie gilt als eines der wenigen erfolgreichen Beispiele der Transformation eines DDR-Industriestandortes. Knapp 2.000 Menschen arbeiten hier, tausende mehr haben in Zulieferbetrieben Beschäftigung gefunden.

Ende Oktober schien das Werk gerettet. Der von einer Pleite bedrohte Mutterkonzern General Motors hatte nach monatelangen Verhandlungen einem Verkauf von Opel an den kanadisch-österreichischen Konzern Magna und die russische Sberbank zugestimmt. Das Konsortium unter Führung von Magna-Chef Frank Stronach gab für Eisenach eine Bestandsgarantie, weshalb Althaus für den Handel warb und andere Interessenten wie Fiat demonstrativ ignorierte.

Doch nun steht alles wieder in Frage. General Motors sagt den Verkauf ab – und Lieberknecht muss die plötzlich wieder mögliche Werksschließung abwenden. Die nächsten Wochen sind ausgefüllt mit Telefonaten mit Berlin und Brüssel, an denen sich auch Wirtschaftsminister Machnig beteiligt. Er und Lieberknecht arbeiten erstaunlich gut zusammen, achten aber darauf, dass der jeweils andere sich nicht allein profiliert.

Ende November reist Lieberknecht nach Rüsselsheim, um Opel-Chef Nick Reilly zu treffen. Sie erhält eine Bestandsgarantie für Eisenach und die Zusage, keine betriebsbedingten Kündigungen durchzuführen. Die Ministerpräsidentin gibt sich trotzdem nur »vorsichtig optimistisch«. Sie verlangt, »dass GM dies alles schriftlich und nachvollziehbar untermauert, damit die Beschäftigten wirklich ein ruhiges Weihnachtsfest feiern können.«[279]

Opel wird die Versprechen halten. Der Konzern investiert sogar in Eisenach und beginnt die Produktion des neuen Kleinwagen-Modells »Adam«.

Trotz des Erfolgs bei Opel: Die Krise lässt die Einnahmen einbrechen – und die Ausgaben steigen. Allein das neue Kindergartengesetz kostet das Land mehr als 100 Millionen Euro im Jahr. Unter anderem werden damit 2.400 Erzieherinnen zusätzlich finanziert.

Niemand im Kabinett außer der Finanzministerin will sparen. Die Summe der Wünsche, die bei Marion Walsmann angemeldet werden, liegt bei 10,3 Milliarden Euro. Das bedeutet einen Zuwachs von einer Milliarde gegenüber dem aktuellen Haushalt. Die für 2010 prognostizierten Einnahmeausfälle liegen bei knapp 900 Millionen Euro.

Walsmann gelingt es nach viel Streit, die Forderungen um eine halbe Milliarde Euro nach unten zu verhandeln. Dennoch schrammt der Haushalt für 2010 gerade so an der Verfassungswidrigkeit vorbei. Die Ausgaben steigen um fast 600 Millionen auf 9,8 Milliarden Euro. Als Gewinner fühlt sich vor allem Matschie, der mehr Lehrer- und Erzieherstellen und mehr Geld für Hochschulen und die Kulturstätten erstritten hat. Auch Wirtschaftsminister Machnig verweist auf einen Zuwachs von 100 Millionen Euro in seinem Etat. Die geplante Neuverschuldung beträgt 821 Millionen Euro. Zum Vergleich: In Sachsen, wo die Ausgaben sinken, sind für 2010 keine neuen Schulden vorgesehen.

Die Ministerpräsidentin mag dies alles nicht wahrnehmen. »Ganz toll« sagt sie, habe dies die Finanzministerin hinbekommen. Der Finanzkompromiss zeige, dass ihre Personalentscheidungen richtig gewesen seien.[280] Außerdem handele es sich doch nur um »einen Übergangsetat«, mit dem die Koalition ihre »Handlungsfähigkeit unter Beweis« gestellt habe. Ziel bleibe, so schnell wie möglich wieder einen schuldenfreien Haushalt zu erreichen.[281]

Reformstau

Noch bevor der Landtag den Haushalt für 2010 im April verabschiedet, beginnen die Verhandlungen für den Etat des Jahres 2011. Als sich im März das Kabinett zur Klausur in Bad Blankenburg versammelt, wird Lieberknecht ihr Dilemma vorgeführt: Wirtschaftskrise, explodierende Ausgaben, ein sparunwilliger Koalitionspartner – und niemand in Sicht, der damit fachlich umgehen könnte. Mehr Geist und ein neuer Politikstil helfen da nicht.

Was das Land 20 Jahre nach seiner Wiedergründung benötigt, sind Strukturreformen der Landes- und Kommunalverwaltung – mit anderen Worten, Fusionen. Die wiederum blockiert die CDU, weil dann viele Landrats- und Bürgermeisterstellen wegfielen, die sie selbst besetzt.

Im Koalitionsvertrag liest sich der Kompromiss so: »Unabhängige Gutachter« sollen prüfen, »ob, in welchem Umfang und in welchem Zeitrahmen eine Funktional- und Gebietsreform zu Einsparungen und Effizienzgewinnen auf kommunaler Ebene und im Landeshaushalt« führe. In »Auswertung dieses

Gutachtens« werde die »Landesregierung eine Entscheidung über weitergehende Maßnahmen treffen«.

Damit ist das Thema faktisch beerdigt. Ähnlich verhält es sich mit der Verwaltungsreform. Obwohl sich CDU und SPD einig sind, dass Personal abgebaut werden muss, beschließen sie in Bad Blankenburg nur einen Arbeitskreis mit dem tönenden Titel »Haushaltsstrukturkommission«. Unter Leitung von Walsmann sollen mehrere Minister Sparvorschläge erarbeiten.

Doch das ist nur Scharade. Als sich im Mai das Kabinett zur nächsten Klausur trifft, um nach dem sogenannten Übergangshaushalt einen Spar-Etat zu verhandeln, kommt es zum Eklat. Die Finanzministerin will 750 Millionen Euro kürzen und den Ministern feste Budgets zuweisen, um die Neuverschuldung einigermaßen zu begrenzen. Die SPD-Minister halten dagegen, während Lieberknecht sich demonstrativ heraus hält. Als Erkenntnis bleibt für die Öffentlichkeit: Die Koalition ist blockiert, die Finanzministerin beschädigt und die Ministerpräsidentin blamiert.

Parteifreund Mohring

Christine Lieberknecht lernt die Ohnmacht ihres Amtes kennen. Nicht nur die SPD, auch ihr Fraktionschef Mohring attackiert sie zunehmend. Er beginnt damit schon vor der Verabschiedung des Haushaltes für 2010 und fordert eine Minderausgabe von 200 Millionen Euro, einen Rasenmäher quer durch alle Ressorts. Das prompte Nein der Sozialdemokraten bezeichnet er als »unverantwortlich und dem Ernst der Lage nicht angemessen«. Er mache sich »große Sorgen« um das Land.[282] Zwar hat Mohring, wie in Thüringen üblich, als Fraktionschef an allen Kabinettssitzungen teilgenommen und keinen Widerspruch angemeldet. Aber nun bringt er die Abgeordnete Lieberknecht in der Fraktion dazu, für die gezielte Provokation der SPD zu stimmen – und gegen ihren eigenen Haushalt.

Das Muster wiederholt sich. Mohring will sich nicht Lieberknecht unterordnen. Sei es Finanzpolitik, Verwaltungsreform oder Polizeireform: Er prescht vorneweg, hinterher oder seitwärts. Der Mann kann sich nicht auf die neue Situation einstellen. Alles schien 2009 durch Althaus für ihn bereitet. Er hatte sogar insgeheim einen Hochschulabschluss erworben, war nach Innsbruck und Frankfurt gependelt, um den Titel »Master of Law« zu erwerben. Doch jetzt sieht es so aus, als baue Lieberknecht Carius und Voigt als Nachfolger auf.

Der Konflikt lähmt die Partei. Schlägt die Ministerpräsidentin etwas vor, findet es Mohring schlecht, ohne es zu prüfen. Das Lieberknecht-Lager vermu-

Lieberknecht und Mohring bei der Fraktionsklausur in Kloster Volkenroda, Januar 2011.
Quelle: Alexander Volkmann, Archiv TA

tet wiederum in jeder Initiative des Fraktionschefs einen Angriff, mag er noch so sehr in die richtige Richtung gehen.

Um seinem Dilemma zu entkommen, versucht Mohring sich bundespolitisch bekannt zu machen. Er baut Kontakte zu konservativen Politikern wie dem baden-württembergischen Ministerpräsidenten Stefan Mappus oder dem hessischen CDU-Landtagsfraktionschef Christean Wagner auf. Im Januar 2010 schreibt er mit Wagner, seinem sächsischen Amtskollegen Steffen Flath und der brandenburgischen Unions-Spitzenpolitikerin Saskia Ludwig einen Brief an Angela Merkel, der in der Frankfurter Allgemeinen erscheint.

Die CDU, heißt es darin, habe bei der Bundestagswahl ihr schlechtestes Ergebnis seit 1949 erzielt. Dass es zu einer Koalition mit der FDP gereicht habe, war »schlichtweg Glück«[283]. Zu einer »fundierten Analyse« gehöre die Frage, »ob die häufig zitierte Sozialdemokratisierung der Union tatsächlich ohne Bezug zur Realität« sei. Die große Koalition habe zu einer »Schwächung des Profils der Union« geführt. »Wir müssen unsere Wähler auf der Grundlage einer erkennbaren christlichen Orientierung mit Botschaften zur Leitkultur, zur Bedeutung von Bindung und Freiheit, zur Familie, zum Lebensschutz und zum Patriotismus ansprechen.«

Das Pamphlet ist nicht nur ein Angriff auf Merkel. Es ist auch eine Attacke von Mohring auf Lieberknecht. Der »präsidiale Stil«, das »vage Nichtfestlegen« die »strategische Positionierung der CDU als neue SPD«: Fast alles, was er der Kanzlerin vorwirft, kritisiert er intern an der Ministerpräsidentin. Lieberknecht hält sich zurück, sie will die Provokation nicht aufwerten. Allerdings versucht sie zu verhindern, dass Mohring statt Dagmar Schipanski in den Bundesvorstand einzieht: Generalsekretär Voigt ermutigt die ausgeschiedene Landtagspräsidentin, sich bei den im November anstehenden Wahlen nochmals zu bewerben.

Erst als sich einige Monate später Mappus, Wagner und Mohring in Berlin treffen, um nach der verlorenen Landtagswahl in Nordrhein-Westfalen ihre Vorwürfe zu wiederholen, meldet sich Lieberknecht: »Bei dieser Profil-Diskussion geht es mir viel zu sehr um persönliche Profilierung – und am Ende wohl auch um persönliche Macht.«[284] Falls bei ihr wie bei der Kanzlerin das Moderierende und Präsidierende kritisiert werde: »Das war schon immer ich.«

In der Defensive

Doch Mohrings Analyse trifft zum Teil zu. Lieberknecht besitzt kein inhaltliches Profil. Weder in Erfurt noch in Berlin konnte Lieberknecht Akzente setzen. Und mit dem Reden über ein Kulturland Thüringen lassen sich weder Wahlen gewinnen noch die existenziellen Aufgaben lösen, vor denen ihr Land steht. Ob nun Überalterung, Abwanderung oder Überschuldung: Für nichts besitzt diese Ministerpräsidentin einen Plan.

Stattdessen bestimmt die SPD die Richtung. Während Bildungsminister Matschie Erzieherinnen einstellt und über den Hochschulpakt verhandelt, startet Machnig fast wöchentlich Offensiven für höhere Löhne, gibt Zukunfts-Studien in Auftrag, organisiert Kongresse und startet Werbekampagnen. Justizminister Poppenhäger verschickt unentwegt europapolitische Mitteilungen, derweil Taubert die Beziehungen zu Verbänden, Vereinen und Frauenräten pflegt.

Und die Kabinettsmitglieder der Union? Umweltminister Reinholz produziert vor allem Unzufriedenheit. Binnen weniger Wochen hat er gleichzeitig Bauern, Forstwirtschaft und Umweltverbände gegen sich aufgebracht. Finanzministerin Walsmanns Überforderung wird umso sichtbarer, je mehr sie sich anstrengt. Staatskanzleichef Schöning müht sich an einer Reform der Regierungszentrale, die nicht funktioniert. Und Staatssekretär Zimmermann bringt durch hoffärtiges Auftreten das Personal gegen sich auf und vernachlässigt seine Aufgabe als Regierungssprecher.

Einzige Ausnahme ist Innenminister Peter Huber. Er geht das komplexe Thema der Straßenausbaubeiträge an und bringt mit Hilfe seines Staatssekretärs Jörg Geibert die Polizeireform auf den Weg, die nur noch eine zentrale Landespolizeiinspektion vorsieht. Dass Huber Probleme wie die Kommunalfinanzen ignoriert, vermag er mit seiner wirkungsmächtigen Mischung aus professoraler Aura und bayerischem Charme zu überdecken.

Thüringen 2020

Lieberknecht muss etwas tun, um dieser Dynamik zu entkommen. Generalsekretär Voigt und Regierungssprecher Zimmermann kopieren für sie ein Konzept aus den Nachbarländern, bei dem Mohring schon Anleihen nahm. Aus »Sachsen-Anhalt 2020« oder »Sachsen 2020« wird nun einfach »Thüringen 2020«.

Die Zielmarke ist sinnfällig. 2020 ist für Ostdeutschland eine Zäsur In dem Jahr soll der Solidarpakt II auslaufen und ein neuer Länderfinanzausgleich starten. Bis dahin müssen sich die neuen Länder darauf einstellen, dass bis zu einem Drittel ihrer Einnahmen wegfällt.

Am 10. Juni 2010 hält Lieberknecht eine Rede an ihrer alten Universität in Jena. »Thüringen schrumpft«, stellt sie fest. »Wir werden im Jahr 2025 die Marke von zwei Millionen Einwohnern unterschreiten. Das erfordert ein Umsteuern in der Landesentwicklung.«

Das Szenario, das sie beschreibt, klingt dramatisch. »Nach Schätzungen des ifo-Instituts Dresden wird der Thüringer Landeshaushalt im Jahr 2020 noch ein Volumen von etwa 6,2 Milliarden Euro umfassen – ein Drittel weniger als in diesem Jahr.«[285] Die Lösung: »Wir werden sparen – hart sparen. (...) Wir werden für den Landeshaushalt 2011 drastische Einsparungen vornehmen müssen, um den ersten großen Schritt aus dem Schuldenstaat heraus zu machen.«

Doch es ist wieder nur eine Rede. Der Haushaltsentwurf für 2011 sieht neue Kredite in Höhe von 620 Millionen Euro vor, obwohl die Ausgaben nochmals um 330 Millionen Euro reduziert wurden. Finanzministerin Walsmann bleibt es im Oktober vorbehalten, diesen Beleg der Sparunfähigkeit im Landtag zu verteidigen. Wie zuvor Lieberknecht in Jena beschwört sie die Zeitenwende, spricht vom Jahr 2020, der Schuldenbremse und von der Notwendigkeit, endlich das Land zu konsolidieren. Der Rest sind Ankündigungen. »Wir haben«, sagt Walsmann, »im öffentlichen Dienst im Vergleich zu anderen Ländern deutlich zu viel Personal. Hier müssen wir ansetzen.«[286] Doch wo, das sagt die Finanzministerin nicht, die geradezu hilflos wirkt.

Die Opposition hat es nach diesem Auftritt leicht. Kein Redner lässt es sich nehmen, die Ministerpräsidentin an ihre Ankündigungen zu erinnern. Selbst Mohrings finanzpolitische Sprecherin Anette Lehmann sagt, dass die »Aufwüchse in einigen Bereichen« im Parlament »hinterfragt« werden müssten.

Jetzt tritt Lieberknecht ans Rednerpult – und vertagt das Problem auf den nächsten Haushalt. »Wir haben die Perspektive ganz deutlich vor Augen«, sagt sie. Aber sie müsste »mit einer Idee im Kopf für unser Land und von unserem Land klug vorbereitet, klug überlegt sein.«[287]

Kabinettsreform

Lieberknechts Idee ist einfach: Sie will einen Finanzminister, der sein Handwerk versteht. Die Gelegenheit zu einem Wechsel ergibt sich schneller, als Lieberknecht erwartet. Kurz nach der Haushaltsdebatte wird offiziell, dass Peter Michael Huber an das Bundesverfassungsgericht wechseln soll. »Ich gehe dahin, wo mich das Vaterland hinstellt«, sagt der Innenminister. Für Lieberknecht ist Hubers Abgang eine persönliche Niederlage. Der einzige überzeugende CDU-Minister verlässt ihre Regierung, wozu nun noch öffentlich wird, dass sie um dieses Risiko vor der Kabinettsbildung wusste. Warum, fragt man sich in der Union, habe sie dann den Mann geholt?

Es ist Anfang November, als Lieberknecht an den sächsischen Finanzstaatssekretär Wolfgang Voß eine SMS schickt. Sie brauche seinen Rat wegen der Haushaltslage in Thüringen, schreibt sie. Sie werde sich demnächst melden. Am Abend, Voß befindet sich in seinem Dienstwagen auf dem Weg ins heimische Moritzburg, ruft ihn die Ministerpräsidentin an. Nach wenigen Minuten ist sie schon bei ihrer Frage: Ob er sich vorstellen könne, Finanzminister zu werden?

Mitte November in Sömmerda erhält Lieberknecht die Reaktion ihrer Partei auf ihr Personalmanagement. Sie wird als Parteivorsitzende mit nur 79,6 Prozent wiedergewählt, das sind noch mal vier Prozent weniger als ihr überschaubares Ergebnis vom Herbst 2009. Die Ministerpräsidentin behilft sich mit Taktieren. Auf dem CDU-Bundesparteitag in Karlsruhe, der sich an den Landesparteitag anschließt, verzichtet Lieberknecht darauf, statt Dieter Althaus ins Präsidium einzuziehen – und lässt Stanislaw Tillich den Vortritt. Damit hat sie etwas bei dem sächsischen Ministerpräsidenten gut und schafft einen freien Platz für Mohring im Bundesvorstand, den sie dort zuvor noch verhindern wollte.

In Karlsruhe zeigt sich am 15. November, wie nah Auf- und Abstieg beieinander liegen. Während der Bundespräsident im Verfassungsgericht Peter Huber

in das höchste zu vergebende Richteramt einführt, verabschiedet die Bundeskanzlerin in der nur wenige Kilometer entfernten Messehalle Dieter Althaus
aus der Politik. Angela Merkel findet nur wenige Sätze für einen ihren loyalsten
Unterstützer, der neben ihr etwas ungelenk mit einem Blumenstrauß auf der
Bühne steht und müde beklatscht wird.

Wie einst Althaus nutzt Lieberknecht den Abgang ihres Innenministers für
eine Kabinettsreform. Die Überraschung, die sie damit am 8. Dezember 2010
produziert, ist authentisch. Die Umbildung wirkt wie ein kalter Putsch gegen
sich selbst. Sie hatte Huber, Schöning und Walsmann zu Ministern gemacht
und damit drei Experimente begonnen, von denen zwei erkennbar nicht funk-
tionierten. Nun, da das erste von Huber selbst beendet wurde, bricht sie die
beiden anderen ab.

Das alles ist typisch Lieberknecht. Lange sah sie zu, wie der Staatskanzleichef und die Finanzministerin stolperten. Doch jetzt, da sich die Gelegenheit zum Wechsel bietet, greift sie zu, rasch, entschlossen und ohne Skrupel.
Schöning, der nicht in der Fraktion sitzt und keine Hausmacht besitzt, wird
entlassen. Die Ministerpräsidentin braucht seinen Posten in der Staatskanzlei,
um Walsmann darauf abzuschieben, die sie als Abgeordnete, Kreischefin und
einzige Unions-Frau im Kabinett noch benötigt.

Die Operation verläuft unschön. Als die Gerüchte über Schönings Demission in den Zeitungen stehen und der Minister deshalb zweifach bei Lieberknecht nachfragt, antwortet sie ihm jedes Mal, dass sie ihn nicht entlassen
wolle. Am Abend vor der Kabinettsumbildung bestellt sie ihn zu sich und teilt
ihm die Entlassung mit.

Ähnlich verfährt Lieberknecht mit Walsmann. Noch am Dienstag vor der
Bekanntgabe der Reform schickt sie die nichtsahnende Finanzministerin mit
einem geradezu lächerlich wirkenden Zwischenbericht zur Haushaltsstrukturkommission in die Pressekonferenz. Walsmann blamiert sich, kann auf die
einfachsten Fragen nicht antworten. Wenige Stunden später wird ihr von Lieberknecht die Versetzung bekannt gegeben.

Doch selbst dem sächsischen Regierungschef ergeht es nicht besser. Nur
kurz bevor sie Walsmann und Schöning informiert, bittet Lieberknecht Stanislaw Tillich um die Freigabe seines Finanzstaatssekretärs Wolfgang Voß. Der
Regierungschef hat nur wenige Stunden Zeit, um sich einen Nachfolger für
dieses wichtige Amt zu suchen, um nicht öffentlich dumm dazustehen. Tillich
wütet in der Dresdner Staatskanzlei. Doch er ist seiner Amtskollegin für den
Präsidiumsplatz in Karlsruhe noch einen Gefallen schuldig.

Immerhin erfüllt die Ministerpräsidentin mit der Kabinettsumbildung erstmals ihren eigenen, so oft verkündeten Politikanspruch: Sie denkt die Reform

vom Ende her. Voß hat in Dresden fast 20 Jahre lang die Sparpolitik verantwortet. Ein Gutteil des sächsischen Haushaltswunders geht auf den Staatssekretär zurück, der den Finanzausgleich mit den Kommunen reformierte und eine Gebietsreform mit auf den Weg brachte.

Gewagt ist die Berufung dennoch. Voß hat sein halbes Leben in der Minsterialbürokratie verbracht, das politische Schaulaufen liegt ihm nicht, die sehr eigenen thüringischen Verhältnisse sind ihm unbekannt. Voß selbst zweifelt lange, ob er springen soll. Lieberknecht benötigt zwei lange Gespräche in einem Weimarer Hotel, bis sie ihn überzeugt hat.

Konsolidierung

Die Bilanz des ersten Amtsjahres der Ministerpräsidentin fällt mäßig aus. Ihre Minister haben sich als Fehlbesetzung oder flüchtig erwiesen, die Verschuldung steigt beängstigend und die Strukturreformen kommen nicht voran. Alle Erfolge sind die der SPD.

Es ist Zeit für einen Neuanfang. Auf dem Landesparteitag in Sömmerda sagt sie: »Auch wenn uns gelegentlich manches stört und die reine Lehre nicht immer zu 100 Prozent durchsetzbar ist, erwarte ich jetzt auch von allen Beteiligten, dass wir diese Koalition gemeinsam tragen. Ich will dieses Land führen.«[288] Der Finanzminister ist ihr neues Instrument. Sein Aufstellungsbeschluss für den Etat 2012, den er binnen weniger Wochen erstellt, wirkt wie eine Kampfansage an den Koalitionspartner. Die Enge des Zeitplans, die Härte der Vorgaben, die Strenge des Tons – dies alles ist man in Thüringen nicht gewohnt. Die SPD-Minister machen sich über Voß lustig, einige CDU-Fraktionäre geben ihm nicht lange.[289]

Die ersten Niederlagen kommen prompt. Der SPD-Chef lässt sich kein Geld wegnehmen und die CDU-Fraktion verhindert die Kürzungspläne Voß' beim Erziehungsgeld und den Abwasserbeiträgen, wobei Lieberknecht den Finanzminister trotz anderslautender Versprechen auflaufen lässt.

Der in Sachsen sozialisierte Hesse wirkt fremd in dem kleinen Erfurter Politikbetrieb und seinen merkwürdigen Mechanismen. Doch Voß kämpft. Als sogar sein Ministerium nicht wie er will, holt er aus Dresden seinen früheren Abteilungsleiter Dirk Diedrichs als Staatssekretär nach und macht aus seiner Distanz zu dem seit 20 Jahren eingeübten Machtverteilungsspiel einen strategischen Vorteil. Er lässt sich von Lieberknecht die bisher beim Innenministerium verortete Zuständigkeit für den Kommunalen Finanzausgleich übertragen, mit dem fast ein Viertel des Landeshaushalts an die Gemeinden, Städte und Kreise verteilt wird.

Finanzminister Wolfgang Voß und Ministerpräsidentin Christine Lieberknecht im Landtag. Quelle: Sascha Fromm, Archiv TA

Voß strukturiert, gewichtet und berechnet alles neu. Als er damit fertig ist, fehlen den Kommunen 200 Millionen Euro, das entspricht zehn Prozent ihrer bisherigen Zuschüsse. Der größte Einschnitt, den es seit langem gab, führt zum erwarteten Protest. Doch der Finanzminister aus der Fremde stellt sich ungerührt den Hundertschaften von Bürgermeistern. Und: Diesmal steht Lieberknecht zu ihm. Die Ministerpräsidentin hat sich das, was Voß vertritt, als neue Leitidee ihrer Amtszeit ausgesucht. Jetzt gibt es für sie nicht mehr nur Kultur. Jetzt gibt es auch Konsolidierung.

Deshalb beendet Lieberknecht im Sommer 2011 die immer noch währende Suche des Innenministeriums nach einem Gutachter für eine Verwaltungs- und Gebietsreform. Eineinhalb Jahre hat sie dabei zugesehen, wie sich CDU und SPD darüber stritten, wer wann wen mit was beauftragt, während ihr eigener Fraktionschef Mohring eine eigene Verwaltungsreform ersann, die das Nicht-handeln der Regierung bloßstellte. Doch nun zieht die Ministerpräsidentin das Thema an sich – und übergibt es inoffiziell an Voß.

Die Reform wird nun, wie sie es nennt, ihre Chefsache. Sie setzt eine Kommission ein, in der sechs Wissenschaftler und vormalige Spitzenbeamte sitzen. Und sie richtet in der Staatskanzlei eine Stabsstelle ein, die von dem Ex-

Lieberknecht, Matschie und seine Lebensgefährtin Tan Nimet auf dem Landespresseball 2012 in Erfurt, im Hintergrund Regierungssprecher Peter Zimmermann.
Quelle: Alexander Volkmann, Archiv TA

Innenstaatssekretär Michael Antoni geleitet wird – der wie Voß und Diedrichs in den 1990er Jahren aus dem Westen nach Dresden gewechselt war.

Damit hat Lieberknecht eine sächsische Troika installiert, um die Probleme zu lösen, die von den Thüringern liegen gelassen wurden. Die Strategie scheint vorerst aufzugehen. Für 2011 legt Voß einen Haushaltsentwurf vor, der erstmals seit 2009 wieder ohne neue Kredite auskommt. Doch der Minister hat auch Glück: Die Konjunktur hat sich schneller als erwartet aufgehellt, die Steuern fließen wieder. Von den 1,4 Milliarden Schulden, die Walsmann einplante, muss weniger als die Hälfte tatsächlich aufgenommen werden.

Chefsachen

Der Begriff Chefsache ist nicht neu für die Ministerpräsidentin, die im internen Sprachgebrauch der Staatskanzlei als »Chefin« firmiert. Schon im März 2011 hat sie, wie die gesamte deutsche Politik, ein neues Wort lernen müssen: Fukushima – den Namen des Atomkraftwerkes in Japan, das von einem Erdbeben und der darauf folgenden Flutwelle zerstört wird.

In den Wochen darauf vollzieht die Bundeskanzlerin, die gerade erst die Verlängerung der Laufzeiten für die Atomkraftwerke durchexerziert hatte, eine Volte, die es in der Politik nur selten gibt. Plötzlich ist Merkel für den schnellstmöglichen Ausstieg aus der Atomenergie. Sie fürchtet nicht nur eine Niederlage bei der anstehenden Landtagswahl in Baden-Württemberg, sondern die Abkopplung der Union vom Zeitgeist.

Die Konservativen in der CDU, darunter Mohring in Thüringen, sind empört, doch sie äußern ihren Ärger nur leise, weil der Stuttgarter Ministerpräsident Mappus um sein politisches Überleben kämpft. Dafür ist Lieberknecht sofort an Merkels Seite. Keinesfalls will sie Wirtschaftsminister Machnig, der sich seit Fukushima im Kampagnenmodus befindet, dieses Thema alleine überlassen. Die Energiewende, sagt sie, sei Chefsache.

Obwohl in Thüringen kein einziges Atomkraftwerk steht, lädt Lieberknecht alle fünf Fraktionsvorsitzenden und die Landtagspräsidentin in die Staatskanzlei zu einem Energiewendegipfel. Mohring muss still dabei sitzen, als Lieberknecht verspricht, die Windenergie auszubauen, und damit eine zentrale Linie der CDU-Fraktion umbiegt.

Sie wolle nicht ausschließen, sagte Lieberknecht, dass die Union beim Atomausstieg »ambitionierter« als Rot-Grün sein werde. In den Monaten darauf kämpft sie in der CDU ein vom SPD-Minister Machnig vorgegebenes Ziel durch: Bis zum Jahr 2020 sollen mindestens 45 Prozent des in Thüringen produzierten Stroms aus erneuerbaren Energiequellen stammen.

Chefsache wird auch ein Ereignis, auf das Dieter Althaus lange hingearbeitet hatte und von dem sie nun profitiert: Erstmals kommt mit Benedikt XVI ein Papst nach Thüringen, ein deutscher zumal. Er reist im Juni 2011 nach Erfurt und ins Eichsfeld – und er besucht mit dem Augustinerkloster jenen Ort, an dem sich der katholische Priester Martin Luther auf seinen protestantischen Weg begab. Während der Visite, aber auch in den Wochen davor und danach, ist Lieberknecht die Zeremonienmeisterin der Ökumene. Die kleine Pastorentochter aus Leutenthal darf den Papst treffen, dessen Schriften sie als Jenaer Studentin las. Gleich nach der Landung Benedikts in Erfurt erhält sie eine Privataudienz, an deren Ende sie ihm stolz ihre Diplomarbeit zur Confessio Augustana überreicht.

Selten sah man die Ministerpräsidentin so euphorisch, ja beseelt. Die Messe auf dem Domplatz, die Vesper im eichsfeldischen Etzelsbach, dazu der Bundespräsident, die Bundeskanzlerin, hunderte Würdenträger, 1.200 Journalisten und Hunderttausende Gläubige: Es ist für die Pastorin ein »überwältigendes Ereignis«, ein »Fest des Glaubens und der gemeinsamen Freude«[290].

Dass die Evangelische Kirche enttäuscht reagiert, weil Benedikt im Augustinerkloster eher fremdelt, kann die Regierungschefin so gar nicht verstehen: Sie ist »froh und überglücklich«, dass ihr »Heiliger Vater« da ist. Ihr Sprecher Zimmermann hat eigens dafür gesorgt, dass ein Foto entsteht, das Lieberknecht als ikonografisch empfindet: Benedikt, mit beiden Händen auf seinen Stock gestützt, steht im Kreuzgang des Klosters, während sie ihm, die linke Hand richtungsweisend ausgestreckt, den Ausblick erklärt. Die Kanzlerin wird fast vollständig vom Stellvertreter Christi verdeckt.

Neonazi-Terror

Dass Lieberknecht Sinn für Rituale besitzt, hilft ihr wenige Monate später. Am 4. November 2011 rauben zwei Männer die Sparkasse in Eisenach aus. Als die Polizei sie wenig später in einem Wohnmobil stellt, zünden sie das Fahrzeug an und erschießen sich. Die Männer sind Uwe Böhnhardt und Uwe Mundlos. Sie waren Anfang 1998 zusammen mit Beate Zschäpe aus Jena nach Sachsen geflüchtet, nachdem die Polizei eine Bombenwerkstatt ausgehoben hatte. Sie bildeten die Terrorzelle »Nationalsozialistischer Untergrund« (NSU), überfielen Banken, legten Bomben und töteten acht türkischstämmige Einwanderer, einen Griechen und eine Polizistin. So steht es in der Anklageschrift der Generalbundesanwaltschaft gegen Beate Zschäpe, der später in München der Prozess gemacht wird.

Die Taten geschahen, während Polizei und Verfassungsschutz aus Sachsen und Thüringen nach dem Trio fahndeten und mehrere Sonderkommissionen in Bayern, Hessen oder Nordrhein-Westfalen wahlweise eine angebliche Türkenmafia oder Drogenbanden für die Morde verantwortlich machten. Es ist die größte anzunehmende Blamage für die Sicherheitsbehörden in Deutschland, aber insbesondere in Thüringen, das nun plötzlich das Land ist, in dem die schlimmste rassistische Mordserie der Nachkriegszeit ihren Ausgang nahm.

Lieberknecht will verhindern, dass sich das Image vom braunen Freistaat festsetzt. Am 16. November 2011 gibt sie die erste Regierungserklärung ab, die zu diesem Thema in Deutschland gehalten wird. Sie beginnt mit einem Schuldeingeständnis: »Die Tatsache, dass die Täter dieser brutalen Gewaltverbrechen

Bundespräsident Joachim Gauck mit Lieberknecht im Juli 2012 auf der Wartburg.
Quelle: Sascha Fromm, Archiv TA

aus Thüringen, aus Jena, aus unserer Gesellschaft stammen, muss uns mit tiefer Scham erfüllen.«[291]

Alles, sagt die Ministerpräsidentin, müsse aufgeklärt werden, »vollständig, schonungslos und transparent«. Es folgt eine Kaskade von Ankündigungen. Die Regierung werde eine Untersuchungs-Kommission unter dem Vorsitz des vormaligen Bundesrichters Gerhard Schäfer einrichten und die Opposition einbinden. Verfassungsschutz und Polizei müssten die rechtsextremistische Szene stärker beobachten. Und sollte es einen neuen NPD-Verbotsantrag geben, sage sie »hier ganz klar und deutlich«, dass man »von Thüringer Seite alles« tun werde, »um ein solches Verfahren zum Erfolg zu führen«. Der Rechtsextremismus sei »eine Schande« für das Land. »Wir müssen gemeinsam den Rechtsextremismus ächten. Für uns gilt: Die Würde des Menschen ist unantastbar.«

Lieberknecht findet die richtigen Worte – und bundesweite Aufmerksamkeit. Die »Zeit« lobt die Rede als »Akt symbolischer Politik, der die breite Mitte der Gesellschaft aufrüttelt und einen Bewusstseinsprozess in Gang setzt«[292] Eine Kurzfassung der Regierungserklärung erhält über den »Tagesspiegel« Verbreitung.[293]

*Bundespräsident Christian Wulff und Lieberknecht im Oktober 2011 im National-
theater Weimar. Quelle: Alexander Volkmann, Archiv TA*

*Papst Benedikt XVI, Martin und Christine Lieberknecht beim Empfang auf dem
Erfurter Flughafen, September 2011. Quelle: Alexander Volkmann, Archiv TA*

Bundespräsident Horst Köhler, Christine Lieberknecht, Eva-Luise Köhler, Martin Lieberknecht Mai 2010, Nationalpark Hainich. Quelle: Alexander Volkmann, Archiv TA

Als am 2. Dezember ein Rockkonzert gegen Rechtsextremismus in Jena stattfindet, bei dem Udo Lindenberg, Peter Maffay, Silly und Clueso auftreten, ist Lieberknecht dabei. Sie steht mit SPD-Oberbürgermeister Schröter auf der Bühne und sagt: »So, wie ich mich fühle, möchte ich, dass wir einfach zum Beginn dieser Veranstaltung noch einmal still schweigen und an diese zehn Menschen denken, die brutal ermordet wurden und heute nicht hier sein können. Ich bitte Sie, schweigen Sie einfach einen Moment mit mir.«[294] Und so herrscht Stille, während der Regen auf mehrere tausend Menschen herabfällt.

Bundespolitik

Mit dem Rechtsextremismus hat Lieberknecht erstmals ein Thema besetzt, mit dem sie in Berlin durchdringt. Seit ihrem Amtsantritt muss sie sich dafür verteidigen, dass von ihr in der Bundespolitik nichts zu hören ist. In den nationalen Debatten gehe es doch nur um »Meinungsführerschaft, nicht um Resultate«, sagt sie in Interviews, wenn sie darauf angesprochen wird. Dies verärgere und irritiere gerade die Menschen in Ostdeutschland.[295]

Doch hinter der Zurückhaltung steckt ein banalerer Grund: Lieberknecht ist nicht fernsehkompatibel. Ob in Talkshows, Live-Interviews oder bei einfachen Auftritten vor Kameras: Die Ministerpräsidentin verhaspelt sich, flüchtet sich in Phrasen und wirkt unfreiwillig komisch. Peter Zimmermann, den sie einstellte, um ihre Medienkompetenz zu verbessern, kann ihr nur bei der Auswahl der Frisur oder des passenden Kostüms helfen. In der CDU mokiert man sich längst über die Unsichtbarkeit Lieberknechts in Berlin. In einem Gesprächsband lässt sich Bernhard Vogel zitieren: »Frau Lieberknecht hat, weil Althaus eher zu viel im Bund tätig war, in dieser Hinsicht zunächst eher zu wenig getan und hört jetzt gelegentlich die Frage: Sind Sie eigentlich nicht dabei?«[296]

Nun versucht die Ministerpräsidentin, dagegen zu halten. Sie startet Initiativen zur Energiewende, dem NPD-Verbot – und zum Mindestlohn. Im Juli 2012 präsentiert sie einen eigenen Plan für eine Lohnuntergrenze, der eine Mischung aus den SPD- und CDU-Positionen darstellt. Der Mindestlohn würde damit flächendeckend eingeführt, bestimmt von einer Kommission, in der Arbeitgeber und Gewerkschaften sitzen.

Der Vorstoß ist ein kalkulierter Tabubruch. Er bringt die Konservativen und den Wirtschaftsflügel der Union genauso gegen sie auf wie die FDP und die Linken in der SPD. Besonders wirkungsvoll wird das Modell aber erst dadurch, dass sie es gemeinsam mit Wirtschaftsminister Machnig präsentiert, der nicht nur die Hassfigur von FDP und konservativen Unionisten ist, sondern inzwischen auch als Hauptkonkurrent von SPD-Chef Matschie gilt. Das bundespolitische Medienecho fällt für Lieberknechtsche Verhältnisse gewaltig aus.

Verluste

Dennoch ist die Mindestlohn-Initiative, die im Bundesrat versandet, nur ein neuerliches Beispiel der Ankündigungspolitik von Christine Lieberknecht. Mit der Umsetzung hapert es. Der Umbau des Verfassungsschutzes kommt nicht voran, das Gutachten zur Verwaltungsreform verzögert sich, die Energiewende stockt. Das einzige, was zu funktionieren scheint, ist die Reform des Kommunalen Finanzausgleichs und der schuldenfreie Doppelhaushalt für 2013 und 2014, den Finanzminister Voß mit seiner unaufgeregten Art voranbringt.

Die Kürzungen bei den Kreisen, Städten und Gemeinden haben diesmal System. Die Landräte und Bürgermeister wissen, dass nach der Reform das

Geld, das diesmal fehlt, für immer weg ist. Hinzu kommt, dass 2012 die Landrats- und Bürgermeisterwahlen für die CDU verloren gehen – und die Kürzungen für die Niederlage verantwortlich gemacht werden. Denn nach dem überraschenden Sieg des Unionskandidaten Thomas Fügmann bei der vorgezogenen Schleizer Landratswahl in Januar verliert die Partei im Mai drei Landräte an SPD und Linke. In Eisenach scheitert der CDU-Kandidat an der jungen Landtagsabgeordneten Katja Wolf, die erste Oberbürgermeisterin der Linken wird.

Im Ergebnis stürzt die CDU in den Kommunen von gut 40 Prozent auf 33,8 Prozent im ersten und 31,7 Prozent im zweiten Wahlgang ab. Das sind in etwa die Werte des Landtagswahldebakels. Den einzig größeren Erfolg erringt Althaus-Freund Klaus Zeh bei den Oberbürgermeisterwahlen in Nordhausen.

Das Mohring-Lager ist elektrisiert. Parteivize Christine Tasch spricht von einer »Klatsche«, das Vorstandsmitglied Evelin Groß von einem »desaströsen« Ergebnis. Der Landtagsabgeordnete Gustav Bergemann, einst Mitarbeiter der Staatskanzleiministerin Lieberknecht, verlangt die Wahl »kritisch auszuwerten«.[297] Das Ergebnis sei ein »Dammbruch«, »Umarmen« allein reiche nicht.

Lieberknecht reagiert mit einer Pressekonferenz noch vor den Sitzungen der Gremien. Sie rechnet vor, wie viele Bürgermeister und Landräte die CDU noch habe und man mit Abstand größte Kommunalpartei bleibe. Währenddessen erzählen Mario Voigt und der Junge-Union-Chef Stefan Gruhner Journalisten, Tasch und Groß seien nur Marionetten Mohrings, der einen Putsch für den Parteitag im November vorbereite. Tatsächlich klingt manche Formulierung Taschs nach dem Fraktionschef. »Wir müssen unser Profil schärfen und das bürgerlich-konservative Lager vertreten«, sagt sie der »Thüringischen Landeszeitung«.[298]

Vor dem Kampf

Die Ministerpräsidentin muss wieder einmal kämpfen. Nach ihrer Wiederwahl als Parteichefin im November stehen 2013 die Bundestagswahl und 2014 die Landtagswahl an. Von nun an geht es darum, die erste Spitzenkandidatur ihres Lebens abzusichern. Dazu gehört: Lieberknecht braucht in der engeren Parteispitze endlich eine Mehrheit. Das Präsidium erarbeitet die Listen für die Wahlen und entscheidet damit über die Zusammensetzung der nächsten Fraktion mit – die wiederum ihren Vorsitzenden und die Ministerpräsidentin wählt. Bisher steht Lieberknecht in der Führung fast alleine da. Ihre Stellvertreter – Christina Tasch, Ex-Minister Andreas Trautvetter und der abgewählte

Ilmkreis-Landrat Benno Kaufhold – werden so wie Schatzmeister Michael Schneider dem Lager von Mohring zugerechnet. Der Fraktionschef ist qua Amt kooptiert, so wie Landtagspräsidentin Diezel, auf die Lieberknecht nur bedingt rechnen kann. Der einzige, der ihr Vertrauen besitzt, ist Generalsekretär Mario Voigt.

Kaufholds Niederlage als Landrat gibt Lieberknecht die Chance zu Veränderung. Er soll durch den neuen Schleizer Landrat Thomas Fügmann ersetzt werden, der als enger Vertrauter von JU-Chef Stefan Gruhner gilt. Mohring spricht dagegen für die Position den neuen Nordhäuser Oberbürgermeister Klaus Zeh an.

Als nächstes greift Gruhner Trautvetter an. »Dass wir mit Mario Voigt einen jungen Generalsekretär haben, ist zwar ein starkes Signal. Aber das reicht nicht«, sagt er in einem Interview.[299] Trautvetter sollte noch einmal über seine Kandidatur »nachdenken«. Dann nennt Gruhner den Namen Carius. Doch Trautvetter bleibt stur, obwohl er seit 2008 nicht mehr Minister ist und 2009 aus dem Landtag ausschied. Alle, die Mohring auftreiben kann, ermutigen ihn zum Bleiben. Nun schlägt Gruhner in Absprache mit Lieberknecht einen zusätzlichen vierten Stellvertreterposten vor, der mit Carius besetzt werden sollte. Doch auch dieser Vorstoß prallt an den meisten Kreisverbänden ab, worauf sich die Parteivorsitzende davon distanziert.

Nach diesem Hin und Her gibt es plötzlich drei Kandidaten für den Stellvertreterposten Kaufholds: Fügmann, Carius und Zeh. Alles läuft auf Kampfabstimmungen hinaus, die es seit den wilden frühen 1990er Jahren in der CDU nicht mehr gab. Darüber hinaus haben mehrere, von Mohring assistierte Landräte und Bürgermeister für den Parteitag einen Antrag vorbereitet – der, falls er beschlossen würde, die Reform des Kommunalen Finanzausgleichs stoppen würde.

Seebach

Am 9. November, auf den Tag genau 23 Jahre nach dem Mauerfall, versammelt sich die Thüringer CDU in einem Hotel in Thal, einem kleinen Dorf in Westthüringen. Es ist der Abend vor dem Parteitag, der im nahen, ebenso kleinen Seebach stattfinden soll. An der Bar wird ein letztes Mal gefeilscht und gestritten – und doch noch ein Kompromiss geschlossen. Carius und Zeh ziehen ihre Kandidaturen zurück. Landrat Fügmann soll anstelle von Ex-Landrat Kaufhold kandidieren. Außerdem einigt sich der Fraktionschef mit Finanzminister Voß darauf, den Kommunen weniger Geld zu kürzen.

Doch der Waffenstillstand ist brüchig. Als sich die Delegierten am nächsten Tag im Seebacher Kulturhaus versammeln, heißt es, Carius solle statt Trautvetter oder Tasch gewählt werden. Das Mohring-Lager wittert Verrat.[300] Die Landesvorsitzende hält ihre Rede, verteidigt die Konsolidierungspolitik und greift insbesondere die SPD und deren »ideologische« Schulpolitik an. Auch Voigt müht sich am Koalitionspartner ab. Die Sozialdemokraten umbalzten die dunkelrote Braut namens Linke, ruft er. Wenn es um die Macht gehe, sei der SPD eben keine Frau zu hässlich.

Der Applaus für Lieberknecht und Voigt bleibt matt, der Rhythmus wirkt gezwungen. Dann trifft endlich der Joker der beiden ein, per Hubschrauber. Es ist Angela Merkel. Die Ministerpräsidentin begrüßt die Bundeskanzlerin mit größtmöglichem Überschwang und schreitet mit ihr in den Saal.

Der Auftritt Merkels dauert nur 45 Minuten. Doch die Kanzlerin hat das Nötige zwischen Euro-Krise und dem Bekenntnis zum Betreuungsgeld eingeflochten: das Lob für die Landesregierung, den Dank an Lieberknecht und den Appell zur Geschlossenheit. Dann fliegt der Hubschrauber wieder.

Aber der Kanzlerinbonus wirkt nicht. Lieberknecht wird als erste gewählt – und mit 75,8 Prozent abgestraft. Seit dem Desaster für Willibald Böck in Suhl 20 Jahre zuvor hat kein Landeschef derart schlecht abgeschnitten. Lieberknecht gibt sich äußerlich unberührt, spricht von einem »Arbeitsergebnis«, das dem »Umbau und der Modernisierung« geschuldet sei.

Das Auditorium isst Gulasch zu Klößen, während Fraktionschef Mike Mohring redet. Er, der mit Lieberknecht seit drei Jahren um die Hoheit in der Partei ringt, bekommt, einmal abgesehen von der Kanzlerin, den stärksten Applaus. Die Unruhe steigt.

Am Nachmittag der Schock: Nach der klaren Wahl von Fügmann mit 86 Prozent zum neuen Stellvertreter fällt Parteivize Christina Tasch bei ihrer Wiederwahl durch. Für sie stimmen nur 88 Delegierte, 89 votieren gegen sie. Auch das gab es seit Jahrzehnten nicht mehr. Ist dies der Konter für das Ergebnis Lieberknechts?

Andreas Trautvetter jedenfalls zieht seine Kandidatur zurück. »Geschlossenheit sieht anders aus«, sagt er. Die meisten Delegierten sind aufgestanden, bilden Gruppen, reden durcheinander. Mittendrin steht die Ministerpräsidentin, jetzt erkennbar um Fassung bemüht. Sie geht zu den Reihen, in denen die Eichsfelder Delegierten sitzen und fragt Manfred Grund, den Landesgruppenchef im Bundestag, ob er kandidieren wolle. Er lehnt ab.

Doch da ist ja noch der alte Plan, der nun reaktiviert werden kann: Carius und Zeh. Als sie die Bestätigung hat, dass die beiden kandidieren, geht Lieberknecht nach vorne ans Mikrofon und schlägt sie vor. Applaus brandet auf. Zeh

Links: Lieberknecht und Mario Voigt auf einem früheren Parteitag. Quelle: Marco Kneise, Archiv TA
Unten: Lieberknecht und Merkel auf dem Parteitag in Seebach. Quelle: Alexander Volkmann, Archiv TA

LIEBERKNECHT MdL

DR. VOIGT MdL

bekommt mit 87 Prozent das beste Ergebnis des Tages, Carius erhält 73,6 Prozent. Danach wird Voigt wiedergewählt, mit gerade einmal 65,5 Prozent. Die Situation bleibt gefährlich für Lieberknecht. Der Parteitag trägt chaotische Züge. Als am Abend das von Mohring und Voß formulierte Papier auftaucht, mit dem die kommunale Empörung eingefangen werden soll, spricht Martina Schweinsburg laut dagegen. Der Greizer Kreischefin und Präsidentin des Landkreistages folgen die Sonneberger Landrätin Christine Zitzmann sowie Michael Brychcy, der Präsident des Gemeinde- und Städtebundes, der den Gothaer Kreisverband führt. Sie haben den Saal hörbar auf ihrer Seite.

Jetzt ist es wirklich ernst. Lieberknecht geht ans Mikrofon, danach Voß. Sie werben, argumentieren, drohen. Der Beifall tröpfelt. Man sieht, wie oben auf dem Podium Voigt auf Mohring einredet. »Du kannst der Held des Tages werden«, umwirbt der Generalsekretär den Fraktionschef. »Ich bin doch schon der Held«, antwortet Mohring, tritt ans Pult und wirbt für den Kompromiss. Erst, als er sagt, dass am Ende der Verhandlungen etwas für die Kommunen herauskommen müsse, gibt es Applaus.

Die Abstimmung geht schnell, sehr schnell. Für den Kompromiss? Das Parteitags-Präsidium zählt binnen Sekunden 50 Delegiertenkarten. Dagegen? 44. Damit ist der neue, überarbeitete Antrag angenommen, der alte der Kommunen hinfällig. Im Saal glauben nur wenige dem Abstimmungsergebnis, doch niemand wagt, eine Wiederholung zu fordern.

Dann wird, wie nach jedem Landesparteitag der Thüringer CDU, die Nationalhymne gesungen. Andreas Trautvetter steht oben auf der Zuschauertribüne. Im September 1989 hatte er, der Hauptbuchhalter im VEB Elektroinstallation Kleinschmalkalden, den »Brief aus Weimar« auf seiner Schreibmaschine mehrfach abgetippt und verteilt. Dann ging er in die Politik, wurde Minister in der Staatskanzlei, im Finanzministerium, im Innenministerium, im Bauministerium. Nun, 23 Jahre später, ist Schluss. Unten, im Saal, erklingt das Deutschlandlied: »Einigkeit und Recht und Freiheit …«

Das erste Wort, sagt Trautvetter, könne man getrost weglassen. Dann lacht er laut auf und geht.

Beruhigung

Der Parteitag in Seebach ist ein PR-Desaster für Lieberknecht. Der Koalitionspartner reagiert entzückt. Siehe da, heißt es aus der SPD, da zeige sich, welche Partei in Thüringen gespalten sei. Doch es ist paradox: Strategisch hat Lieberknecht gewonnen. Sie verfügt nun mit Carius und Fügmann über zwei Stellvertreter, denen sie vertraut. Zudem ist der kommunale Aufstand schnell mit Geld befriedet. Von den überschüssigen 300 Millionen Euro, die Voß im Jahr 2012 erwirtschaftet hat, gibt er rund 120 Millionen an die Kreise, Städte und Gemeinden ab.

Jetzt, endlich, wähnt sich Lieberknecht von allen Zwängen befreit. Jetzt, da sie über den Landtagswahltermin hinaus als Parteichefin bestätigt ist, kann sie versuchen, ihrer Amtszeit einen übergeordneten Sinn zu verleihen und das Versprechen von Thüringen 2020 zumindest teilweise zu erfüllen. Vor dem Parteitag hatte sie noch die Präsentation des fertigen Gutachtens zu den Strukturreformen verschoben. Nun, im Januar 2013, zeigt sich, warum sie dies tat. Denn die von ihr beauftragten Experten schlagen genau das vor, was ihre Gegner in der Partei verhindern wollen: die Halbierung der Anzahl der Landkreise, die Reduzierung der kreisfreien Städte von sechs auf zwei und eine Gemeindemindestgröße von 12.000 Einwohnern. Darüber hinaus sollen die mehr als 30 Sonderbehörden des Landes in fünf Großämtern konzentriert werden, um 11.000 der gut 50.000 Stellen im Landesdienst abzubauen.

Das Gutachten ist die akademische Form dessen, was Lieberknecht in ihrer »Jenaer Rede« gefordert hatte: ein Konzept für eine echte Strukturreform, unbeschadet davon, dass manches übertrieben wirkt und von mangelnder Landeskenntnis zeugt. Es wäre eine Basis, auf die sich aufbauen ließe, selbst wenn nur noch eineinhalb Jahre bis zu den Wahlen bleiben.

Lieberknecht beginnt eines ihrer taktischen Manöver. Sie distanziert sich vage von der Gebietsreform und gründet eine neue Kommission aus fünf Ministern unter ihrer Führung. Von der CDU sind ihre beiden Vertrauten Voß und Carius dabei. Bis zum Sommer, lautet der Kabinettsbeschluss, sollen die Eckpunkte stehen. Doch der Widerstand wächst. Im Landtag verhöhnt Wolfgang Fiedler öffentlich die Experten und weiß diesmal die Mehrheit der CDU-Fraktion hinter sich. Die Ministerpräsidentin wird überall bestürmt. Eine Phalanx aus Lokalpolitikern und Lobbyvertretern trägt unentwegt ihre Bedenken vor.

Und schon beginnt Christine Lieberknecht, die eben noch eine Idee hatte, zu schwanken. Aus der Durchgreiferin, der Chefsachenverkäuferin, wird wieder die Zögerliche. Der Rückzug beginnt fast unmerklich. Mal kommt sie zu spät zu Sitzungen der Kommission, mal geht sie früher, mal schwänzt sie ganz. Anderes ist wichtiger: Modenschau in Apolda, Aufführung »Die im Dunkeln« am Theater Altenburg, Startschuss für den 35. Internationaler Kyffhäuser-Berglauf, »Kartoffellegen mit Prominenten« in Heichelheim, Festveranstaltung anlässlich des 20-jährigen Bestehens der Verwaltungsgemeinschaft Buttelstedt, Eröffnung Spargelsaison 2013, Familienfest des Suhler CDU-Kreisverbandes, Übergabe der Ehrenpreise der Weinbruderschaft Saale-Unstrut …

Außerdem hat Lieberknecht schon wieder eine neue Idee: »Internationalisierung«. Sie fliegt in die Picardie und nach Paris, nach China und nach Russland, nach Finnland und nach Liechtenstein, und meist hat sie Unternehmer dabei. Der Wirtschaftsminister, der in den Jahren zuvor vor allem für derartige Visiten zuständig war, darf manchmal mitfahren, genauso wie die oppositionellen Fraktionschefs. Ein messbares Ergebnis: In Russland ist die Ministerpräsidentin mit dem Linken Bodo Ramelow endgültig beim Du angelangt.

Zudem bemüht sich Christine Lieberknecht, sich mehr um ihre Familie zu kümmern. Inzwischen ist sie vierfache Großmutter. Tochter Marie hat schon im Jahr 2000 geheiratet, in der Kirche in Ramsla. Nach einem Studium der Sozialwissenschaften in Tübingen arbeitet sie beim Paritätischen Wohlfahrtsverband in Neudietendorf und wohnt mit Mann und drei Töchtern in Arnstadt.

Sohn Paul hat Zimmermann gelernt, das Elternhaus in Ramsla ausgebaut und ist dort mit seiner Familie eingezogen. Christine und Martin Lieberknecht wohnen in der alten Hälfte des Hauses, die große Küche teilen sie sich mit Sohn, Schwiegertochter und Enkel Oskar.

Ruhestand mit 37

Bei allen Wagnissen, Wendungen und Wirrungen, die Christine Lieberknecht in den mehr als 20 Jahren ihrer politische Karriere erlebte und produzierte: ein Skandal war nicht darunter. Doch dies soll sich ändern.

Die Geschichte beginnt, wenn man der Ministerpräsidentin glauben mag, im Dezember 2012, kurz vor Weihnachten. Sie ist in den Kosovo gereist, um die deutsche Truppe zu besuchen. »Am Heiligabend hat Thüringen seine Soldaten im Auslandseinsatz besonders im Herzen«, lässt die Ministerpräsidentin aus Pristina mitteilen.[301]

Mit ihr im Flugzeug sitzt Regierungssprecher Peter Zimmermann, der nie aus der Kritik geriet und inzwischen nur noch Staatssekretär ohne Geschäftsbereich ist. Walsmann hatte ihm wenige Monate nach ihrem Wechsel in die Staatskanzlei das Medien-Referat entzogen. Obwohl sich Zimmermann erbit-

tert wehrte, schritt Lieberknecht nicht ein. Sie empfand Walsmann als anma-
ßend, goutierte aber die Vernunft hinter dem Schritt. Dass sich Zimmermann
lieber um Rundfunkräte und Medienempfänge als um das Alltagsgeschäft der
Öffentlichkeitsarbeit kümmerte, stand in jeder Zeitung.

Nun, im Kosovo, will die Ministerpräsidentin ihrem Sprecher beibringen,
dass er sich verändern soll. Sie versüßt ihm die Botschaft damit, dass sie nebenbei Walsmann degradiert. Sie wolle, sagt Lieberknecht, der Ministerin die Aufsicht über die Staatskanzlei entziehen, die nicht so funktioniere, wie sie sich das
vorstelle. Sie benötige den Posten des Staatssekretärs, um einen Verwaltungsfachmann darauf zu setzen. Zimmermann solle in den nächsten Monaten etwas
Neues suchen. Das Gespräch wiederholt sich einige Wochen später. Als sich
Zimmermann nach einer Operation in seiner Wohnung nahe der Staatskanzlei
erholt, kommt die Ministerpräsidentin nicht nur zum Krankenbesuch vorbei,
sondern erneuert auch ihre Aufforderung.

So jedenfalls lautet Lieberknechts Version der Ereignisse. Sie habe ihrem
Sprecher klar bedeutet, dass sie ihn ersetzen wolle, sagt sie. Doch die Zweifel
daran nährt sie selbst. Denn öffentlich wirken die Regierungschefin und ihr
Sprecher in diesen Monaten unzertrennlich, auch wenn sie sich intern ab und
zu über seine Arbeit beklagt. Er ist ihr engster Vertrauter, er lacht über jeden
ihre Späße und macht ihr Komplimente.

Belegt ist: Im April sitzt Zimmermann vor einem Restaurant in der Erfurter Innenstadt. Am Nachbartisch hört man mit, wie der Staatssekretär seinem
Gegenüber davon erzählt, dass er bald in Leipzig bei einem Unternehmen
anfange. Als davon Journalisten erfahren und anfragen, verweigert er jeden
Kommentar. Er sagt auch nichts, als sich im Mai die Gerüchte verdichten.

Im Juni werden in Zimmermanns Heimatland Sachsen die Spekulationen
konkreter. Es heißt, dass sich Ex-CDU-Staatskanzleiminister Michael Sagurna,
der einst Zimmermann als Regierungssprecher nach Dresden holte, wieder für
ihn ausgesprochen habe. Der Staatssekretär solle Geschäftsführer beim Leipziger Internet-Unternehmen Unister (ab-in-den-urlaub.de, fluege.de) werden,
das 1.800 Mitarbeiter beschäftigt – und von Sagurna beraten wird.[302]

Am 14. Juni melden »Thüringer Allgemeine« und »Thüringische Landeszeitung« die Personalie. Nun ist Lieberknecht genötigt, das Kabinett zu informieren: Zimmermann scheide aus, neuer Regierungssprecher werde Karl-Eckhard
Hahn, der immer noch als Fraktionssprecher von Mohring arbeitet. In der
anschließenden Pressekonferenz sagt sie über Zimmermann: »Es war für Thüringen gut, dass wir so gut zusammengepasst haben. Er kam aus der Wirtschaft
und geht in die Wirtschaft.« Zimmermann selber erklärt, dass er am 1. Juli
seinen Resturlaub antrete. Im Leipzig verbreitet Unister per Mitteilung, dass

Lieberknecht und ihr Sprecher Peter Zimmermann in der Staatskanzlei 2013. Quelle: Alexander Volkmann, Archiv TA

er »der neue Vorsitzende der Geschäftsführung« werde und die sechsköpfige Unternehmensspitze leiten solle.

Dann begeht Lieberknecht den größten Fehler ihrer politischen Karriere: Entgegen ihrer Erfahrung und ihrem Instinkt leitet sie die Versetzung des gerade einmal 37-jährigen Zimmermanns in den einstweiligen Ruhestand ein. Denn es erscheint ja so, als gehe Zimmermann freiwillig – und in diesem Fall ist eine Versetzung in den Ruhestand nicht erlaubt: »Ermessenswidrig ist eine Versetzung in den einstweiligen Ruhestand, durch die es dem/der Betroffenen ermöglicht werden soll, eine Tätigkeit außerhalb des Beamtenverhältnisses zum Beispiel in der Privatwirtschaft (…) nachzugehen«, heißt es in der Kommentierung des Beamtenstatusgesetzes.

Am 20. Juni erstellt der Beamte Thomas Wagner im Personalreferat der Staatskanzlei einen Vermerk: »Für den Fall, dass ein Beamter auf eigenen Wunsch aus dem Beamtenverhältnis ausscheiden möchte, sieht das Bundesbeamtenstatusgesetz in Paragraf 21 und Paragraf 23 die Entlassung als Beendigung des Beamtenverhältnisses vor. Hierzu bedarf es eines Entlassungsgesuches in schriftlicher Form durch den Beamten. Ergebnis: Eine Versetzung in den einstweiligen Ruhestand von Herrn Staatssekretär Zimmermann kommt nicht in Betracht.«

Marion Walsmann streitet ab, Wagner oder dessen Abteilungsleiter Stephan Sippel eine Anweisung erteilt zu haben. Fest steht, dass der Vermerk seinen Dienstweg über Sippel und die Ministerin zu Lieberknecht nimmt – die empört reagiert. Sie bestellt eine zweite Expertise von Siegfried Jutzi, einem Ministerialdirigenten aus dem rheinland-pfälzischen Justizministerium, der einst Aufbauhilfe in Thüringen leistete und am Verfassungskommentar mitschrieb. Sie kennt ihn gut über Ex-Landtagsdirektor Linck, der Monate zuvor verstorben ist – und hatte ihm schon 2009 einstellen wollen. Bei der Beerdigung im Februar in Erfurt hatten die beiden ein längeres Gespräch geführt und seitdem Kontakt gehalten.

Der Beamte schickt aus Mainz mehrere Seiten, in denen er die Voraussetzung für eine Versetzung erläutert, gibt aber keine eindeutige Empfehlung ab. Die Wahl des Ratgebers ist delikat. Denn es ist Jutzi, den Lieberknecht erneut als Staatssekretär ausersehen hat. Sie will ihn am 9. Juli bei einer Klausur der Parteigremien in Erfurt-Linderbach vorschlagen. Eine Woche darauf soll formal das Kabinett informiert werden.

Am 25. Juni lässt Walsmann eine Kabinettsvorlage erstellen, die den Abgang Zimmermanns vollzieht. Damit verbunden ist die Ernennung von Hahn als Nachfolger, dessen Besoldung mittels einer Sprungbeförderung von A16 (etwa 6.000 Euro pro Monat) auf B6 (etwa 8.100 Euro) angehoben werden soll. Doch die SPD akzeptiert für Hahn nur die Besoldung B3 (6.800 Euro). Die Kabinettsvorlage wird zurückgestellt – was Lieberknecht nur Recht ist. Wie sie erst während der Sitzung feststellt, fehlt die von ihr verfügte einstweilige Ruhestandsversetzung Zimmermanns in dem Beschlussentwurf. Stattdessen ist nur von einem Ausscheiden aus dem Amt die Rede, so, als habe der Sprecher um seine Entlassung gebeten.

Jetzt ist es die Ministerpräsidentin, die das Verfahren an sich zieht – und unter Umgehung Walsmanns zwei neue Vorlagen erstellt. Die eine sieht die Einstellung Hahns vor, die andere die Pensionierung Zimmermanns. Die Papiere gehen weder durch das zuständige Personalreferat noch durch das Referat, in dem alle Schriftstücke für das Kabinett vorbereitet werden. Stattdessen leitet Lieberknecht ein Beschlussverfahren per Umlauf ein, bei dem jeder einzelne Minister einzeln um seine Unterschrift ersucht wird.

Für Hahn steht der Beschluss noch am selben Tag. Doch das Umlaufverfahren für Zimmermann zieht sich. Lieberknecht muss zum Teil persönlich die Unterschriften der Kabinettmitglieder einsammeln. Auf einer Sitzung der Regierungskommission zu den Strukturreformen spricht sie Matschie an, der Fragen stellt. Nein, sagt Lieberknecht, auf das Land kämen keine Mehrkosten zu. Dies sei rechtlich geprüft.

Am 27. Juni sind alle Unterschriften beisammen. Am Abend findet ein Hintergrundgespräch von Lieberknecht, Zimmermann und Hahn mit Journalisten statt, für das Vertraulichkeit vereinbart wird, die aber später zum Teil aufgehoben wird. Da der Streit um die Ruhestandsversetzung Zimmermanns inzwischen durchsickert, gibt es Nachfragen. Der scheidende Staatssekretär sei doch erst 37: Warum er eine Pension brauche?

Lieberknecht behauptet wieder, dass das Ganze das Land nichts koste. Allerdings macht sie diesmal eine Einschränkung: Mögliche Zahlungen an Zimmermann würden zurück überwiesen, sagt sie. Der Noch-Staatssekretär erklärt, dass die Regelung mit der Nachsorge seiner Verletzungen zu tun habe, die aus seinem schweren dienstlichen Autounfall resultierten. Es gehe um versicherungsrechtliche Regelungen. Lieberknecht assistiert: Zimmermann dürfe keine Nachteile dadurch erfahren, dass er im Dienst für das Land verunglückte.

Zum Ende des Monats wird Zimmermann in den einstweiligen Ruhestand versetzt. Doch mehrere Zeitungen haben inzwischen recherchiert, dass die Aussagen Lieberknechts in die Irre führten. Zimmermann bekommt nach seinem Antritt bei Unister im September mindestens 20 Prozent seiner bisherigen Bezüge vom Land. Es geht um etwa 1400 Euro pro Monat.

Doch vorerst veröffentlicht niemand diese Informationen, das Hintergrundgespräch und die Versicherungen der Ministerpräsidentin klingen nach. Am 5. Juli publiziert der Mitteldeutsche Rundfunk eine Umfrage, in der die CDU bei 41 Prozent liegt – und Lieberknecht eine Zustimmungsrate von 65 Prozent erfährt und sogar bei SPD-Wählern vor ihrem Regierungsvize Matschie liegt. Bei den Anhängern der Sozialdemokratie führt mit 62 Prozent nur noch einer: Wirtschaftsminister Machnig.[303]

Skandal

Am Wochenende, an dem die Umfrage erscheint, schickt das Nachrichtenmagazin »Focus« einen Bericht zu der Pensionierung Zimmermanns und den finanziellen Folgen an die Nachrichtenagenturen. Nun berichten alle Zeitungen des Landes das, was sie längst hätten berichten sollen – und was sich binnen Tagen zum größten Skandal in der Amtszeit Lieberknecht auswächst.

Der Koalitionspartner distanziert sich sofort. Matthias Machnig, der ein Wahlkampfthema wittert, tut sich dabei besonders hervor. Er habe zwar zugestimmt, dass Zimmermann in den einstweiligen Ruhestand versetzt werde, sagt er. Aber das Prinzip laute: Wer einen gut dotierten neuen Job habe, müsse auf staatliche Versorgungsansprüche verzichten, das sei »eine Frage des politischen Anstands«. Ansonsten handle es sich um ein Modell zum Abkassieren.[304]

Linke, FDP und Grüne stellen Anfragen im Landtag und beantragen Aktuelle Stunden, in denen Lieberknecht ihren Finanzminister vorschickt.

Insgeheim sagt die Ministerpräsidentin die Nominierung Jutzis zum neuen Staatssekretär ab. Oder hat der Mainzer Ministerialbeamte nun keine Lust mehr? Sei es, wie es sei: Jutzi tut gut daran, in Rheinland-Pfalz zu bleiben. Auch die Ministerpräsidentin sucht mit den beginnenden Sommerferien räumlichen Abstand. Sie wandert zusammen mit ihrem Mann in Österreich zur »Thüringer Hütte« hinauf.

Doch vom Urlaub bleibt nicht viel übrig. Am 24. Juli stellt die grüne Landespartei Strafanzeige wegen des Verdachts auf Untreue. In dem Schreiben an die Staatsanwaltschaft Erfurt heißt es: »Die Versetzung in den einstweiligen Ruhestand zur Aufnahme einer Anschlusstätigkeit in der Privatindustrie sehen wir als rechtswidrig an. Durch diese rechtswidrige Maßnahme der Ministerpräsidentin ist dem Land Thüringen ein Schaden entstanden, der sich im Laufe der nächsten Monate und Jahre immer weiter erhöhen wird.«

Doch das ist nur der Anfang. Am 28. Juli berichtet der »Spiegel« vorab über den internen Vermerk des Personalreferats, in dem vor der Pensionierung gewarnt wurde. Die Vorschriften der Beamtengesetze seien nicht dafür geschaffen worden, »um einem auf Lebenszeit verbeamteten Staatssekretär die Möglichkeit zu geben, vorzeitig aus dem Amt zu scheiden und die bis dahin erdienten Versorgungsansprüche zu behalten«, zitiert das Nachrichtenmagazin aus dem Vermerk.[305]

Wieder markiert Machnig für die SPD die Kampflinie. Er wirft Lieberknecht »arglistige Täuschung« vor. Ihm seien, sagt er, Unterlagen mit rechtlichen Bewertungen in dem Fall vorenthalten worden. »Wären mir diese Schriftstücke bekannt gewesen, hätte ich niemals zugestimmt.«[306]

Jetzt muss Lieberknecht handeln. Sie spricht mit Zimmermann, der »auf eigenen Wunsch« den Antrag auf Entlassung stellt. Dafür muss der Ex-Staatssekretär wieder aus dem einstweiligen Ruhestand aktiviert werden. Am 30. Juli stimmt das Kabinett der Ernennung und der sofort anschließenden Entlassung zu. Beide Beschlussvorlagen stammen von Lieberknecht persönlich. Wieder ist Walsmann nicht beteiligt.

Danach zieht etwas Ruhe ein. Das ganze Land fährt in die Ferien. Lieberknecht bekommt erstmals Zeit, die Situation zu überdenken. Nie zuvor in ihren 23 Jahren in der Politik stand sie im Mittelpunkt einer selbst verschuldeten Affäre. Das vom Internet beschleunigte Meldungs-Staccato hinterlässt seine Wirkung, zumal nun auch noch alte Vorwürfe gegen Hahn regeneriert werden. Es geht um die frühere Tätigkeit des Regierungssprechers für rechte Blätter und seine Mitgliedschaft in der »Deutschen Gildenschaft«. Matthias Machnig lässt jetzt alle Zurückhaltung fahren. »In Zeiten des NSU«, sagt er, »muss jeder politisch Verantwortliche und jeder politische Funktionsträger gerade in Thü-

Machnig und Lieberknecht auf einer gemeinsamen Pressekonferenz in der Staats-kanzlei September 2012. Quelle: Sascha Fromm, Archiv TA

Matschie und Lieberknecht im Landtag in Erfurt. Im Hintergrund die beiden Bildungsstaatssekretäre Tom Deufel und Roland Merten. Quelle: Sascha Fromm, Archiv TA

ringen hinsichtlich seines Verhältnisses zum Rechtsextremismus und rechtsextremer Ideologie über jeden Zweifel erhaben sein.«[307]

Der Wirtschaftsminister setzt im Kabinett durch, dass der Innenminister beauftragt wird, bei seinen Länderkollegen nachzufragen, ob die »Gildenschaft« extremistisch oder gar verfassungsfeindlich sei, was Wochen später erwartungsgemäß verneint wird. Hahn beteuert in einer Erklärung seine demokratische Gesinnung – woran niemand, der ihn kennt, ansatzweise zweifelt. Selbst Linke-Fraktionschef Ramelow bekundet sein Unverständnis über die Attacken auf den Sprecher.

Die Ministerpräsidentin hat inzwischen eingesehen, dass sie bei Zimmermann einen Fehler gemacht hat. Und sie weiß, dass sie in die Offensive gehen muss. Die Signale aus der Staatsanwaltschaft sind eindeutig. Am Abend des 15. August sitzt sie deshalb in ihrem Büro in der Staatskanzlei und sagt, dass sie mit Ermittlungen gegen sich rechne. »Die Staatsanwaltschaft darf und wird sich nicht dem Vorwurf aussetzen, in dieser Sache weniger konsequent vorzugehen als in anderen.«[308]

Wenige Tage später ist es soweit. Am 19. August meldet die »Thüringer Allgemeine«, dass die Staatsanwaltschaft Antrag zur Aufhebung der Immunität der Landtagsabgeordneten Lieberknecht gestellt habe, um gegen sie ein »Vorprüfverfahren« wegen des »Anfangsverdachts der Untreue« einleiten zu können. Staatskanzlei und Untersuchungsbehörde müssen die Information bestätigen.

Am Tag darauf verteilt Lieberknecht in der Kabinettssitzung beide Vermerke und nimmt danach öffentlich Stellung. Der Auflauf, den ihr Auftritt in der Staatskanzlei erzeugt, erinnert an die letzte Pressekonferenz von Dieter Althaus im Spätsommer 2009. Ein halbe Hundertschaft an Reportern drängelt sich mit ebenso vielen Bediensteten in den Bürgersaal, wo ihnen ein Dutzend Kameras die Sicht versperrt.

Die Ministerpräsidentin nennt ihre angeblich wahren Gründe für die Pensionierung Zimmermanns: Trotz eines menschlich guten Verhältnisses sei sie mit seiner Arbeit partiell unzufrieden gewesen. Zudem benötige sie die Stelle des Staatssekretärs für einen neuen Amtschef der Staatskanzlei. Aus ihrer Sicht habe sie alles richtig gemacht, außer: »Ich hätte vielleicht eher die Öffentlichkeit suchen sollen« – zumindest nach der »Indiskretion« aus der Staatskanzlei.

Das Geld der anderen

Einen neuen Staatssekretär präsentiert die Ministerpräsidentin an diesem Tag nicht. Die Personalie Jutzi hat sich erledigt, zudem ist sie dabei, ihre Pläne zu ändern. Im Kreis ihrer Berater bezichtigt sie Walsmann, für die Veröffentlichungen in »Focus« und »Spiegel« gesorgt zu haben. Dass es andere Kanäle geben kann, mag sie nicht glauben. Vom Autoren des Vermerks und dessen Abteilungsleiter Sippel lässt sie sich an Eides statt versichern, dass die beiden das Papier nicht weitergegeben haben. Womöglich benötigt ja die beurlaubte Pastorin eine moralische Rechtfertigung für sich selbst, um das zu tun, was sie nun tun will: Walsmann entlassen.

Zuvor aber muss sie noch einiges hinter sich bringen. Am 11. September soll der Justizausschuss ihre Immunität als Abgeordnete aufheben. Und am 22. September dräut die Bundestagswahl: Sollte dort die Thüringer CDU unter dem Bundesergebnis der Union liegen, würde dies ihr angelastet werden.

Doch zwischen Immunitätsaufhebung und Wahl geschieht etwas Erstaunliches. Es gibt neue Enthüllungen – und sie betreffen den Thüringer Politiker, der Lieberknecht am stärksten kritisiert hatte. Dem »Spiegel« sind Unterlagen der Bundesfinanzdirektion zugespielt worden, aus denen hervorgeht, dass Machnig vom Bund eine Pension als Ex-Staatssekretär parallel zum Thüringer Ministergehalt erhält. Eine Woche vor der Bundestagswahl berichtet das Nachrichtenmagazin, dass Machnig über Jahre insgesamt mehr als 100.000 Euro erhielt – parallel zum jährlichen Ministergehalt von etwa 147.000 Euro.

Der Wirtschaftsminister, der noch im Sommer gegenüber Thüringer Zeitungen Parallelzahlungen abgestritten hatte, weist jeden Vergleich zum Fall Zimmermann zurück. Am Ergebnis ändert dies nichts: Seine Karriere, die gerade durchstarten sollte, droht überraschend zu enden. Den Plan, als Mitglied des Wahlkampfteams von SPD-Kanzlerkandidat Peer Steinbrück ins Bundeskabinett berufen zu werden, kann er ebenso vergessen wie eine Spitzenkandidatur in Thüringen.

In den nächsten Wochen wird die Summe der Pensionszahlungen schrittweise auf 150.000 Euro nach oben korrigiert. FDP-Landtagsfraktionschef Uwe Barth, dem Wirtschaftsminister in herzlicher Abneigung verbunden, erstattet Strafanzeige wegen des Verdachts auf Betrug, worauf die Staatsanwaltschaft Erfurt Ermittlungen aufnimmt. Die Landesfinanzdirektion leitet eine Prüfung ein und fordert das Geld zurück.

Jetzt erst lässt sich erahnen, wie stark die Ministerpräsidentin ihre Affäre belastet hat. Sie wirkt wie befreit, scherzt mit ihren Mitarbeitern – und spricht Heike Taubert an, die ihre Ambitionen auf die SPD-Spitzenkandidatur nicht mehr verbirgt: Sie, Lieberknecht, wüsste ja, was sie jetzt tun würde. Sie würde Machnig zum Rücktritt zwingen und Matschie den Verzicht auf Platz 1 nahe legen. Ein paar Kreisverbände, die dies fordern, dürften sich doch finden lassen ...

Der Rat unter Frauen ist ernst gemeint. Doch Taubert ist nicht Lieberknecht. 14 Jahre war sie Matschies loyale Stellvertreterin in der Partei. Sie will ihrem Vorsitzenden die Gelegenheit geben, gesichtswahrend abzutreten – und verpasst damit vorerst ihre Chance. Der Ministerpräsidentin wäre dies nicht passiert.

Politische Exekution

Am Abend des 22. September ist der 18. Deutsche Bundestag gewählt. Der Amtsbonus von Angela Merkel schlägt trotz Lieberknechts Affäre in Thüringen durch. Die CDU holt hier mit etwa 40 Prozent der Erst- und Zweitstimmen alle Wahlkreise in Thüringen, die Linke verliert ihre zwei Direktmandate, die SPD landet mit gerade 16,1 Prozent der Zweistimmen mal wieder auf Platz 3.

Dank Machnig ist das sozialdemokratische Ergebnis im bundesweiten Vergleich besonders schlecht, während die Linke mit gut 23 Prozent deutlich davor liegt. Die Thüringer Grünen scheitern knapp an den symbolisch wichtigen fünf Prozent, die neue »Alternative für Deutschland« liegt bei sechs Prozent – und die FDP ist fast nicht mehr vorhanden. Für Lieberknecht sind die Zahlen Balsam. Würde nicht die Staatsanwaltschaft ermitteln, die Affäre wäre ausgestanden. Doch immerhin kann sie nun den Plan ausführen, den sie in den letzten Wochen entwickelt hat.

Der Montag nach der Bundestagswahl: Die Erfurter CDU-Kreisvorsitzende, Abgeordnete und Staatskanzleiministerin Marion Walsmann hat zu ihrer eigenen Nominierungsversammlung für die Landtagswahl geladen. Zwar hat der Landesvorstand, dem sie angehört, beschlossen, dass derartige Veranstaltungen erst ab Oktober durchgeführt werden dürfen. Aber sie will retten, was zu retten ist.

Schon vor der Versammlung erhalten mehrere Parteifunktionäre und Journalisten Anrufe. Die Staatskanzlei, heißt es, werde noch am Nachmittag die Entlassung Walsmanns bekannt geben. Die Art der Verbreitung spricht dafür, dass an der Information etwas dran ist und dass sie gezielt durchgestochen wird, um die Nominierung zu sabotieren. Agenturen und Radio verbreiten die Meldung. Doch das Manöver funktioniert nicht. Innenminister Geibert ist eigens zu der Versammlung gekommen, um Walsmann zu unterstützen. Fraktionschef

Mohring steht der Noch-Ministerin mit einer Rede bei. Sie wird mit klarer Mehrheit als Kandidatin für das Parlament gewählt.

Am späteren Abend sitzt Walsmann mit einigen Freunden in der Gaststätte »Hopfenberg«, um ihren Erfolg zu feiern, als sie einen Anruf der Ministerpräsidentin erhält. Sie solle doch bitte, sagt Lieberknecht, am nächsten Morgen vor der Kabinettssitzung vorbeikommen und ihre Entlassungsurkunde abholen.

So geschieht es. Die beiden Frauen treffen sich im Zimmer Lieberknechts und tauschen ein paar letzte Worte aus. Dann geht Walsmann hinauf in das Büro, das nicht mehr das ihre ist und packt Kisten, während die Ministerpräsidentin die Kabinettssitzung eröffnet. Sie teilt mit, dass sie die Ministerin entlassen hat – aber nicht, wer sie ersetzen soll. Sie will den SPD-Ministern oder dem eigenen Fraktionschef, der im Kabinett dabei sitzen darf, nicht die Gelegenheit geben, die Nachricht vor ihr zu verbreiten. Um 13 Uhr geht die Ministerpräsidentin in den Bürgersaal, wo nicht nur die Presse, sondern fast die gesamte Belegschaft der Regierungszentrale wartet. Die Bediensteten wollen erfahren, wer ihr neuer Vorgesetzter wird.

Aussitzen

Es ist Jürgen Gnauck. Der Mann, der zehn Jahre zuvor von Dieter Althaus als Chef der Staatskanzlei und Minister für Bundes- und Europaangelegenheiten entlassen worden war, wird nun in derselben Funktion wieder eingestellt. Zur neuen Staatssekretärin, sagt Lieberknecht, wolle sie Hildigund Neubert ernennen, deren zweite und letzte Amtszeit als Stasi-Beauftragte des Landes in wenigen Wochen ausläuft.

Die öffentliche Reaktion ist durchwachsen. Gnauck, der für eine Weile die regionale Dependance des Stromkonzerns E.ON geleitet hat, gilt als Macher, obwohl sich nicht jeder in der Staatskanzlei gerne an ihn erinnert. Doch Neubert als Staatssekretärin? Laut Lieberknecht soll sie für Europa verantwortlich sein. Die Ministerpräsidentin sagt nicht, was dies genau bedeutet. Selbst die Noch-Stasi-Beauftragte hat keine Ahnung, was sie machen soll. In ihrem ersten Interview beantwortet sie die Frage, was ihre Stellenbeschreibung sei, mit: »Gute Frage.«[309]

Neubert ist die letzte Wahl für Lieberknecht. Sie braucht, da nun die CDU-Kabinettmitglieder alle männlich sind, unbedingt eine Frau auf dem Posten. Doch sie hat keine gefunden. Niemand war bereit, sich für ein Jahr bis zur Landtagswahl mit einem undefinierten Posten in der Staatskanzlei abfertigen zu lassen. Nur Neubert, die am Tag vor der Bekanntgabe angerufen wird, sagt spontan zu. Sie, die noch keinen neuen Job hat, wird von nun an vor allem die Ministerpräsidentin auf den Terminen vertreten, zu denen sie nicht kann. Außerdem deckt die Antikommunistin die konservative und bürgerrechtliche Flanke der CDU ab.

Beide Personalien zeigen, dass Lieberknecht angesichts der Ermittlungen und der Wahlen keine Experimente mehr eingehen möchte. Gnauck stammt aus der Vogel-Ära und hat bewiesen, dass er es kann. Neubert wiederum ist die Tochter von Propst Falcke und Ehefrau ihres alten Bekannten Ehrhart Neubert. Ihre Ernennung bedeutet den Rückgriff auf das alte evangelische Netzwerk.

Jedoch, die Ministerpräsidentin hat einfach kein Glück mehr. Noch bevor der neue Minister vereidigt ist, berichtet die »Thüringer Allgemeine« darüber, dass sich Gnauck im Rechtsstreit mit der Staatskanzlei befindet. Es geht um die staatlichen Beihilfezahlungen für seine Gesundheitsversorgung, die ihm bei seinem Ausscheiden 2003 für alle Zukunft zugesagt wurden – und die man 2008 einstellte, weil die Leistung offenkundig gegen Gesetze verstieß. Der Jurist Gnauck klagte dagegen, verlor und ging in Berufung.

Der Fall mag geringfügiger als die anderen erscheinen, aber er fügt sich in das Zerrbild des raffgierigen Politikers, für das die Politik selbst verantwortlich ist. Die Staatsanwaltschaft Erfurt nimmt die Angelegenheit ernst genug, um wie bei Machnig ein Betrugsverfahren zu eröffnen, das sich vorerst gegen Unbekannt richtet. Das Bild komplettiert sich, als bekannt wird, dass die Behörde auch gegen Schöning ermittelt. Es geht um die 90.000 Euro an Pension, die er vom Land Schleswig-Holstein erhielt, als er in Thüringen als Staatskanzleiminister angestellt war. Erst im Sommer 2012 fiel dies nachträglich der Landesfinanzdirektion auf, die den größten Teil des Ministergehaltes zurückforderte.

Die Ministerpräsidentin vermag es nicht, noch einmal ihre Pläne zu ändern. Sie hält es so wie Kohl und Vogel: Sie sitzt die Vorwürfe aus. Gnauck wird im Oktober im Landtag vereidigt, obwohl die Linke-Fraktion in Protest den Plenarsaal verlässt.

Danach präsentiert Lieberknecht die Verwaltungsreform, oder das, was davon übrig ist. Das Werk erschöpft sich darin, den Ämterwirrwarr im Verantwortungsbereich von Carius und Umweltminister Reinholz neu zu ordnen. Als Ergebnis von vier Jahren und drei Kommissionen werden nur 1.500 Stellen im Verlauf von zehn Jahren eingespart – Stellenstreichungen, die ohnehin schon beschlossen waren.

Der ehemalige Staatssekretär Antoni, der die Reform in der Stabsstelle erarbeitet hatte, lässt intern verlauten, wie sehr er sich für das Resultat schämt. Voß ist geradezu empört. Er fühlt sich von Lieberknecht allein gelassen. Wenn sie

Lieberknecht in ihrem Büro in der Staatskanzlei, November 2013.
Quelle: Marco Kneise, Archiv TA

überhaupt zu den Sitzungen kam, hatte sie vorwiegend Bedenken geäußert. Zudem ließ sie zu, dass sich CDU-Fraktion und SPD gegenseitig blockierten. Da Mohring nicht das kleinste Zugeständnis für eine Gebietsreform akzeptiert, boykottiert Matschie die Behördenumstrukturierung. Die Sozialdemokraten liefern am Ende nichts außer dem, was bereits vollzogen wurde.

Doch dieses Sammelsurium sich überlagernder Konflikte wird übertüncht. Ihre Vision von Thüringen 2020 habe sich erfüllt, dekretiert die Ministerpräsidentin beim Presseauftritt in der Staatskanzlei. Sozialministerin Taubert muss für die SPD daneben stehen und das Erreichte loben. Dass keine Gebietsreform möglich war, kritisiert sie nur matt. Anschließend erklärt der Finanzminister anhand vieler Tabellen und Grafiken die Reform, die er insgeheim für völlig unzureichend hält.

Einige Tage später hält Lieberknecht eine Regierungserklärung im Landtag, in der sie so lange behauptet, das alles gut sei, dass sie es am Ende der Rede vielleicht sogar selbst glaubt. Die Reform, sagt sie, sei weder klein noch groß geraten. »Sie ist die richtige Reform für Thüringen zum jetzigen Zeitpunkt, weder ein Reförmchen noch ein Paradigmenwechsel, sondern eine überzeugende Fortsetzung unserer Reformschritte.«

Spitzenkandidatin

Für Lieberknecht geht es nur noch um das politische Überleben. Im September 2014, genau ein Vierteljahrhundert nach dem »Brief aus Weimar«, will sie ihre erste und womöglich letzte Wahl als Frontfrau gewinnen. Dieser Priorität hat sich alles andere unterzuordnen.

Zu diesem anderen gehört auch der Finanzminister. Lieberknecht muss vor den Wahlen zu den Stadt- und Gemeinderäten sowie Kreistagen die Forderungen der Kommunen, die wie in jedem Herbst den Untergang der Städte und Dörfer beschwören, diesmal noch ernster nehmen also vor einem Jahr – zumal wieder einmal ein Parteitag ansteht.

Am Samstag, dem 23. November, steht Lieberknechts Kür zur Spitzenkandidatin an. Die Ministerpräsidentin, durch die Ermittlungen gegen sich geschwächt, sieht sich nicht in der Lage, der Phalanx aus Landräten, Innenministern und der Fraktion zu widerstehen.

An Mittwochabend vor dem Parteitag trifft sie sich mit Mohring und Voß, um das Geldopfer zu bereden. Der Plan der Ministerpräsidentin ist recht einfach: Der Finanzminister soll alle Mehreinnahmen hergeben, die für das aktuelle Jahr prognostiziert sind – und einen Teil derjenigen für 2015. Voß fühlt sich hintergangen und fängt schließlich sogar an, Lieberknecht anzubrüllen. Dafür, ruft er, sei er nicht nach Thüringen gekommen …

Doch es hilft ihm nichts. Am Ende der Verhandlungen steht ein außerplanmäßiges Plus von 136 Millionen Euro, das vor allem an überschuldete Gemeinden gehen soll. Voß entschuldigt sich per SMS bei Lieberknecht.

Damit ist die Bühne für den Parteitag bereitet. Am Samstagmorgen versammeln sich knapp 200 CDU-Mitglieder im Kongresszentrum der Stadt Gera, wo Bernhard Vogel gut zehn Jahre zuvor seinen Nachfolger Dieter Althaus ausgerufen hatte. Nun wird der 80-jährige Altministerpräsident entgegen der Tagesordnung von Generalsekretär Mario Voigt gebeten, Lieberknecht gleich zu Beginn des Parteitages als Spitzenkandidatin auszurufen – was Vogel notgedrungen tut.

Den Delegierten bleibt nichts anderes übrig, als mitzuspielen. Niemand kann noch schnell auf die Toilette oder ins Foyer flüchten. Alle heben ihre Hand und klatschen, was der erwünschten 100-prozentigen Akklamation entspricht, die schon Althaus fünf Jahre zuvor bei der gleichen Prozedur in Heiligenstadt erhielt. Doch das ist nicht die einzige Parallele, die sich von Lieberknecht zu ihrem Vorgänger ziehen lässt. Nur wenige Wochen nach seiner Ausrufung zum Spitzenkandidaten verunglückte Althaus in Österreich. Seine spätere, formale Wahl auf Platz 1 der Landesliste geriet zum ersten Akt einer absurden Vorstellung, die sich quälend lang bin in den Herbst zog. Für Lieberknecht vollzieht sich gerade ein Unfall in Zeitlupe. Zwei Tage vor dem Parteitag hat die Staatsanwaltschaft Erfurt die Räume des Leipziger Unternehmens Unister durchsucht, in dem Peter Zimmermann als Geschäftsführer arbeitet. Obwohl der Ex-Regierungssprecher eine schriftliche Erklärung abgegeben hat, in der er die Version der Ministerpräsidentin bestätigt, befragen ihn die Ermittler für mehrere Stunden. Die vormalige Staatskanzleiministerin Walsmann wird gleich zweimal vorgeladen.

In Gera kommt Lieberknecht nicht umhin, das Thema anzusprechen, zumal der Abgeordnete Wolfgang Fiedler sie dazu aufgefordert hat. Die Landesregierung und auch sie selbst hätten »Angriffspunkte geboten«, liest die CDU-Landesvorsitzende im Kongresszentrum vom Papier ab, während ihr Gesicht auf zwei riesige Leinwände projiziert wird. »Das ist nicht gut, ich bedauere das sehr.« Jetzt gelte es, »doppelt und dreifach zu arbeiten, um das Vertrauen wiederherzustellen«. Dann spult sie ihre Rede bis zum Ende ab.

Nur einmal, ganz kurz, zeigt sich ihre Nervosität. Die Staatsanwaltschaft, sagt sie, habe zwar jedes Recht, den Sachverhalt zu untersuchen, aber: »Ich hoffe nur, dass dies nun mal endlich schnell geschieht.« Doch die Macht, die sie sich in 25 Jahren aneignete, hilft ihr nichts. Am Dienstag nach dem Parteitag erteilt das Kabinett auf Antrag der Staatsanwaltschaft Finanzminister Voß und Innenminister Geibert Aussagegenehmigungen. Eine Woche später muss die Staatskanzlei mehrere Kabinettprotokolle herausgeben.

Matthias Machnig tritt kurz nach dem Parteitag als Wirtschaftsminister zurück und geht nach Berlin, um den EU-Wahlkampf der SPD zu managen. Nun ist der Fokus ganz auf Christine Lieberknecht gerichtet. Das Land feiert Weihnachten und Neujahr, die SPD benennt Sozialministerin Heike Taubert als Spitzenkandidatin und die CDU bereitet sich auf den offiziellen Nominierungsparteitag Mitte Februar in Sömmerda vor – derweil die Staatsanwaltschaft ermittelt.

Man müsse aufpassen, dass sich die Geschichte von 2009 nicht wiederhole, sagt Bernhard Vogel in vertraulichen Parteirunden. Damals hatte die CDU den gerade wegen fahrlässiger Tötung verurteilten Dieter Althaus zum Spitzenkandidaten gewählt – mit den bekannten Folgen.

> *»Ein Christenmensch ist ein freier Herr über alle Dinge und niemand untertan. Ein Christenmensch ist ein dienstbarer Knecht aller Dinge und jedermann untertan.«*
>
> (Martin Luther)

Epilog

Allein gegen die Männer

Am 3. Februar 2014, elf Tage vor der formellen Bestätigung von Christine Lieberknecht als Spitzenkandidatin, verschickt die Staatsanwaltschaft Erfurt ein Schreiben an die Ministerpräsidentin. Das Ermittlungsverfahren gegen sie werde eingestellt. »Nach Durchführung umfangreicher Ermittlungen ist im Ergebnis festzustellen, dass gegen die Beschuldigte kein hinreichender Tatverdacht besteht«, teilt der zuständige Oberstaatsanwalt mit.

Die Ermittler halten die Behauptung der Ministerpräsidentin, sie selbst habe ihren Regierungssprecher los haben wollen, für glaubhaft – weshalb seine Versetzung in den einstweiligen Ruhestand nicht gesetzeswidrig gewesen sei. Dass Lieberknecht zuerst öffentlich den gegenteiligen Eindruck erweckte, also sagte, dass Peter Zimmermann freiwillig gehe, könne »aus Fürsorge« für ihren engsten Mitarbeiter erklärt werden. Zudem hätten nicht nur der Ex-Staatssekretär selbst, sondern auch Innenminister Geibert und Finanzminister Voß Lieberknechts Version gestützt.

Auf sechs Seiten wägt die Staatsanwaltschaft noch manches ab, so zum Beispiel einen Satz, den Marion Walsmann im Juli 2013 von Lieberknecht bei einem Fraktionstreffen mitgehört haben will. »Ich lasse mir doch meinen Regierungssprecher nicht ungestraft rausschießen«, sagte angeblich Lieberknecht zu Mike Mohring – was darauf hindeuten könnte, dass die Ministerpräsidentin eigentlich an Zimmermann festhalten wollte. Aber Mohring dementiert in seinem Verhör, genauso wie Geibert, der bei dem Treffen nahe Lieberknecht saß. Beide erklären, sie könnten sich nicht an das Zitat erinnern.

Doch so oder so: Die Affäre hat die Glaubwürdigkeit der Ministerpräsidentin beschädigt. Die Ermittlungen zeigten eine zeitweise überforderte Regierungschefin, die nicht immer wahrhaftig agierte. Der politische Gegner wird versuchen, dies im Wahlkampf auszunutzen.

Der Ausgang der Landtagswahl am 14. September 2014 ist nicht nur deshalb völlig offen. Gut möglich, dass Lieberknecht im Herbst nur noch einfache Landtagsabgeordnete ist. Sie selbst dürfte es zumindest öffentlich mit Fassung ertragen. Der Mensch ist frei, um zu dienen – an Luthers Definition evangelischer Freiheit orientiert sich die Pastorin nach eigenem, stetig wiederholtem Bekunden. Sie sei, sagt sie, nicht die, »die eine übergeordnete Reputation« anstrebe. »Ich könnte auch etwas anderes machen.« Ihr Mann, ihre Schwester, ihre Eltern bestätigen das: Christine Lieberknecht habe das alles nie gewollt. Sie besitze die »Freiheit des Christenmenschen«, jeden Tag aufzuhören.

Die Perspektive von außen unterscheidet sich davon. Zu betrachten ist eine kluge, kühl kalkulierende Machtpolitikerin, die, so zögerlich sie manchmal erscheint, blitzschnell umschaltet, wenn dies ihr Instinkt befiehlt. Dann opfert sie Inhalte, die sie vorher mit Konsequenz vertrat, genauso wie Kollegen, denen sie bis dahin mit Empathie begegnete.

So moderat, so verbindlich, so freundschaftlich Christine Lieberknecht in der Regel auftritt, so hart kann sie durchgreifen, wenn es die Situation erfordert. Diese beiden Wesensarten haben ihr in der CDU zwei Namen eingebracht: »Gesalbte« und »Schwarze Mamba«.

Den ersten Landesvorsitzenden Uwe Ehrich verfolgt bis heute, wie ihn seine damalige Stellvertreterin behandelte. Wenn man in jemanden Vertrauen habe, dann müsse das doch gelten, sagt Ehrich, auch in der Politik.

Ehrichs Nachfolger Willibald Böck, den Lieberknecht als Ministerpräsident verhinderte, sagt: »Sie meinte das sicher richtig gut. Doch dem Guten ist eben alles gut, auch das Schlechte.«

Josef Duchač, den Lieberknecht zu Fall brachte, möchte sich zu dem, was war, nur allgemein mitteilen. »Wir haben«, sagt er, »viele wegweisende Entscheidungen getroffen – und wir haben Fehler gemacht. Dennoch schaue ich mit Dankbarkeit und ohne Groll auf diese Zeit zurück.«

Auch Dieter Althaus, dessen Ära Lieberknecht für beendet erklärte, will sich nicht äußern. Er sagt: »Ich habe besondere Ereignisse beziehungsweise Personen in diesem Kapitel meines Lebens in einem nicht veröffentlichten Essay eingeschätzt.« Er beabsichtige »weder eine vollständige noch eine auszugsweise Veröffentlichung«.

Spricht man mit Freunden von Böck, Duchač oder Althaus über deren Einstellung zu Lieberknecht, bekommt man eine Ahnung von dem Groll, den angeblich niemand hegt. Es ließen sich noch andere aufzählen: Karl Heinz Gasser, Jürgen Schöning, Marion Walsmann…

Doch was folgt daraus? Wäre die CDU nicht mit einem stasibelasteten Spitzenkandidaten Ehrich in den Landtagswahlen untergegangen? Hätte nicht ein Ministerpräsident Böck nach der ersten, unvermeidlichen Affäre zurücktreten müssen? Musste die Agonie, die unter Josef Duchač entstanden war, nicht irgendwann enden? Und Dieter Althaus: Er trat zurück, ohne seine Nachfolge zu regeln. Einen Ministerpräsidenten Vogel oder Mohring hätte die SPD niemals akzeptiert.

Man kann es auch so sehen: Christine Lieberknecht hat das getan, von dem sie glaubte, es tun zu müssen. Bernhard Vogel lässt sich mit folgenden Sätzen zitieren: »Dass sie sich handstreichartig die Nachfolge von Althaus sicherte, hatte ich so nicht erwartet. Den Mut muss man erst einmal haben.«

Was bleibt? Im Jahr 2008, als Christine Lieberknecht Sozialministerin war, ließ sie ein Gemälde von sich anfertigen, »präventiv«, wie sie sagt, um entsprechenden »Anwandlungen der Landtagsverwaltung« vorzubeugen. Viele Stunden saß sie Jost Heyder Modell. Der Erfurter Maler und sie unterhielten sich über die Politik und ihr Leben. Das Bild zeigt Christine Lieberknecht in einem Stuhl, die Hände übereinander gelegt.

Der Stuhl steht auf einer Bühne.

Danksagung

Christine Lieberknecht hat dieses Buch weder beauftragt noch autorisiert. Dennoch fand sie sich zu mehreren ausführlichen Gesprächen bereit, stellte Fotos und Dokumente zur Verfügung und verzichtete darauf, sich ihre Zitate zur Abstimmung vorlegen zu lassen. Dafür danke ich.

Ich danke an dieser Stelle allen anderen, die mir Fragen beantworteten, Rat gaben oder tätige Hilfe leisteten: Ralf-Uwe Beck, Willibald Böck, Lukas und Roswitha Determann, Birgit Diezel, Josef Duchač, Dorrit Eckhard, Wolfgang Fiedler, Michael Göring, Peter Michael Huber, Uwe Ehrich, Karl-Eckhard Hahn, Johanna Harder, Falk Heunemann, Hans Hoffmeister, Klaus Jäger, Hans-Joachim Jentsch, Christoph Kähler, Martin Kirchner, Andreas Kniepert, Michael Krapp, Hermann Kurz, Inge Linck, Lothar de Maizière, Martin Lieberknecht, Mike Mohring, Claus-Peter Müller-von-der-Grün, Matthias Machnig, Christoph Matschie, Johann Michael Möller, Gottfried Müller, Ehrhart Neubert, Eberhardt Pfeiffer, Bodo Ramelow, Paul-Josef Raue, Gerhard Sammet, Stefan Sethe, Dorothee Schipke, Albrecht Schröter, Jörg Schwäblein, Volker Sklenar, Frank-Michael Pietzsch, Heike Taubert, Bernhard Vogel, Mario Voigt, Wolfgang Voß, Marion Walsmann, Malte Wicking, Klaus Zeh, Peter Zimmermann – und vielen anderen, die nicht genannt werden wollten. Alle Zitate, deren Quellen nicht gekennzeichnet sind, stammen aus Gesprächen mit ihnen oder eigenen Erlebnissen.

Vor allen anderen aber danke ich meiner Familie, ohne deren Verständnis und Unterstützung dieses Buch nie entstanden wäre.

Erfurt, im Februar 2014   *Martin Debes*

Anmerkungen

1 Die Zeit, 20. Dezember 1991

2 Der Spiegel, 23.12.1991

3 Thüringer Allgemeine, 18.12.1991

4 Gerd Langguth: Angela Merkel. München 2005

5 Angela Merkel: Die von Helmut Kohl eingeräumten Vorgänge haben der Partei Schaden zugefügt, Frankfurter Allgemeine Zeitung, 22.12.1999, S. 2

6 Christine Lieberknecht in einem Interview mit Deutschlandradio Kultur am 8.9.2009, www.dradio.de/dkultur/sendungen/interview/1030079/

7 Michael Siebenbrodt (Hg): Bauhaus Weimar – Entwürfe für die Zukunft, Klassik Stiftung Weimar, Hatje-Cantz-Verlag, Ostfildern 2000

8 Determann, Walter: Gedanken über das Bauen, in Der Austausch (Zweites Flugblatt), Anfang Juni 1919, S. 3, zitiert nach Corinna Isabel Bauer: Inaugural-Dissertation zur Erlangung des akademischen Grades eines Doktors der Ingenieurwissenschaften (Dr.-Ing.) im Fachbereich Architektur – Stadtplanung – Landschaftsplanung der Universität Kassel. Kassel 2003

9 Christiane Weber: Das Kleinod im Grünen als Hort der Toleranz, Determanns lebten an der Tiefurter Allee 1 – Häuser und ihre Geschichten (108), Thüringische Landeszeitung, 9.11.2012

10 Walter Determann: Chronik der Familie Determann, Teil 1, Die Wurzeln des Geschlechts, Weimar 1939, Seite 7

11 Stiftung Gedenkstätten Buchenwald und Mittelbau Dora: Chronik des Konzentrationslagers Buchenwald, www.buchenwald.de/457, 2. Juli 2013

12 Susanne Jirschim: Schwarze Dame und Roter Bube, Rudolstadt 2010, S. 37

13 Spiegel, 5.3.2012

14 Christine Lieberknecht: Oma Käthi, in Heinrich Albertz, Ingmar Bergmann, Carola von Braun u.a.: Gedanken zu Weihnachten, Berlin 1997, S. 56

15 Ebenda, S. 62

16 Ebenda, S. 55

17 Satzung des Ehrenkreuzes der Deutschen Mutter vom 16. Dezember 1938, Reichsgesetzblatt Nr. 224 vom 24. Dezember 1938, Artikel 1, zitiert nach www.wikipedia.org/wiki/Mutterkreuz (besucht am 5.7.2013)

18 Statut der Freien Deutschen Jugend, beschlossen vom X. Parlament der Freien Deutschen Jugend 1976, vgl. DDR-Schulrecht.de

19 Karl-Eckhard Hahn: Die friedliche Revolution von 1989/90 auf dem Dorf, Das Beispiel Stotternheim (Bezirk Erfurt), Jena 2012, S. 64

20 Interview mit Volkhardt Germer in der Sendung »Eggert trifft … Christine Lieberknecht«. Fernsehakademie Mitteldeutschland (FAM), 18.12.2010, http //www.fernseh-akademie.de/index.php?id=657&type=1 (besucht am 1.10.2013)

21 Ralf Georg Reuth, Günther Lachmann: Das erste Leben der Angela M., München 2013
22 Neubert, S. 199
23 Aufruf zur Bildung einer Initiativgruppe, mit dem Ziel eine sozialdemokratische Partei in der DDR ins Leben zu rufen, zitiert nach: www.ddr89.de/ddr89/sdp/SDP5.html, 29.7.2013
24 Gerhard Besier: Die Kirche, gehorsamer Diener des Staates, Die Welt, 11.9.1996
25 Christoph Dieckmann: Lutherland in Frauenhand. Die Thüringer Pastorin Christine Lieberknecht soll Deutschlands erste CDU-Ministerpräsidentin werden, Die Zeit, 22.10.2009
26 Thüringer Allgemeine, 6.6.2011
27 Michael Richter, Die Ost-CDU 1948–1952. Zwischen Widerstand und Gleichschaltung, Düsseldorf 1991, S. 328
28 Gerhard Besier: Die Ost-CDU, ihre Religionspolitik und das MfS, Historisch-Politische Mitteilungen 3/1996, S. 133
29 Holger Zürch: Mit freiem Volk auf freiem Grunde, Leipzig 2006, Ausgabe für Qucosa.de, S. 24, künftig: Zürch 2006
30 Martin Rissmann. Zur Rolle der Ost-CDU im politischen System der DDR, Historisch-Politische Mitteilungen, Heft 1/1994, S. 81
31 Christian von Ditfurth: Blockflöten. Wie die CDU ihre realsozialistische Vergangenheit verdrängt, Köln 1991, S. 81
32 Ebenda
33 Ehrhart Neubert: Ein politischer Zweikampf in Deutschland, Die CDU im Visier der Stasi, Freiburg im Breisgau 2002, S. 185
34 Ebenda, Seite 189
35 Christine Lieberknecht: Der Weimarer Brief und die Erneuerung der Ost-CDU, in Andreas Dornheim, Stephan Schnitzler (Hg.): Thüringen 1989/90. Akteure des Umbruchs berichten. Erfurt 1995, S. 267, künftig: Lieberknecht 1995
36 Ebenda
37 Peter Stützle: Auf den Spuren der CDU. Parteigeschichte aus der Sicht von Zeitzeugen, Bonn 1995, S. 186
38 Christine Bergmann, Marianne Birthler, Jochen Borchert: Ich tu's auch, Prominente erzählen von ihrem kirchlichen Ehrenamt. Wichern-Verlag Berlin 2001, S. 79
39 Ebenda, S. 82
40 Ebenda, S. 88
41 Neue Zeit, 14.11.1986
42 Neue Zeit, 14.9.1987
43 Neue Zeit, 23.2.1988
44 Neue Zeit, 25.2.1988
45 Dies jedenfalls sagt im September 1989 der stellvertretende Staatssicherheitsminister Rudi Mittig im Zusammenhang mit der Unterschrift Lieberknechts unter den »Brief aus Weimar«. Vgl. Walter Süß: Staatssicherheit am Ende. Warum es

den Mächtigen nicht gelang, 1989 eine Revolution zu verhindern, Berlin 1999, Seite 222, künftig: Süß 1999

46 Hans-Michael Kloth: Tausend Seiten Widerstand, Spiegel, 12.1.1998

47 Stern, 9. April 1987

48 Walter Süß: Die Stimmungslage der Bevölkerung im Spiegel von MfS-Berichten, in: Eberhard Kurth, Hansjörg F. Buck, Gunter Holzweißig (Hg): Am Ende des realen Sozialismus, Beiträge zu einer Bestandsaufnahme der DDR-Wirklichkeit in den 1980er Jahren, Bd. 1, Opladen 1996, S. 250

49 BV Gera, Abt. XX, Leitungsvorlage zur Leitungsberatung beim Leiter der BV am 14.3.1989, 27.2.1989, VVS 0020, BvfS Gra-Nr. 45/89, Ast. Gera, BeL, ZMA, 000067, Bl. 5, in: Martin Debes: Durchdringen und Zersetzen, Die Bekämpfung der Opposition in Ostthüringen durch das Ministerium für Staatssicherheit im Jahr 1989, Manebach 1999, S. 37, künftig: Debes 1999

50 Neue Zeit, 25. April 1989

51 Debes 1999, S. 37

52 Debes 1999, S. 40

53 Zürch 2006, S. 25

54 http://www.abgeordnetenwatch.de/marion_walsmann-641-23664-1.html; besucht am 9.8.2013

55 Ebenda

56 Manfred Agethen: Unruhepotentiale und Reformbestrebungen an der Basis der Ost-CDU im Vorfeld der Wende. Der »Brief aus Weimar« und der »Brief aus Neuenhagen«, Historisch-politische Mitteilungen 1/1994, S. 95

57 Mike Mohring (Hg): Geschichte der Thüringer CDU, Erfurt 2005, S. 36, künftig: Mohring 2005

58 Lieberknecht 1995, S. 267

59 Mohring 2005, S. 36

60 BStU, BV Berlin, Abt XX 2591, S. 1 f.

61 Gottfried Müller, Martin Kirchner, Christine Lieberknecht, Martina Huhn: Brief aus Weimar, 10. September 1989, Original aus dem Archiv der Konrad-Adenauer-Stiftung

62 Lieberknecht 1995, S. 267

63 Franz Josef Jung: Die letzten Tage der Teilung, Wie die deutsche Einheit gelang, Freiburg 2010, S. 52

64 Ehrhart Neubert: Geschichte der Opposition in der DDR 1949–1989, Berlin 1997, S.

65 Ute Schmidt: Von der Volkspartei zur Blockpartei: Die Ost-CDU im Umbruch 1989–1994, Opladen 1997, S. 50, künftig: Schmidt 1997

66 Michael Lühmann: Verdrängte Vergangenheit. Die CDU und die Blockflöten. in: Karl Nolle (Hrsg.): Sonate für Blockflöte und Schalmeien. Zum Umgang mit der Kollaboration heutiger CDU-Funktionäre im SED-Regime, Dresden 2009, S. 23–36.

67 Manfred Agethen: Unruhepotentiale und Reformbestrebungen an der Basis der Ost-CDU im Vorfeld der Wende. Der »Brief aus Weimar« und der »Brief aus Neuenhagen«, Historisch-politische Mitteilungen 1/1994, S. 95
68 Ebenda, S. 155 ff.
69 Mohring 2005, S. 36
70 Süß 1999, S. 222
71 BStU, BV Erfurt, AKG 1616, S. 1
72 Frankfurter Allgemeine Zeitung, 18.9.1989
73 Beschluss der 5. Tagung der V. Synode des Bundes der Evangelischen Kirchen in der DDR, 15.–19. September 1989 in Eisenach, Privatarchiv Michael Krapp, S. 3
74 Niederschrift über eine Beratung im Staatssekretariat für Kirchenfragen zur Einschätzung der 5. Tagung der V. Synode des Bundes der Evangelischen Kirchen in der DDR vom 15.–19.-November in Eisenach, BStU, Bln XX 2494, S. 2 ff.
75 BStU, BV Erfurt, Abt. XX, 166, S. 81
76 Ebenda, S. 82
77 Robert Leicht: Neues von »Czerni«, Die Zeit, 24.1.1992
78 Clemens Vollnhals: Die Kirchenpolitik von SED und Staatssicherheit. Eine Zwischenbilanz. Berlin 1997, S. 260
79 Schmidt 1997, S. 54
80 Ralf Georg Reuth, Günther Lachmann: Das erste Leben der Angela M., München 2013, S. 246
81 Süß 1999, S. 222
82 Schmidt 1997, S. 55
83 BStU, BV Berlin, Abt XX 2591, S. 4
84 Lieberknecht 1995, S. 271
85 Neue Zeit, 9.10.1989
86 BStU, BV Erfurt, KD Weimar 350, S. 2
87 Neue Zeit, 17.10.1989
88 BstU, HA XX, AKG 295, S. 38 f.
89 BStU, MfS – HA XX/AKG 1367, S. 21
90 Ebenda
91 Franz Josef Jung: Die letzten Tage der Teilung. Wie die deutsche Einheit gelang. Freiburg 2010, S. 82
92 BStU, ZA, ZAIG 3750, Bl. 22–24, zitiert nach Gerhard Besier: Die Ost-CDU, ihre Religionspolitik und das MfS. Historisch-Politische Mitteilungen 3/1996, S. 133
93 Geschäftsstelle des Parteivorstandes der Christlich-Demokratischen Union Deutschlands (CDU) (Hg): Erneuerung und Zukunft. Positionen vom CDU-Sonderparteitag am 15. und 16. Dezember 1989 in Berlin, Archiv Konrad-Adenauer-Stiftung, S. 4
94 Ebenda, S. 17
95 Zürch 2006, S. 25
96 Neue Zeit, 16.6.1988

97 Ebenda, Seite 11

98 Christine Lieberknecht: Träume, Geschichte, Begegnungen. Privatarchiv Lieberknecht, S. 45

99 Franz Josef Jung: Die letzten Tage der Teilung. Wie die deutsche Einheit gelang. Freiburg 2010, S. 126

100 Aus der Weihnachtspredigt von Christine Lieberknecht 1989. Thüringer Allgemeine, 24.12.2010

101 Thüringer Allgemeine, 20. Januar 1990

102 Berliner Zeitung, 21. Januar 1990

103 Thüringer Allgemeine, 22. Januar 1990

104 Redemanuskript für den Landesparteitag der Thüringer CDU am 20.1.1990 in Weimar, Privatarchiv Uwe Ehrich

105 Thüringer Allgemeine, 31. Januar 1990

106 Thüringer Allgemeine, 22. Januar 1990

107 Franz Josef Jung: Die letzten Tage der Teilung. Wie die deutsche Einheit gelang. Freiburg 2010, S. 160

108 www.wahlrecht.de/ergebnisse/volkskammerwahl-1990.htm, besucht am 17.8.2013

109 Thüringer Allgemeine, 19. März 1990

110 Thüringer Allgemeine, 17. März 1990

111 Thüringer Allgemeine, 26. März 1990

112 Der Spiegel, 26.3.1990

113 Thüringer Allgemeine, 20. März 1990

114 Franz Josef Jung: Die letzten Tage der Teilung. Wie die deutsche Einheit gelang. Freiburg 2010, S. 156 f.

115 Immo Rebitschek (Hg): Quellen zur Geschichte Thüringens. Die Thüringer Landesgründung, Erfurt 2010, S. 112

116 www.kas.de/wf/de/71.8695, besucht 24.8.2013

117 Ulrich Rommelfanger: Das Werden des Freistaates Thüringen. In: Karl Schmitt (Hg): Thüringen. Eine politische Landeskunde, Weimar 1996, S. 23

118 Werner Ulbrich: »Ich konnte mich einbringen und dafür bin ich dankbar«, MDR, www.mdr.de/thueringen/thueringer-zeitgeschichte/aufbruch/artikel98442.html, besucht am 24.8.2013

119 Sammet wurde 1940 in Hohenstollen (heute Vysoká Štola) geboren. Duchač kam 1938 in Bad Schlag (Jablonecké Paseky) zur Welt.

120 In eigener Sache: An dieser Stelle sei erwähnt, dass mein Vater Hermann Debes, nachdem er 1989 im Neuen Forum aktiv geworden war, 1990 in Ilmenau in die CDU eintrat und zur Regierungsbildung als Grundsatzreferent in die Staatskanzlei angestellt wurde. Auch er hatte Kontakte zu Sammet. Um möglichen Spekulationen vorzubeugen: Wir debattierten stets über Politik. Doch blieb er stets diskret: Über seine Tätigkeit in der Landesverwaltung sprach er mit mir eher allgemein oder anekdotenhaft. Seitdem ich 2000 als politischer Redakteur bei der Thüringer Allgemeinen einstieg, vermieden wir beide bewusst, uns über Details unserer Arbeit auszutauschen. 2004 verstarb mein Vater viel zu früh.

121 Thüringer Allgemeine, 19.7.1990

122 Thüringer Tagespost,

123 Zürch 2006, S. 26

124 Thüringer Allgemeine, 14.8.1990

125 Thüringer Allgemeine, 2.8.1990

126 Thüringer, Allgemeine, 27.8.1990

127 Thüringer Allgemeine 27.8.1990

128 Ebenda

129 Hermann G.W. Kurz: Mikrokosmos Thüringen, Der Weg Thüringens in Freiheit, Demokratie und Marktwirtschaft, Suhl 2010, S. 20

130 Protokollnotizen vom 2. Landesparteitag der Thüringischen CDU am 25.8.1990 in Erfurt, Archiv der Thüringer CDU, Seite 2

131 Thüringer Landeswahlleiter: Bewerber der Landtagswahl 1990 (Landeslisten)

132 Thüringer Allgemeine, 29.8.1990

133 Thüringer Allgemeine, 30.8.1990

134 Ebenda

135 Christlich Demokratische Union Deutschlands, Bundesgeschäftsstelle (Hg): 1. Parteitag der CDU Deutschlands. 1.–2. Oktober 1990, S. 15 f.

136 Hannoversche Allgemeine Zeitung, 2.10.1990

137 Hamburger Abendblatt, 2.10.1990, S. 1

138 Kölnische Rundschau, 2.10.1990, Privatarchiv Christine Lieberknecht

139 Hannoversche Allgemeine Zeitung, 2.10.1990

140 Rede von Ministerpräsidentin Christine Lieberknecht (CDU) auf dem Festakt der Landesregierung in Erfurt. www.thueringen.de/th1/tsk/tsk/ministerpraesidentin/reden/50544, besucht am 8.9.2013

141 Thüringer Allgemeine, 13.10.1990

142 Thüringer Allgemeine, 25.10.1990

143 Peter-Johannes Schuler (Hg.): Die Familie als sozialer und historischer Verband. Untersuchungen zum Spätmittelalter und zur frühen Neuzeit, Sigmaringen 1987

144 Joachim Linck: Wie ein Landtag laufen lernte, Erinnerungen eines westdeutschen Aufbauhelfers, Köln, Weimar 2010, S. 31

145 Thüringer Allgemeine, 28. November 1990

146 Neues Deutschland, 5. Dezember 1990

147 Thüringer Allgemeine, 28. November 1990

148 Thüringer Tagespost, 10.12.1990

149 Thüringische Landeszeitung, 13.10.2010

150 Thüringer Allgemeine, 15.12.1990

151 Thüringer Allgemeine, 19.12.1990

152 1. Thüringer Landtag, Protokoll 8. Plenarsitzung, 10. Januar 1990, keine Paginierung

153 Thüringische Landeszeitung, 13.10.2010

154 1. Thüringer Landtag, Protokoll 10. Plenarsitzung, 31. Januar 1990, keine Paginierung

155 Thüringer Allgemeine, 30.3.1991
156 Thüringer Allgemeine, 27.9.1991
157 Diese Zahlen nennt Lieberknecht ebenfalls am 12. Juli 1991 im Parlament. Ebenda
158 Thüringer Allgemeine, 24.9.1991
159 1. Thüringer Landtag, Antrag der Fraktion der LL-PDS, Aufforderung zur Entlassung der Kultusministerin aus ihrem Amt, 10.7.1991, Drucksache 1/627
160 Thüringer Allgemeine, 4.9.1991
161 Lieberknecht in der Plenardebatte am 12. Juli 1991, 1. Thüringer Landtag, Protokoll 28. Plenarsitzung, 12.7.1991, keine Paginierung
162 1. Thüringer Landtag, Antrag der Fraktion der SPD Entlassung der Kultusministerin Lieberknecht, 10.9.1991, Drucksache 1/689
163 Thüringer Allgemeine, 2.9.1991
164 Thüringer Allgemeine, 13.9.1991
165 Der Spiegel, 15.7.1991, S. 78 ff.
166 Der Abgeordnete der Fraktion von Neues Forum, Demokratie Jetzt und Grünen, Siegfried Geißler, am 3.7.1991 in: 1. Thüringer Landtag, Protokoll 23. Plenarsitzung, 3.7.1991, keine Paginierung
167 1. Thüringer Landtag, Protokoll 23. Plenarsitzung, 3. Juli 1991, keine Paginierung
168 Der Spiegel, 11.11.1991, Nr. 47/1991, S. 78 ff.
169 So jedenfalls seine Äußerung in einem Interview neun Jahre später. Thüringer Allgemeine, 11.11.2000
170 Der Spiegel, 11.11.1991, Nr. 47/1991, S. 78 ff.
171 Josef Duchač im Landtag am 28.11.1991 in: 1. Thüringer Landtag, 36. Plenarsitzung, 28.11.1991, S. 2387
172 Zürch 2006, S. 27
173 1. Thüringer Landtag, 37. Plenardebatte, 12.12.1991, S. 2491
174 Dieter Althaus bestätigte dies in einem Interview nach seinem Rücktritt als Ministerpräsident Ende 2009 mit dem Satz: »Ja, er stellte mir im Dezember 1991 die Frage, es kam aber gar nicht mehr zu der Entscheidung, da er Ende Januar darauf das Amt aufgab.«, Thüringer Allgemeine, 26.12.2009
175 Die Zeit, 8.11.1991
176 1. Thüringer Landtag, 37. Plenardebatte, 12.12.1991, S. 2514
177 Bundesgeschäftsstelle CDU Deutschlands (Hg): Protokoll 2. Parteitag der CDU Deutschlands, Dresden 15.–17. Dezember 1991, S. 104
178 Ebenda, S. 105
179 Thüringer Allgemeine, 16.12.1991
180 Bundesgeschäftsstelle CDU Deutschlands (Hg): Protokoll 2. Parteitag der CDU Deutschlands, Dresden 15.–17. Dezember 1991, S. 538
181 Ebenda, S. 533
182 Ebenda, S. 539
183 Ebenda, S. 542
184 Ebenda, S. 538
185 Thüringer Allgemeine, 19.12.1991

186 »Die Zukunft gemeinsam gestalten«. Dresdner Manifest der CDU Deutschlands, Dezember 1991, S. 347, www.kas.de/upload/themen/programmatik_der_cdu/programme/1991_Dresdner-Manifest-Die-Zukunft-gemeinsam-gestalten.pdf, besucht am 3.10.2013

187 Thüringer Allgemeine, 17.1.1992

188 Berliner Zeitung, 18.1/19.1.1992

189 Thüringer Allgemeine, 18.1.1992

190 FAZ, 20.1.1992

191 Mitteldeutsche Allgemeine, 21.1.1992

192 Zürch 2006, S. 27

193 Thüringer Allgemeine, 25.1.1992

194 Rücktrittserklärungen von Mitgliedern der Landesregierung gemäß § 12 Abs. 1 Satz 1 der Vorläufigen Landessatzung, 29.1.1991, 1. Thüringer Landtag, Drucksache 1/1063

195 Zürch 2006, S. 27

196 Thüringer Allgemeine, 16.9.2000

197 Thüringer Allgemeine, 25.1.1992

198 Der Spiegel, 5.5.1997

199 Thüringer Allgemeine, 27.1.1992

200 Zitat von Johann Kaspar Lavater, (1741–1801), Schweizerischer evangelischer Theologe

201 Deutscher Bundestag, 12. Wahlperiode, 86. Sitzung, 20.3.1992, S. 7133

202 Ebenda, S. 7134

203 Der Spiegel, 25.5.1992

204 Ebenda

205 Dieter Althaus: Bernhard Vogel – ein Glücksfall, Politische Meinung 12/2002, Nr. 397, S. 13 ff.

206 CDU-Landesgeschäftsstelle: Wahlergebnisse 4. Landesparteitag der CDU Thüringen am 22.6.1992 in Suhl (Stadthalle)

207 Thüringische Landeszeitung, 21.4.2010

208 CDU-Landesgeschäftsstelle: Protokoll des 5. Landesparteitag der CDU Thüringen am 23.1.1993 in Jena

209 http://www.klassik-stiftung.de/einrichtungen/schloesser-und-gaerten/schloss-und-park-ettersburg, besucht am 7.10.2013

210 Christine Lieberknecht (Hg): Orientierung im Umbruch. Analysen zur Lage Deutschlands seit 1990, Rudolstadt 1999, S. 11 ff.

211 Thüringer Allgemeine, 9.10.2009

212 Ebenda

213 Interview mit Martin Lieberknecht in der Sendung »Eggert trifft … Christine Lieberknecht«. Fernsehakademie Mitteldeutschland (FAM), 18.12.2010, www.fernseh-akademie.de/index.php?id=657&type=1, besucht am 6.10.2013

214 Wandermagazin, Ausgabe 154, September/Oktober 2010, http://www.wandermagazin.de/page.asp?pageID=2156 m, besucht am 7.10.2013

215 Helmut O. Ries (Hg.): Transformationsprobleme lösbar?!«. Tagungsband des 1. Thüringer Symposiums am 6. und 7. Mai 1994 in Erfurt, Schriftenreihe des Thüringer Ministeriums für Bundes- und Europaangelegenheiten, Band 4, S. 17

216 Steffen Raßloff: Der Erfurter Fürstenkongress 1808. www.erfurt-web.de/Erfurter_Fürstenkongress_1808, besucht 8.10.2013

217 Christine Lieberknecht: Weimar: Europäische Kulturstadt 1999, Begegnung mit Goethe zu seinem 250. Geburtstag, in: Evangelischer Arbeitskreis der CDU/CSU (Hg): Evangelische Verantwortung, 4/1999, S. 7

218 CDU Thüringen, Landesgeschäftsstelle (Hg): Protokoll 6. Landesparteitag, 26.11.1994, Kaisersaal Erfurt, S. 22

219 Spiegel Online, 3.9.1999, http://www.spiegel.de/politik/deutschland/portraet-bernhard-vogel-cdu-beliebter-regierungschef-a-36776.html, besucht am 8.10.2013

220 Thüringer Landtag, 3. Wahlperiode, 1. Sitzung, 1.10.1999, S. 13

221 Ebenda, S. 15

222 Frankfurter Allgemeine Zeitung, 22.12.1999

223 Thüringer Allgemeine, 1.2.2000

224 Thüringer Allgemeine, 12.1.2000

225 Thüringer Allgemeine, 24.3.2000

226 Thüringische Landeszeitung, 11.4.2000

227 Vogel bestätigt dies sinngemäß in einem Interview nach seinem Rücktritt. Thüringer Allgemeine, 5.6.2003

228 Ostthüringer Zeitung, 31.12.2001

229 dpa, 30.12.2002

230 Thüringer Landtag, 3. Wahlperiode, 1. Sitzung, 1.10.1999, S. 14 f.

231 Entschließung der Konferenz der Präsidentinnen und Präsidenten der deutschen Landesparlamente vom 3./4. Juni 2002 zu einer gemeinsamen Konferenz (»Konvent«) der Präsidentinnen und Präsidenten und der Fraktionsvorsitzenden der deutschen Landesparlamente, starweb.hessen.de/cache/laender/LPK_Eisenach2001_5 Konferenz.pdf, besucht am 9.10.2013

232 Ostthüringer Zeitung, 5.6.2002

233 Thüringische Landeszeitung, 23.3.2000

234 dpa, 18.2.2001

235 Spiegel Online, 24.5.2003, www.spiegel.de/politik/deutschland/thueringen-ministerpraesident-vogel-kuendigt-ruecktritt-an-a-250201.html, besucht am 10.10.2013

236 Althaus im Interview mit der Thüringer Allgemeine, 26.12.2009

237 Thüringer Allgemeine 20.8.2003

238 Thüringische Landeszeitung, 3.7.2007

239 Thüringer Landtag, 4. Wahlperiode, 2. Sitzung, 9.9.2004, S. 34

240 Ebenda, S. 66

241 Thüringer Allgemeine, 24.2.2005

242 Tagesspiegel, 26.2.2005

243 Interview Antenne Thüringen, zitiert nach: http://www.mdr.de/thueringen/artikel98990.html, besucht 11.10.2013
244 Thüringische Landeszeitung, 20.12.07
245 Frankfurter Allgemeine Zeitung, 8.4.2008
246 Ebenda
247 Thüringer Allgemeine, 16.12.2009
248 Thüringer Allgemeine, 1.7.2008
249 Thüringer Landtag, 4. Wahlperiode, 91. Sitzung, 12.9.2008, S. 9171
250 Friedrich Wilhelm Nietzsche: Wir Philosophen, Kapitel 7, 254, zitiert nach: gutenberg.spiegel.de/buch/6948/7, besucht am 12.10.2013
251 Thüringer Landtag, 4. Wahlperiode, 101. Sitzung, 29.1.2009, S. 10090
252 Ostthüringer Zeitung, 27.1.2009
253 Thüringer Allgemeine, 13.1.2009
254 AFP, 17.2.2009
255 Leipziger Volkszeitung 17.2.2009
256 Thüringische Landeszeitung 11.2.2009
257 Thüringer Allgemeine, 4.3.2009
258 Ostthüringer Zeitung, 5.8.2013
259 Bild.de, 12.3.2009, www.bild.de/politik/2009/voll/mein-mann-dieter-ist-geistig-wieder-voll-da-7644732.bild.html, besucht am 15.10.2013
260 Thüringische Landeszeitung, 16.3.2009
261 Bild am Sonntag, 15.2.2009
262 Bild, 16.2.2009
263 Tagesspiegel, 2.5.2009
264 Leipziger Volkszeitung, 13.2.2009
265 Thüringer Allgemeine, 21.4.2009
266 Ostthüringer Zeitung, 20.5.2009
267 Thüringische Landeszeitung, 26.6.2009
268 Rheinische Post, 8.9.2009
269 Thüringische Landeszeitung, 9.9.2009
270 Ostthüringer Zeitung, 11.9.2009
271 Thüringer Allgemeine, 30.9.2009
272 Astrid Rothe-Beinlich: »Bedingungen und Hindernisse einer Linksregierung«; Arbeitsgruppe »Erfahrungen aus RRG in Hessen, Thüringen und Rot-Rot Berlin«, ISM-Summer-Factory 2013, 16.–18. August, Frankfurt am Main 2013
273 Tobias Baier, Ann-Cathrine Böwing, Maximilian Hösl, Sarah Lüning, Jan-Hendrik Weinhold: Schwarz-Rot. Die SPD als Königsmacher und heimlicher Wahlgewinner. Koalitionsbildung in Thüringen 2009 – Eine Fallstudie, NRW School von Governance 2011, S. 17
274 Vereinbarung zwischen CDU Thüringen und SPD Thüringen über die Bildung einer Koalitionsregierung für die Fünfte Legislaturperiode des Thüringer Landtages, Erfurt 2009, S. 2 ff. www.thueringen.de/imperia/md/content/text/justiz/koalitionsvereinbarung_spd_cdu_thueringen_2009. pdf, besucht am 19.10.2013)

275 Lieberknecht in einem Videoblog der Thüringer Allgemeinen, 30.10.2009, www. youtube.com/watch?v=F1X2gdaDw9M, besucht am 21.10.2013

276 Ebenda

277 Thüringische Landeszeitung, 5.11.2009

278 Thüringer Landtag, 5. Wahlperiode, 4. Sitzung, 19.11.2009, S. 69

279 Thüringer Allgemeine, 26.11.2009

280 Thüringer Allgemeine, 28.1.2010

281 Thüringer Allgemeine, 27.10.2010

282 Mitteilung der CDU-Fraktion im Thüringer Landtag, 22.3.2010

283 Frankfurter Allgemeine Zeitung, 10.1.2010

284 Thüringer Allgemeine, 12.5.2010

285 Rede der Thüringer Ministerpräsidentin Christine Lieberknecht zum Tag der Politikwissenschaft der Friedrich-Schiller-Universität Jena, 10. Juni 2010, www.thueringen.de/th1/tsk/tsk/ministerpraesidentin/reden/47815, besucht am 24 10.2013

286 Thüringer Landtag, 5. Wahlperiode, 33. Sitzung, 7.10.2010, S. 2731

287 Ebenda, S. 2766

288 Thüringer Allgemeine, 15.11.2010

289 Die folgende Darstellung ist in Teilen einem Porträt des Autors über Voß entnommen. Thüringer Allgemeine, 6.12.2010

290 www.thueringen.de/th1/tsk/aktuell/veranstaltungen/55448/

291 Parlamentsdokumentation, Thüringer Landtag, 5. Wahlperiode, 69. Sitzung, 16.11.2011, S. 6345 ff.

292 Die Zeit, 5.12.2011

293 Tagesspiegel, 19.11.2011

294 Rock gegen Rechts, Ansage Christine Lieberknecht, www.youtube.com/watch?v=roSiQ_6tDsY, besucht am 31.10.2013

295 Zeit Online, 11.8.2011, www.zeit.de/politik/deutschland/2011-07/lieberknecht-ostdeutschland-ddr/seite-2, besucht 31.10.2013

296 Günther Nonnenmacher, Bernhard Vogel: Mutige Bürger braucht das Land. Chancen der Politik in unübersichtlichen Zeiten. Freiburg 2012, S. 82

297 Thüringische Landeszeitung, 8.5.2012

298 Ebenda

299 Thüringer Allgemeine, 13.9.2012

300 Die Darstellung des Parteitages ist in großen Teilen dem damaligen Bericht des Autors entnommen. Thüringer Allgemeine, 12.11.2011

301 Dapd, 20.12.2012

302 Teile der Darstellung der Affäre um Peter Zimmermann sind einer zusammenfassenden Darstellung des Autors in der »Thüringer Allgemeinen« entnommen. Thüringer Allgemeine, 29.8.2013

303 MDR, 5.7.2013, www.mdr.de/thueringen/umfrage136_page-1_zc-43c28d56. html, besucht am 12.11.2013

304 Thüringische Landeszeitung, 9.7.2013

305 Der Spiegel, 29.7.2013

306 dpa, 29.7.2013
307 Thüringer Allgemeine, 14.8.2013
308 Thüringer Allgemeine, 16.8.2013
309 Thüringische Landeszeitung, 25.9.2013

Personenregister

Agethen, Manfred   49

Althaus, Bernd Uwe   163

Althaus, Dieter   12, 33, 57, 80, 84 f.,
94 f., 102, 109, 118, 121, 123 f., 126 f.,
134 f., 137–141, 144–158, 161–168,
170–179, 181 f., 184, 188, 190 f., 194,
196 f., 199 f., 202, 206 f., 211, 216 f.,
230, 233, 236 f., 240 f.

Althaus, Heinz   163

Althaus, Katharina   165, 168, 177, 179

Antoni, Michael   210, 234

Arenhövel, Johanna   85, 102, 106,
108, 137

Arens, Heinz-Werner   143

Auerbach, Thomas   26

Axthelm, Hans-Henning   62, 68,
79 f., 85, 87, 89, 90 f., 121, 124, 126

Barth, Uwe   231

Bausewein, Andreas   189

Becher, Johannes R.   99

Beck, Ralf-Uwe   144 f., 177, 243

Bergemann, Gustav   217

Bergmann-Pohl, Sabine   84

Berlich, Martina   18

Berlich, Rainer   18

Biedenkopf, Kurt   77, 107, 122

Biermann, Wolf   24, 26, 29, 34

Binkert, Hermann   148, 152, 157,
166 f.

Blüm, Norbert   71, 122

Böhme, Ibrahim   56, 68

Böhnhardt, Uwe   212

Bohn, Jürgen   85, 98, 100, 121

Bonhoeffer, Dietrich   50

Bouffier, Volker   154

Braecklein, Ingo   25

Brösdorf, Bernd   78

Brüsewitz, Oskar   26

Brychcy, Michael   172, 221

Böck, Willibald   62, 68, 70, 73 ff.,
77, 79–82, 84 f., 87–91, 98, 100, 102,
105, 108, 110, 112, 114–117, 121, 124,
126 f., 148, 188, 196, 219, 240 f., 243

de Maizière, Lothar   9 f., 46, 52, 58 f.,
61 ff., 66–69, 71, 79, 103, 243

Caesar, Julius   115

Carius, Christian   165 f., 176, 181 ff.,
186 f., 197 f., 202, 218 f., 221 f., 234

Christandl, Beata   161, 164 f., 167 f.

Cronenberg, Dieter-Julius   122

Demme, Horst   80

Derleth, Ludwig   14

Determann, Christine   13 f., 18 f.,
21–30

Determann, Fritz   15 f.

Determann, Karl   15

Determann, Katharina (Käthi)   15,
19 ff., 39, 64, 152

Determann, Lukas   11, 13, 15–19, 25,
28, 30, 32, 46, 129, 243

Determann, Roswitha   13, 16, 18 f.,
50, 125, 243

Determann, Stefan   18

Determann, Ulrike   18

Determann, Walter   13–16, 20 f., 199

Determann, Wilhelm   15 f., 19

Dewes, Richard   134, 138, 148, 185

Diedrichs, Dirk   208, 210

Diekmann, Kai   166
Diepgen, Eberhard   56, 112, 122
Diezel, Birgit   137, 146, 149, 161 f.,
   164–167, 170–173, 175–179, 181–184,
   186, 191, 194, 197, 218, 243
Domaschk, Matthias   35
Döring, Hans Jürgen   97, 108
Doetsch, Hermann   91 f., 97, 99
Duchač, Josef   9 f., 11, 33, 44, 57, 62,
   71 f., 77, 79 ff., 83, 85, 87–91, 93 f.,
   99–117, 120, 126, 139, 154, 188, 240 f.,
   243
Eberhardt, Kjell   197
Ebert, Friedrich   89
Ellenberger, Irene   85, 134
Egerter, Wolfgang   69, 82, 90, 100,
   109, 118, 121 ff.
Eggert, Heinz   105
Eppelmann, Rainer   35, 58, 106
Ehrich, Uwe   33, 56, 62, 65–70, 72 ff.,
   76 ff., 81, 240 f., 243
Falcke, Heino   25, 28, 32, 35, 48 f., 234
Farthmann, Friedhelm   78, 80 f., 85
Flath, Steffen   203
Fickel, Ulrich   85, 89 ff., 121
Fuchs, Jürgen   26
Fiedler, Wolfgang   68, 74 f., 85,
   153–156, 196 f., 222, 237, 243
Fügmann, Thomas   217 ff., 222
Gasser, Karl Heinz   90, 149, 153–156,
   240
Gauck, Joachim   74, 213
Geibert, Jörg   205, 232, 237, 239
Geil, Rudi   77 f., 116 f.
Geißler, Heiner   105, 116, 139
Gentzel, Heiko   85, 138
George, Stefan   14
Gerisch, Volker   118, 122
Germer, Volkhardt   24, 64

Gerster, Johannes   77
Gies, Gerd   9, 99, 107
Glotz, Peter   128
Goebel, Jens   149, 152, 157 f.
Göring, Michael   29, 32, 57, 243
Göring-Eckardt, Katrin   184
Goethe, Johann Wolfgang   13, 128,
   136
Götting, Gerald   34, 40, 47, 49, 53–58
Gomolka, Alfred   9, 122
Gorbatschow, Michael   42, 55
Gnauck, Jürgen   138, 146, 233 f.
Gräser, Herbert   67
Gropius, Walter   14 f.
Groß, Evelin   154, 183, 217
Grünhage, Ulrich   179 f.
Gruhner, Stefan   217 f.
Grund, Manfred   164, 219
Güllner, Manfred   167
Gysi, Gregor   59, 62
Hahn, Karl-Eckhard   120 f., 128, 139,
   143 f., 158, 187, 224, 226, 228, 230,
   243
Hager, Kurt   42
Harder, Johanna   13, 15, 20 f., 243
Hausold, Dieter   162
Havemann, Robert   35
Heise, Manfred   86
Henning, Werner   196
Herder, Johann Gottfried   13, 128
Hermlin, Stephan   26
Herrmann, Joachim   51
Hertzsch, Klaus-Peter   27, 46
Heyl, Wolfgang   40, 47, 51, 53–56
Heym, Stefan   26
Hitler, Adolf   15
Huber, Peter Michael   128, 145, 196,
   198, 205 ff., 243
Huhn, Martina   47, 51

Jaschke, Siegfried 80, 102, 107

Jentsch, Hans-Joachim 87, 89 ff., 100, 107 ff., 116 f., 121 f., 135, 243

Jung, Franz-Josef 48, 56, 58, 64, 66, 69, 78

Jutzi, Siegfried 196, 226, 228, 231

Kaiser, Hans 120, 138, 146, 149

Kaiser, Jakob 34

Kanther, Manfred 77, 127

Kähler, Christoph 150, 243

Kasner, Horst 11, 25

Kaufhold, Benno 218

Kiep, Walter Leisler 139

Kirchner, Martin 20, 30, 34, 46 f., 49–58, 61–66, 68 f., 74, 78, 243

Kirsten, Wulf 106

Kloth, Hans-Michael 42

Kniepert, Andreas 85, 88, 98, 100, 107, 116, 243

Köckert, Christian 135, 137 f., 145 f., 151 f., 154, 171

Köhler, Heinz 78

Kohl, Helmut 9–12, 41, 57 f., 63 f., 67–70, 83 f., 102–106, 108 f., 112, 116 f., 123, 126 f., 139 f., 234

Kohlmann, Hans-Werner 124

Krapp, Michael 72, 85, 90, 97, 108, 112, 135, 138, 149, 243

Krause, Günther 127

Krause, Peter 157 f.

Krenz, Egon 45, 51, 56, 58

Kretschmer, Otto 134

Krone, Klaus von der 187

Krug, Manfred 26

Kurz, Hermann 75, 81, 243

Lafontaine, Oskar 122

Lambsdorff, Otto Graf 128

Lamers, Gereon 120

Lamers, Karl 120

Leich, Werner 27, 37, 52, 72

Lemmer, Ernst 34

Lengemann, Jochen 87, 89 ff., 101 f., 107 ff., 111 ff., 115, 118, 120, 131

Lencer, Justus 32

Lengsfeld, Vera 28, 163, 172

Lieberknecht, Christine 7 f., 10–13, 20–24, 27–37, 39 ff., 43–48, 50 f., 54 f., 57 ff., 61–67, 70–77, 79–147, 149–160, 162 f., 165–173, 175–191, 193–237, 239 ff., 243

Lieberknecht, Hans 27, 30

Lieberknecht, Paul 39, 130 f., 223

Lieberknecht, Marie 30 f., 36, 89, 125, 130 f., 193, 223

Lieberknecht, Martin 27, 30 ff., 50, 64, 131, 158, 178 ff., 214 f., 223, 243

Liebknecht, Karl 42

Linck, Joachim 91, 143 ff., 226

Lindenberg, Udo 215

Lippmann, Frieder 85

Lotz, Gerhard 25, 27

Lübbe, Hermann 139

Lühmann, Michael 49

Ludwig, Saskia 203

Luther, Martin 211, 239 f.

Luxemburg, Rosa 42

Maaz, Hans-Joachim 106

Machalett, Wilfried 67 f., 78

Maffay, Peter 215

Mann, Thomas 14

Machnig, Matthias 185, 188, 190, 198, 200 f., 204, 211, 216, 227 ff., 231 f., 234, 237, 243

Mappus, Stefan 203 f., 211

Matschie, Christoph 37, 62, 138, 141, 148, 150, 162, 166, 170 f., 173, 177, 179, 184 ff., 188 ff., 194 f., 198, 201,

204, 210, 216, 226 f., 229, 232, 235, 243

Milde, Gottfried 78

Minschke, Andreas 164, 176, 182 f.

Meier, Renate 158 f.

Meinung, Michael 94, 109

Meißner, Wilhelm 16

Meißner, Anna 16, 19, 141

Merkel, Angela 7, 10 ff., 24 ff., 54, 84, 103 f., 107, 127 f., 137, 140, 157, 162, 166, 175, 178, 183 f., 188, 191, 203 f., 207, 211, 219 f., 232

Mittig, Rudi 54

Mitzenheim, Moritz 25

Modrow, Hans 63, 66 f.

Mohring, Mike 12, 130, 151, 155, 157 f., 161 f., 165 f., 168, 170–174, 176, 178, 181–184, 186 ff., 190, 193 f., 197 f., 202–206, 209, 211, 217 ff., 221, 224, 233, 235 f., 239, 241, 243

Möller, Anne 136

Möller, Johann Michael 70, 74, 77, 91, 100, 102, 107 f., 112, 114 f., 136, 243

Müller, Bernward 157, 197

Müller, Gerhard 52

Müller, Gottfried 27, 34, 46 f., 49 ff., 54–59, 61–67, 69, 79 f., 86, 89, 94, 105, 108 f., 113, 135, 183 f., 243

Müller-von-der-Grün, Claus Peter 108, 243

Münch, Werner 9, 107, 122

Muche, Georg 14

Mundlos, Uwe 212

Neubert, Ehrhart 28, 34, 49, 55, 58, 243

Neubert, Hildigund 28, 233 f.

Nietzsche, Friedrich 13, 136, 161

Noelle-Neumann, Elisabeth 128

Nolte, Claudia 72, 124, 137, 140, 148

Nooke, Günter 28

Pietzsch, Frank-Michael 67, 85, 126, 135, 139, 146, 149, 243

Poppenhäger, Holger 144, 185, 188 ff., 198, 204

Preller, Andreas 85

Preu, Otto 128

Rau, Johannes 78, 122, 138

Ramelow, Bodo 138, 141, 143, 148, 150, 164, 166, 170, 177, 184 ff., 188 f., 195, 223, 230, 243

Ratzinger, Joseph 31 f.

Reichenbach, Klaus 9, 103

Reilly, Nick 200

Reinfried, Dieter 106

Reinholz, Jürgen 146, 149, 176, 181, 197 f., 204, 234

Reuth, Ralf Georg 54

Rosenstock, Hans-Georg 77

Roth, Petra 129

Rothe, Aribert 42, 44

Rothe-Beinlich, Astrid 189

Rühe, Volker 10, 58, 63, 66 f., 105, 112, 117

Sachsen-Weimar, Carl August von 128

Sachsen-Weimar, Anna Amalia von 128

Saft, Walter 27

Sagurna, Michael 224

Sammet, Gerhard 71, 89 f., 105 f., 116, 243

Sauckel, Fritz 136

Schäfer, Gerhard 213

Schäuble, Wolfgang 12, 140, 188

Scherer, Manfred 156 f., 197

Schiller, Friedrich 13, 128

Schilling, Walter 25

Schindhelm, Michael   128
Schipanski, Dagmar   138, 140, 146, 149, 157, 162, 164, 171, 175, 191, 204
Schmidt, Ute   49
Schneider, Carsten   172 f.
Schneider, Michael   176, 183, 218
Schnur, Wolfgang   56, 62, 67 f.
Schöning, Jürgen   143, 196 ff., 204, 207, 234, 240
Schorlemmer, Friedrich   52
Schröder, Gerhard   122, 185
Schröter, Albrecht   36, 44, 55, 76, 153, 173, 215, 243
Schuchardt, Gerd   98, 100, 102, 134, 138
Schuler, Peter-Johannes   90 ff., 97 f., 159
Schultz, Hans-Jürgen   87, 89 ff., 98, 100
Schulz, Horst   75, 80
Schuster, Franz   120 f., 126, 139, 146
Schwarz, Josef   51 f.
Schwäblein, Jörg   72, 75, 79, 85, 88 f., 93, 100, 105 f., 110, 112 f., 116 f., 135, 168, 243
Schweinsburg, Martina   221
Sieckmann, Hartmut   85, 87, 89 ff., 121
Sklenar, Volker   76, 85, 87, 90 f., 112, 121, 139, 243
Späth, Lothar   104 f., 107, 116
Spieß, Manfred   106, 129
Steinbach, Thilo   54
Steinbrück, Peer   231
Stepputat, Olaf   106
Stolpe, Manfred   53, 58 f.
Streithofen, Basilius   116
Ströbel, Hermann   92, 95, 97
Stronach, Frank   200

Süßmuth, Rita   105, 116 f.
Tasch, Christina   183, 194, 217, 219
Taubert, Heike   185, 188 ff., 198, 204, 231 f., 235, 237, 243
Thierse, Wolfgang   187
Tiefensee, Wolfgang   187
Tillich, Stanislaw   197, 206 f.
Töpfer, Klaus   116, 122, 129
Trautvetter, Andreas   85, 126, 134, 137, 139, 146, 148 f., 154, 157 f., 217 ff., 221
Ulbrich, Werner   71, 76
Ulrich, Christian   14
Ulrich, Christine   14, 18
Ulrich, Katharina (Käthi)   14 f.
Ulrich, Marie   14
Vaatz, Arnold   105 f.
van de Velde, Henry   14 f., 88
Vogel, Bernhard   57, 84, 91, 105, 107, 115–124, 126 ff., 130, 134–142, 144–147, 149 ff., 154, 157 f., 162, 166, 168, 172 ff., 176, 178 f., 181, 183, 198 f., 216, 234, 236 f., 241, 243
Voigt, Mario   165, 171, 181, 186 f., 190, 202, 204 f., 217–221, 236, 243
Voß, Wolfgang   206–210, 216, 218, 221 f., 234, 236 f., 239, 243
Wagner, Christean   203 f.
Wagner, Thomas   225
Waigel, Theo   122
Wallmann, Walter   64, 66, 69 f., 78, 84
Walsmann, Marion   33, 45, 62, 80, 82 ff., 127, 165, 169 f., 183, 191, 197 f., 201 f., 204 f., 207, 210, 223–226, 228, 231 ff., 237, 239 f., 243
Wanke, Joachim   128
Weber, Juliane   105, 117
Weber, Max   139

Wieland, Christoph Martin 13,
128f.
Wolf, Katja 217
Wolf, Markus 54
Wolfsohn, Michael 128
Wucherpfennig, Gerold 146, 149,
157, 161, 176, 181, 183, 194, 197
Zeh, Klaus 44, 76, 79, 85, 87, 89 ff.,
102, 104 f., 109 ff., 113 ff., 117, 121,
124, 134 f., 146, 149, 154, 157 f., 164,
172, 174 f., 178, 181, 197, 217 ff., 243
Zimmer, Gabi 85, 138, 141
Zimmermann, Peter 197 f., 204 f.,
210, 212, 216, 223–231, 237, 239, 243
Ziyang, Zhao 45
Zschäpe, Beate 212
Zitzmann, Christine 221